干部 **应知应会** 法律知识精讲系列
封丽霞 / 总主编

高质量发展相关法律
知识精讲

中共中央党校（国家行政学院）政治和法律教研部
王伟　张学博　徐信予 / 著

中央党校出版集团
国家行政学院出版社
NATIONAL ACADEMY OF GOVERNANCE PRESS

图书在版编目（CIP）数据

高质量发展相关法律知识精讲/王伟，张学博，徐信予著.－－北京：国家行政学院出版社，2024.6
ISBN 978-7-5150-2899-6

Ⅰ.①高… Ⅱ.①王… ②张… ③徐… Ⅲ.①法律—研究—中国 Ⅳ.① D920.4

中国国家版本馆CIP数据核字（2024）第075597号

书　　名	高质量发展相关法律知识精讲 GAOZHILIANG FAZHAN XIANGGUAN FALÜ ZHISHI JINGJIANG
作　　者	王　伟　张学博　徐信予　著
统筹策划	刘韫劼
责任编辑	刘韫劼
责任校对	许海利
责任印制	吴　霞
出版发行	国家行政学院出版社 （北京市海淀区长春桥路6号　100089）
综 合 办	（010）68928887
发 行 部	（010）68928866
经　　销	新华书店
印　　刷	北京盛通印刷股份有限公司
版　　次	2024年6月北京第1版
印　　次	2024年6月北京第1次印刷
开　　本	170毫米×240毫米　16开
印　　张	22.25
字　　数	259千字
定　　价	68.00元

本书如有印装质量问题，可随时调换，联系电话：（010）68929022

序言

做尊法学法守法用法的模范

为深入贯彻落实习近平法治思想,依据《法治中国建设规划(2020—2025年)》等要求,中央办公厅、国务院办公厅联合印发《关于建立领导干部应知应会党内法规和国家法律清单制度的意见》,对领导干部应知应会党规国法的重点内容进行明确,突出强调领导干部作为全面依法治国的"关键少数"在法治社会建设中的示范带头作用。这对于推动领导干部自觉遵守党规国法、提升运用法治思维履职尽责能力,督促领导干部严于律己、严负其责、严管所辖将产生积极深刻的影响与裨益。

学法懂法是守法用法的基础和前置环节,也应作为领导干部履职从政的必修课。仅有简单的直觉产生不了法治意识,更不可能具有科学性质的法治思维。法律知识是各级领导干部知识体系中的基础内容。这是因为,领导干部具体行使党的执政权和国家立法权、行政权、监察权、司法权。如果不了解国家法律"应知应会"的一般性知识,就根本谈不上依法用权和正确履职,也谈不上运用法治思维和法治方式去化解经济发展和社会治理中的各种难题。

现实当中,尽管依法治国早已被确定为党治国理政的基本方式,但还有一些领导干部仍然不学法、不懂法,甚至是不屑学法,有的连基本法律常识都不知道。习近平总书记指出:"在那些违法乱纪、胡作非为的领导干部中,相当多的人是长期不学法、不懂法。许多腐败分子在其忏悔录中都谈到,不知法是自己走向腐败深渊的一个重要原因。各级领导干部或多或少都学过一些法律知识,但同全面推进依法治国的要求相比,还很不够,必须加强学习,打牢依法办事的理论基础和知识基础。要系统学习中国特色社会主义法治理论,准确把握我们党处理法治问题的基本立场。"习近平总书记还强调:"法律规定白纸黑字摆在那儿,要多学学、多看看,心中高悬法律的明镜,手中紧握法律的戒尺,知晓为官做事的尺度。法律是行使权力的依据,只有把这个依据掌握住了,才能正确开展工作。"

显然,各级领导干部要真正做到"法无授权不可为"和"法定职责必须为",就要求领导干部知道有哪些法定职责,哪些可为,哪些不可为,弄明白党内法规和国家法律规定怎么用权,什么事能干、什么事不能干,心中高悬法律法规的明镜,手中紧握法律法规的戒尺,知晓为官做事的尺度,而这些必须通过学法的过程来获得。为此,领导干部必须养成经常"充电"、常规化学习法律知识的习惯,把学习应知应会的党内法规和国家法律作为履职从政的必修课,把学习法律法规作为学习的"新常态",真正做到先学一步、先学再干。只有掌握了基本的法律法规知识,才能在脑子里绷紧法律底线这根"弦",才能把宏观抽象的依法治国转变为具体的法治思维和行为方式,才能真正养成依法用权和依法办事的行动自觉。

中央办公厅、国务院办公厅《关于建立领导干部应知应会党内法规和国家法律清单制度的意见》列明了领导干部应当掌握的最基本的国家法律,主要包括认真学习宪法、总体国家安全观和国家安全法、推动高质量发展相关法律、民法典、刑法和公职人员政务处分法、行政法律以及与履职密切相关的其他法律。

第一，宪法是领导干部要认真学习的。宪法是国家的"母法"和根本大法，是法律体系之统帅，具有最高的法律地位、法律效力和法律权威。关于领导干部学习宪法的必要性，习近平总书记专门指出，我们就是在不折不扣贯彻着以宪法为核心的依宪治国、依宪执政，我们依据的是中华人民共和国宪法。每个党政组织、每个领导干部必须服从和遵守宪法法律。因此，作为维护宪法权威和保证宪法实施的最直接责任者，各级党政机关尤其是党政主要领导干部务必学好宪法、学懂宪法、学透宪法。

第二，学习总体国家安全观和国家安全法。国家安全是中华民族复兴的根基，也是推进党和国家各项工作的前提。通过学习保守国家秘密法、网络安全法、生物安全法、突发事件应对法、反恐怖主义法、反间谍法、数据安全法等法律制度，领导干部要增强国家安全意识和素养，统筹发展与安全，提高运用法律武器防范化解重大风险的能力，增强依法斗争本领，把维护国家安全贯彻到党和国家工作的各个方面和全部过程。

第三，学习高质量发展相关法律。高质量发展是全面建设社会主义现代化国家的首要任务，也是当前各地区各部门的工作中心。与之相关的法律主要包括循环经济促进法、乡村振兴促进法、预算法、科学技术进步法、中小企业促进法、外商投资法等，以及与建设现代化产业体系、优化营商环境、全面推进乡村振兴、推进高水平对外开放、实施科教兴国战略、推动绿色发展等相关的法律。通过这方面法律知识的学习，领导干部要坚定以法治为引领推动经济高质量发展的信心与自觉，依法保护民营产权和企业家权益，依法规范和引导资本健康发展，营造市场化、法治化、国际化一流营商环境。

第四，学习民法典。民法典是新中国成立以来我国第一部以法典命名的法律，在中国特色社会主义法律体系中具有重要地位，是一部固根本、稳预期、利长远的基础性法律。民法典颁布之后，中共中央政治局专门就"切实实施民法典"进行集体学习。习近平总书记要求，各级领导干部要做学习、遵守、维护民法典的表率，提高运用民法典维护人民权益、化解矛盾纠纷、促进社会和谐稳定能力和水平。领导干部学习民法典，才能了解政府在维护人民生命健康、财产安全、交易便利、生活幸福、人格尊严等方面的法定职责，更好保障人民合法权益。

第五，学习刑法和公职人员政务处分法。刑法是关于犯罪与刑罚的规范性文件的总称，专门规定犯罪的构成要件、罪名以及刑罚的主要种类。一方面，通过学习刑法，领导干部能够了解和掌握罪刑法定、平等适用、罪责刑相适应等刑法的基本原则，在实践当中既要依法打击犯罪又要依法保障人权。另一方面，学习关于国家工作人员职务犯罪、单位犯罪等方面的刑法规定及公职人员政务处分法，有助于领导干部树立底线思维，不触碰法律红线。

第六，学习行政法。行政法的价值首先在于"限权"，即把公权力关进法律法规所铸就的制度之笼，借此来保证各项权力在法治的轨道上运行。行政法的另一重大价值在于"保民"，即以法律形式规定政府的权限范围，要求政府"法无授权不可为""法定职责必须为"。领导干部应当学习行政诉讼法、行政强制法、行政复议法、行政处罚法、行政许可法、国家赔偿法、公务员法等，从而有效规范行政许可、行政处罚、行政强制、行政裁决等活动，提高依法决策、依法用权的能力。

为落实中央办公厅、国务院办公厅《关于建立领导干部应知应会党内法规和国家法律清单制度的意见》，提高领导干部学习应知应会国家法律的精准性、科学性、系统性、实效性，中央党校（国家行政学院）政治和法律教研部策划并组织撰写了这套"干部应知应会法律知识精讲系列"丛书。本丛书以广大领导干部为主要阅读对象，紧贴领导干部的工作需要，力求集理论性、实践性、可读性于一体。希望这套丛书对于领导干部学习掌握应知应会国家法律，认真践行习近平法治思想有所启发和帮助。

封丽霞

2024年5月

前 言
PREFACE

党的二十大报告明确指出"加快构建新发展格局,着力推动高质量发展",高质量发展是全面建设社会主义现代化国家的首要任务。当前,世界百年未有之大变局加速演进,我国正处于全面建设社会主义现代化国家开局起步的关键时期,经济模式已由高速增长阶段转向高质量发展阶段。在新的历史方位上,新的使命任务与新的发展环境都对经济发展提出了更高的要求。

按照全面依法治国的总体安排和部署,法治是高质量发展的重要保障和支撑。党的二十大报告关于高质量发展的安排和部署,既是针对高质量发展提出的目标任务,也是市场经济法治保障的重点方向。在新的时代背景下,必须发挥法治在构建高水平社会主义现代经济体、建设现代化产业体系、全面推进乡村振兴、促进区域协调发展、推进高水平对外开放等方面的作用。在推进中国式现代化的进程中,按照"全面推进国家各方面工作法治化"的重要要求,为高质量发展注入法治正能量,为全面建设社会主义现代化国家提供有力法治保障,是法治建设的重要责任和使命。

习近平总书记在党的二十大报告中指出:"必须更好发挥法治固根本、稳预期、利长远的保障作用,在法治轨道上全面建设社会主义现代化国家。"回顾我国法治建设历程,运用法治力量推动经济社会发展是题中应有之义。党的十五大明确提出了依法治国的基本方略,将"建设社会主义法制国家"改为"建设社会主义法治国家"。在从"法制"

向"法治"的转变过程中,要在党的领导下,依法逐渐实现社会主义民主的制度化、规范化、程序化,逐渐形成一种稳定的国家意志。党的十六大提出要将依法治国作为"党领导人民治理国家的基本方略",并将依法治国作为"发展社会主义民主政治"的一项基本内容。党的十八大以来,以习近平同志为核心的党中央将全面依法治国纳入"四个全面"战略布局,把法治确定为治国理政的基本方式,开启了法治中国建设的新时代。在习近平新时代中国特色社会主义思想的科学指引下,我国民主法治建设取得巨大成就:以宪法为核心的中国特色社会主义法律体系进一步完善,中国特色社会主义司法制度进一步改革,法治政府依法行政工作进一步推进,全社会尊法、学法、守法、用法意识进一步增强。党的十九大进一步把坚持全面依法治国上升为新时代坚持和发展中国特色社会主义的基本方略之一,法治的地位提升到前所未有的新高度。党的二十大报告首次将全面依法治国、建设法治中国作为专章进行论述和专门部署,提出了在法治轨道上全面建设社会主义现代化国家,对新时代全面依法治国作出部署。

在经济快速发展转向高质量发展的背景下,要求领导干部以身作则,身先士卒,认真学习和掌握高质量发展的法律体系,善于运用法治思维和法治方式服务于高质量发展。当前服务于高质量发展的法律众多,体系庞大,内容复杂,需要通过持续不断的学习,凝聚推动高质量发展的法治共识,形成推动高质量发展的法治自觉。针对高质量发展的法治要求,我们对高质量发展的相关立法进行了系统整理,意在通过化繁为简的编写方式,概括、凝练高质量发展的基础法律知识,从而方便读者尽快熟悉和了解我国主要法律体系,掌握核心法律知识,提升运用法律解决问题的能力。

前　言

本书共分十四讲，分别为：第一讲预算法；第二讲反不正当竞争法；第三讲反垄断法；第四讲著作权法；第五讲商标法；第六讲公司法；第七讲外商投资法；第八讲循环经济促进法；第九讲中小企业促进法；第十讲企业国有资产法；第十一讲科学技术进步法；第十二讲环境保护法；第十三讲乡村振兴促进法；第十四讲优化营商环境条例。

前述各讲均设有思维导图，并按照法律概述、法律知识要点、常见法律问题的逻辑进行编写，其中第五讲、第六讲、第十讲和第十二讲还附有典型案例，力求帮助读者更好更快地理解和掌握相关法律知识。期待本书能够对广大读者提高法治思维、运用法治方式的能力有所助益，为推动高质量发展贡献我们的绵薄之力。

目录
CONTENTS

第一讲　预算法

一　法律概述　/ 004

二　法律知识要点　/ 009

三　常见法律问题　/ 018

第二讲　反不正当竞争法

一　法律概述　/ 026

二　法律知识要点　/ 031

三　常见法律问题　/ 037

第三讲　反垄断法

一　法律概述　/ 044

二　法律知识要点　/ 050

三　常见法律问题　/ 057

第四讲　著作权法

一　法律概述　/ 066

二　法律知识要点　/ 072

三　常见法律问题　/ 085

第五讲　商标法

一　法律概述　/ 092

二　法律知识要点　/ 095

三　常见法律问题　/ 103

【典型案例】/ 108

第六讲　公司法

一　法律概述　/ 118

二　法律知识要点　/ 124

三　常见法律问题　/ 138

【典型案例】/ 141

第七讲　外商投资法

一　法律概述　/ 148

二　法律知识要点　/ 154

三　常见法律问题 / 161

第八讲　循环经济促进法

　　一　法律概述 / 170

　　二　法律知识要点 / 180

　　三　常见法律问题 / 183

第九讲　中小企业促进法

　　一　法律概述 / 188

　　二　法律知识要点 / 198

　　三　常见法律问题 / 204

第十讲　企业国有资产法

　　一　法律概述 / 216

　　二　法律知识要点 / 220

　　三　常见法律问题 / 228

　　【典型案例】/ 231

第十一讲　科学技术进步法

　　一　法律概述 / 238

二　法律知识要点　/ 252

三　常见法律问题　/ 256

第十二讲　环境保护法

一　法律概述　/ 266

二　法律知识要点　/ 273

三　常见法律问题　/ 278

【典型案例】/ 292

第十三讲　乡村振兴促进法

一　法律概述　/ 298

二　法律知识要点　/ 305

三　常见法律问题　/ 310

第十四讲　优化营商环境条例

一　立法概述　/ 318

二　知识要点　/ 326

三　常见法律问题　/ 332

预算法

第一讲
CHAPTER 1

CHAPTER 1

第一讲　预算法

扫码查阅法律

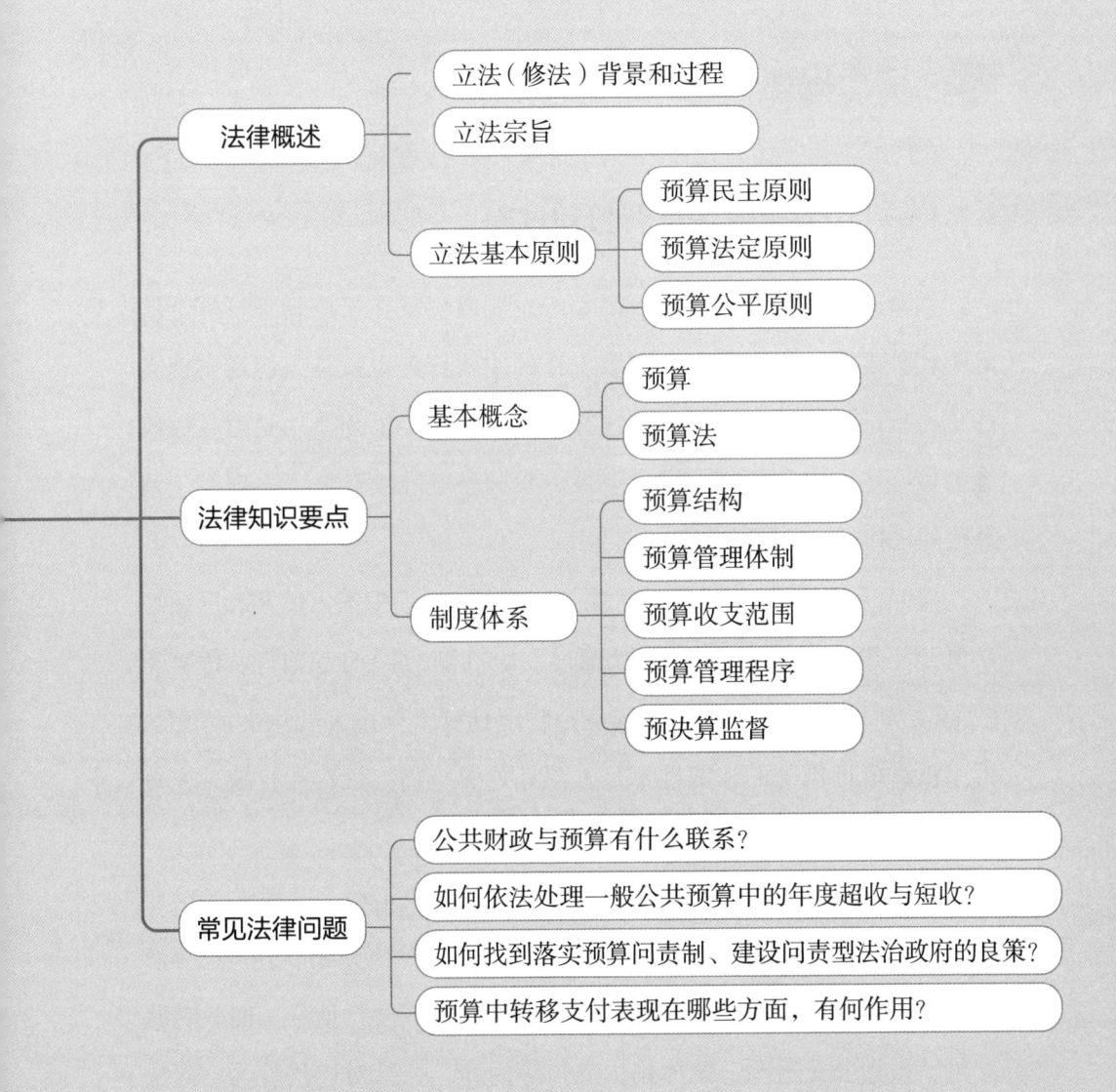

- 法律概述
  - 立法（修法）背景和过程
  - 立法宗旨
  - 立法基本原则
    - 预算民主原则
    - 预算法定原则
    - 预算公平原则
- 法律知识要点
  - 基本概念
    - 预算
    - 预算法
  - 制度体系
    - 预算结构
    - 预算管理体制
    - 预算收支范围
    - 预算管理程序
    - 预决算监督
- 常见法律问题
  - 公共财政与预算有什么联系？
  - 如何依法处理一般公共预算中的年度超收与短收？
  - 如何找到落实预算问责制、建设问责型法治政府的良策？
  - 预算中转移支付表现在哪些方面，有何作用？

一 法律概述

（一）立法（修法）背景和过程

预算是财政的核心，财政活动的主要内容就在于进行预算资金的筹集、分配、使用和管理，财政工作的主要任务也就是组织和实现立法机关批准的预算收支计划。预算的地位也决定了预算法是财政法体系的核心法。由于预算法的重要性，我国已经陆续开展了多项关于预算法的法律编撰与修订工作。

1994年3月第八届全国人大第二次会议上，《中华人民共和国预算法》（以下简称《预算法》）① 正式通过，1995年1月1日起施行。1994年《预算法》的出台，对加强财政资金管理具有十分重大的意义；但是，由于预算审批机关的权威性不足，预算外资金仍大量存在，缺乏充分的法律责任追究机制，并未完全发挥预算的功能。

因此，我国于2004年启动《预算法》的修改工程，分别于2014年和2018年进行了两次修改。2014年第一次修订对预算编制、审批等活动提出了新的要求，增加了预算审查批准、地方发行债券、财政转移支付、预算公开透明、国库集中支付等内容，并针对违法行为，对法律责任部分作出了进一步补充与完善。2018年第二次修改将"监督检查本级各部门及其所属各单位预算的编制、执行"修改为"监督本级

---

① 本书中的法律名称均使用简称。

各部门及其所属各单位预算管理有关工作"。这也体现了第十三届全国人大常委会第七次会议通过的决定所提出的要求。

相对应的是，2020年8月国务院公布了经修订的《预算法实施条例》，自2020年10月1日起施行。自1995年发布至2020年修订以来，《预算法实施条例》细化了《预算法》有关规定，将财税体制改革与预算管理实践的阶段性成果以行政法规的形式固定下来。

（二）立法宗旨

立法宗旨是制定预算法所要达到的基本目的，对具体预算制度构建具有非常重要的统领作用，体现着预算法的根本价值追求和基本精神。[①]根据《预算法》第一条的规定，我国预算法的立法宗旨是，为了规范政府收支行为，强化预算约束，加强对预算的管理和监督，建立健全全面规范、公开透明的预算制度，保障经济社会的健康发展，根据宪法，制定本法。

（三）立法基本原则

预算法的原则是指在预算的编制、批准、执行和监督的各个阶段均需遵循的基本准则，也是建立预算法律制度的基本原则，主要体现了公共财政的民主精神和法治准则。预算法原则贯穿于预算法的全部过程中，主要包括预算民主原则、预算法定原则和预算公平原则。

1. 预算民主原则

预算民主原则是指一国的预算在编制、批准、执行、调整、监督

---

① 朱大旗主编《中华人民共和国预算法释义》，中国法制出版社2015年版，第6页。

的全部过程中，均应遵从人民的意愿并依据民主程序进行，且受人民及其代议机构的民主监督。预算民主原则不仅是预算法之重要原则，更是预算法其他原则产生的基础。预算民主原则要求预算能够体现人民的参与权与决定权，主要包含以下四种含义：预算编制民主、预算审批民主、预算执行民主和预算监督民主。

预算编制民主是指人民有权利通过选举自己的代表组成代议机关来参与预算的编制，同时编制机关也应当积极开通各种渠道，广泛吸纳公众意见。现代社会消除了身份的差别，将公共生活扩大到了前所未有的范围，公开性构成了现代政治社会生活的一个最为基本的属性。[1]预算编制民主要求公众能够参与预算决策，而公众参与预算决策的前提就在于保证预算得以公开。在预算编制阶段落实公民的参与权，相当于在预算活动的源头保障了民意表达的自由，因此具有重大的意义。

预算审批民主是指由人民选出的代议机构按照法定程序审查批准一国的预算，重大事项必须经过代议机构的审查批准。预算审批民主主要表现为：一方面，通过代议机构审查批准预算法案，能够有效控制政府的经济行为，从而避免其滥用权力；另一方面，代议机构能够据此真正地了解民意并将其付诸实践，从而实现民意贯通的良性循环。预算审批民主保障了政府的合理运作，因此是预算民主原则构建的中心。

预算执行民主是指在预算的执行过程中执行机关应当严格按照民主审批的预算进行收支。这就说明，如果在一个预算年度期间内

---

[1] 刘树桥：《论法律与人文精神的历史脉动》，载《学术界》2009年第5期。

遇到了需要增加或减少预算的情形，同样应当通过民主的程序依法作出调整。预算执行民主有效保障了预算收支的合法性与民主性，预算的执行并不只是一个单纯的技术活动，更是人民意志的最终落实。

预算监督民主是指预算的收支行为应该受到广大人民以及代议机构的监督，以确保预算的严肃性与权威性。预算监督主要包含两个方面：第一，代议机构享有对预算的监督权，且监督权是其本身应有的权利之一，这是因为代议机构本身的民主性能从客观上保证监督目的的民主性；第二，公民能够通过其他渠道直接参与预算监督，如通过报纸、网络等媒体了解和反馈信息等。

2. 预算法定原则

预算法定原则是指预算主体的权利和义务、内容和运作的程序、预算责任等都应该由最高权力机关制定的法律来予以规定并依法进行。预算法定原则是预算民主原则的具体体现，是预算民主原则的实现途径，也是预算民主原则得以落实的保障：只有将通过民主审议的预算法案作为预算执行的法定指导标准并依法加以监督，其中的民主设想与要求才有机会真正实现。

预算法定原则主要包括预算权力法定、预算职责法定、预算程序法定和预算责任法定。预算权力法定是指预算的决策、编制、执行和监督等权力行使全过程都是由法律规定的。预算权力法定的主要目的在于规范政府行为，防止其超越或滥用职权，以保护相对人的合法权益。预算职责法定是指各预算主体的职责义务也是由相关法律规定、必须依法履行的。预算职责法定为各级政府和部门实现公共职能创造了途径、提出了要求，并要求政府为其负责。预算程序法定是指预算相关所有权力实施、职责履行与责任认定都必须在法定框架内，依照法定程序进行。预算程序法定是预算完整性、统一性和公开性的重要保障。预算责任法定是指督促预算法主体合法行使权力、履行法定职责的外力保障机制是由法律规定的，预算法主体违反预算法、没有履行预算法定义务时，必须依法承担相应的法律后果。

3. 预算公平原则

预算公平原则主要体现在参与公平、服务均衡、程序平等等方面。首先，参与公平要求在政治程序中人民享有平等的参与权。由于人民参与的主要途径是通过政治选举组成代议机构，因此，必须保证代议机构真正代表人民的意志。其次，预算应当保障最低限度的公共服务均衡，保障不同经济成分均能得到其理所应得的待遇，并在此基础上为其提供向上发展的机会与空间。最后，程序平等要求在预算程序的每一个环节，都不能出现地区性或制度性的歧视，既不能为某些特定群体设定程序性便利，也不能给其他人设定程序性障碍。

但也要注意，在预算法中，公平原则要求不同的经济成分得到公平的对待，而非绝对的"相同"。由于不同地区、不同群体之间的客观差异，不同经济成分在经济活动中的参与程度与参与比例均不同；如果忽视其差异而一味追求同等，反而会造成公共服务的实质不平等。因此，实现预算公平原则，必须坚持因地制宜、因人制宜、因时制宜，调动各种经济成分的活力。

二 法律知识要点

（一）基本概念

1. 预算

"预算"一词源自英国的budget，原是财政大臣向议会报告时装财政计划书的皮囊，后来沿用为专指其内的财政计划；明治维新时期日本将该词翻译为预算，意指"预先算定"①。受历史等因素影响，现代预算制度亦起源于英国，而中国传统财政预算制度向现代化预算制度的转型，则出现在清朝的后期。②新中国成立以来，我国的预算管理体制进行过多次变革，逐渐建立并完善了现代预算法律制度。

预算是指按法定程序编制、审查、批准、执行、调整和监督的国家年度财政收支计划，是国家组织分配财政资金的重要工具，规划了财政活动的基本框架。③在形式上，预算表现为反映财政收支状况的特定表格与文书文件，而实质上，预算所反映的内容包括编制、审查、批准、执行、调整、监督等一系列活动，是政府财政活动的范围、方向和政策目标的集中反映。

预算大致可分为两类，即单式预算和复式预算。单式预算是在预

---

① 蔡茂寅：《预算法之原理》，元照出版社2008年版，第2页。
② 林娜：《我国政府预算制度的演进与发展走向》，载《治理现代化研究》2019年第5期。
③ 刘剑文：《财税法——原理、案例与材料》（第四版），北京大学出版社2020年版，第67—68页。

算年度内将全部国家财政收支计划编入统一的总预算内。20世纪30年代前，各国大多采取单式预算制，这与当时国家职能简化、财政活动范围狭小、财政计划简单的要求是相契合的。复式预算是在预算年度内将全部国家财政收支按照经济性质进行划分，分别编制为两个或两个以上的预算。我国的预算表现为复式结构，是一项重要的财政管理体制的改革成果。《预算法》以法律形式巩固了这项成果，明确规定中央预算和地方各级政府预算复式预算编制。

2. 预算法

预算法是调整在国家进行编制、审查、批准、执行、调整、监督过程中发生的预算经济关系的法律规范的总称，在宏观调控法律中占有重要的地位。[1]预算法的调整对象是预算关系，包括预算实体关系与预算程序关系两个方面。预算实体关系是预算主体在履行预算相关职权的过程中发生的经济关系，预算程序关系则是在组织、取得和分配使用预算资金的过程中发生的经济关系。

预算法有广义与狭义之分。广义上的预算法，泛指一切规定有关预算方面的有法律约束力的规范性文件，包括预算方面的法律、行政法规、地方性法规、自治条例、规章等。而狭义上的预算法，专指国家立法机关制定的预算法律。我国现行预算法律体系主要包括全国人大制定的《预算法》和国务院颁布的《预算法实施条例》《财政违法行为处罚处分条例》等规范性文件。

预算与预算法既有联系又有区别。预算是国家财政活动的重要内容，是国家筹集与分配财政资金的一种重要手段；而预算法则是调整

---

[1] 刘剑文主编《财税法学》，高等教育出版社2004年版，第207页。

预算关系的法律规范的总称,预算活动作为预算法规制的重要对象,必须依照预算法的规定进行。此外,预算在形式上表现为预算文件,它是一种法律文件,具有法律约束力,属于广义上的预算法;但预算文件具有年度性,只有在特定时期才具有法律约束力。

(二) 制度体系

1. 预算结构

(1) 横向结构:预算收入与预算支出

从横向结构上看,预算由预算收入与预算支出组成,且政府的全部收入和支出都应当纳入预算。《预算法》规定,我国实行复式预算体系,预算共包括四类:一般公共预算、政府性基金预算、国有资本经营预算和社会保险基金预算。其中,一般公共预算作为我国预算中最重要的核心部分,其他三部分均要与其相衔接。

一般公共预算是对以税收为主体的财政收入,安排用于保障和改善民生、推动经济社会发展、维护国家安全、维持国家机构正常运转等方面的收支预算。一般公共预算分为中央与地方两个层次:中央一般公共预算包括中央各部门(含直属单位,下同)的预算和中央对地方的税收返还、转移支付预算;地方各级一般公共预算包括本级各部门(含直属单位,下同)的预算和税收返还、转移支付预算。

政府性基金预算是对依照法律、行政法规的规定在一定期限内向特定对象征收、收取或者以其他方式筹集的资金,专项用于特定公共事业发展的收支预算。此类预算应当根据基金项目收入情况和实际支出需要,按基金项目编制,做到以收定支。

国有资本经营预算是对国有资本收益作出支出安排的收支预算。

此类预算应当按照收支平衡的原则编制，不列赤字，并安排资金调入一般公共预算。

社会保险基金预算是对社会保险缴款、一般公共预算安排和其他方式筹集的资金，专项用于社会保险的收支预算。此类预算应当按照统筹层次和社会保险项目分别编制，做到收支平衡。

（2）纵向结构：中央预算与地方预算

从纵向结构上看，我国的预算结构是与国家的政权结构相适应的。依据"一级政权，一级财政"的原则，我国的政权机构大致分为五大类，我国的预算纵向结构也依次分为五级，包括：中央预算，省、自治区、直辖市预算，设区的市、自治州预算，县、自治县、不设区的市、市辖区预算，乡、民族乡、镇预算。以上五级预算可以概括为两大类，即中央预算与地方预算。

因此，全国预算由中央预算与地方预算组成；地方各级总预算由本级预算和汇总的下一级总预算组成；没有下一级预算的，总预算即指本级预算。

2. 预算管理体制

预算管理体制，是指国家机关之间、中央与地方之间在预算管理职权方面的划分，主要表现为预算管理职权在同级或不同级的国家机关之间的横向与纵向分配。根据我国《预算法》，预算管理体制包括以下内容。

（1）各级权力机关的预算管理

县级以上各级人大的预算管理职权包括审查权、批准权、变更撤销权等。审查权是指县级以上人大有权审查本级总预算草案及本级总预算执行情况的报告。批准权是指其有权批准本级预算和本级预算执行情况的报告。变更撤销权是指其有权改变或撤销本级人大常委会关于预算、决算的不适当决议，有权撤销本级政府关于预算、决算的不适当决定与命令。

乡级人大的预算管理职权包括审查权、监督权和撤销权。审查权是指乡级人大有权审查和批准本级预算、本级预算执行报告、本级预算调整方案和本级决算。监督权是指乡级人大有权监督本级预算的执行。撤销权是指其有权撤销本级政府关于预算、决算的不适当决定与命令。

（2）各级政府之间的预算管理

县级以上各级政府的预算管理职权包括编制权、报告权、执行权、决定权、监督权和变更撤销权。编制权是指县级以上各级政府有权编制本级预算、决算草案和本级预算调整方案。报告权是指其有权向本级人大作关于本级总预算草案的报告，有权将下一级政府报送备案的预算汇总后报本级人大常委会备案，有权向本级人大及其常委会报告本级总预算的执行情况。执行权是指其有权组织本级总预算的执行。决定权是指其有权决定本级预算预备费的动用。监督权是指其有权监督本级各部门和下级政府的预算执行。变更撤销权是指其有权改变或者撤销本级各部门和下级政府关于预算、决算的不适当决定与命令。

乡级政府的预算管理职权同样包括编制权、报告权、执行权、决定权，内容也基本相似。

（3）各级财政部门之间的预算管理

各级财政部门是各级政府机关具体负责财政工作的职能部门，其预算管理职权实际是政府相关职权的进一步细化、具体化，主要包括编制权、执行权、提案权、报告权。编制权是指财政部门有权具体编制本级预算、决算草案和本级预算调整方案。执行权是指其有权组织本级总预算的执行。提案权是指其有权提出本级预算预备费的动用方案。报告权是指其有权作为代表向本级政府和上一级政府财政部门报告本级总预算的执行情况。

3. 预算收支范围

预算收支范围，既与各级政府的收支能力相关，也与其财权和事权的划分有关。由于各类预算收支范围不同，《预算法》主要对一般公共预算的收支范围作出明确规定。政府性基金预算、国有资本经营预算和社会保险基金预算的收支范围，按照法律、行政法规和国务院的规定执行。

一般公共预算收入，包括各项税收收入、行政事业性收费收入、国有资源（资产）有偿使用收入、转移性收入和其他收入；其中，税收收入是最主要的来源。一般公共预算支出，按照其功能分类，包括一般公共服务支出，外交、公共安全、国防支出，农业、环境保护支出，教育、科技、文化、卫生、体育支出，社会保障及就业支出和其他支出；按照其经济性质分类，包括工资福利支出、商品和服务支出、资本性支出和其他支出。

我国《预算法》规定，国家实行中央和地方分税制。依据分税制的要求，从预算层级的角度出发，预算收入的范围包括中央预算收入、地方预算收入、中央和地方共享收入；预算支出的范围包括中央预算支出和地方预算支出，前者提供中央层次公共物品和服务，后者则主要负责提供地方层次公共物品和服务。

4. 预算管理程序

预算管理程序是国家在预算管理方面依次进行的各个工作环节的

全过程，它是一个有秩序的活动总体，主要由预算编制、预算审查和批准、预算执行、预算调整、决算编制和批准等五个环节组成，从而形成一个完整的预决算周期。

（1）预算编制

预算编制是指编制预算草案的预算经济活动。预算草案是各级政府和各部门、单位编制的暂时未经法定程序审批的预算收支计划。由于未经国家权力机关审批，预算草案暂时不具备法律效力，只有经过法定程序的审查批准，才能成为正式的国家预算。

预算编制是预算管理程序中的基础性、首要性环节，在我国，《宪法》和《预算法》明确了预算编制的主体在于国务院财政部及地方各级财政部门，且预算编制的基本依据和具体要求都必须依照法律的规定，在法定框架内进行。此外，针对预算扶助资金、预备费、预算周转金、结算资金等特殊类型，《预算法》也作出了明确规定。

（2）预算审批

预算审批是指国家各级权力机关对同级政府所提出的预算草案进行审查和批准的活动。审批是使预算草案具备法律效力并转变为正式预算的关键阶段，其流程主要包括以下四个部分：

第一，预算草案初审。预算初步审查是权力机关审查预算的前置环节，主要发挥基础性作用，以弥补大会审查时间短、代表专业知识不足等问题。[①]此外，基层人大还需在审查预算草案前组织本级人大代表听取选民和社会各界意见。

第二，预算草案的审批。依据《预算法》的相关规定，预算草案

---

① 李卫民：《预算初步审查与预算法修改》，载《人大研究》2013年第2期。

在报送各级人大审查批准前应当细化,并由国务院或地方各级政府向同级人大作报告,由全国人大财政经济委员会、设区的市以上人大专门委员会或县级人大常委会向本级人大主席团提出关于总预算草案及上一年总预算执行情况的审查结果报告。同级人大对预算草案和预算执行情况报告需依法按要求作审查。

第三,预算备案与撤销。备案与撤销均是政府与人大预算监督权的重要组成部分,必须按照《预算法》相关规定严格实行。预算备案是指各级政府预算被批准后必须依法向相应的国家机关备案;预算撤销是指对下一级报送备案的预算,政府认为有不适当之处的,应当提请本级人大常委会审议决定。

第四,预算批复。预算批复是指财政部门和其他各部门对已经批准的预算进行批复。预算批复实际上是对有关预算主体的执行的授权,一旦批复就意味着执行阶段的开始,因此《预算法》对批复的实践作出了准确的安排,不能随意批复,也不能变更法定批复时间。此外,预算获批后,政府也需要尽快下达转移支付,从而保障基本公共服务均等化的实现。

（3）预算执行

预算执行是指各级财政部门和其他预算主体开展组织预算收入与划拨预算支出的活动。预算执行的主体包括预算执行组织主体和具体预算执行主体,前者是指各级政府及本级财政部门,后者是指负责具体工作的各部门、各单位。

预算收入与支出均需要通过国库制度进行,国库是国家进行预算收支活动的出纳机关,《预算法》规定,国家实行国库集中收缴和集中支付制度,对政府全部收入和支出实行国库集中收付管理,任何部门、单位和个人不得截留、占用、挪用或拖欠。

（4）预算调整

预算调整是指经全国人大批准的中央预算和经地方人大批准的本级预算，在执行中因特殊情况需要增加支出或者减少收入，使原批准的收支平衡的预算的总支出超过总收入，或者是原批准的预算中举借债务的数额增加的部分变更。预算调整在预算执行过程中具有特殊性，根据《预算法》的规定，只有当存在以下情况时才可以进行预算调整：需要增加或者减少预算总支出的，需要调入预算稳定调节基金的，需要调减预算安排的重点支出数额的，需要增加举借债务数额的。

（5）决算编制与批准

决算是政府决算、部门决算与单位决算的总称，是国家预算收支执行情况的最终结果，也是国家政治、经济、社会活动在财政上的集中反映。从形式上看，决算是指经法定程序审查和批准的由各预算主体编制的年度预算执行结果的会计报告；从实质上看，决算是对年度预算执行情况及结果的系统、全面总结。

决算主要包括草案编制和审批两个部分。决算草案由各级政府、部门、单位在每一预算年度终了后按照国务院规定时间编制，编制决算草案的具体事项由国务院财政部门部署，必须做到收支真实、内容完整、数额准确、报送及时。决算草案审批，首先需要对上一年度决算草案进行初步审查，之后根据《预算法》的规定，由各级权力机关进行决算的审批，并在批复后及时备案。

5. 预决算监督

预算与决算监督是指对各级政府实施的预算与决算活动进行的监督，县级以上人大及其常委会对本级和下级预算决算进行监督，乡级人大对本级预算决算进行监督。预决算监督从监督主体的角度可以划分为三类：立法机关监督，即立法机关的组织调查权和询问质询权；行政机关监督，即各级政府监督下级政府的预决算执行；政府专门机构监督，即财政部门和审计部门的监督。

三 常见法律问题

（一）公共财政与预算有什么联系？

公共财政是指国家、地方政府对国家和社会进行管理和服务的财政性活动。从财政与公共预算的联系上看，预算是公共财政的运行机制，也是公共财政的基本制度框架，政府预算制度是公共财政的重要组成部分。从历史的角度出发，公共财政与预算制度的产生属于同一历史进程，公共财政制度是在政府预算制度的建立、发展和完善过程中逐步形成和进一步发展的。从现实的角度出发，先有预算后有政府财政活动，财政活动需要依照预算执行，不能超出预算边界。从制度运行的角度出发，预算制度作为现代财政体系的核心制度，天然地追求民主、法治、公平等基本价值，从而成为指导、监督甚至批评财政活动的最有效工具。[①]只有建立健全公共财政与预算制度，才能落实分配并实现社会资源优化配置，才能为国家经济建设和社会发展提供坚实的经济保障与制度管理基础。

---

① 张克：《"预算的实质是要控制政府的行为"——专访北京大学法学院刘剑文教授》，载《检察风云》2012年第6期。

（二）如何依法处理一般公共预算中的年度超收与短收？

根据《预算法》第六十六条规定，对于超收，各级一般公共预算年度执行中有超收收入的，只能用于冲减赤字或者补充预算稳定调节基金，而各级一般公共预算的结余资金，应当补充预算稳定调节基金；对于短收，省、自治区、直辖市一般公共预算年度执行中出现短收，通过调入预算稳定调节基金、减少支出等方式仍不能实现收支平衡的，省、自治区、直辖市政府报本级人民代表大会或者其常务委员会批准，可以增列赤字，报国务院财政部门备案，并应当在下一年度预算中予以弥补。

《预算法》对财政超收与预算赤字的处理，既有效保障了预算执行与预算调整的衔接，又从法律上切断了超收收入和结余资金随意转化为支出的可能性，增强了年度预算的约束力，在发挥预算主体前瞻性、计划性的同时，并未全面否定预算的年度性原则，实质上是跨年度预算平衡机制的具体表现之一，体现了《预算法》经过2014年修订后其预算平衡机制在制度层面表现出由"量入为出"向"量出制入"的预算平衡机制的转变。

（三）如何找到落实预算问责制、建设问责型法治政府的良策？

在我国财政提质增效的大背景下，我国持续推进预算管理改革，优化预算管理问责机制，从而推动了财政资源使用效益的提高。其中，预算绩效管理与问责机制的结合，通过权责明确硬化了预算绩效管理的责任承担与约束，使得相关部门及人员产生持续改进绩效的长久驱动力，显然是落实预算问责制的良好措施之一。[①]但是，由于缺乏实际经验，我国预算管理的问责机制尚不完善，暂未得到彻底落实。

建设法治政府，需要良法善治，需要建设问责型政府，这也是推动国家治理体系和治理能力现代化的必然要求。首先，从问责主体出发，需要推动各个预算主体之间的多部门多单位协同机制，以提高问责工作协调性，避免问责主体职能重叠或缺位。其次，从问责客体出发，需要完善问责客体责任认定机制，增强各客体的绩效意识与责任意识，以良好的行政文化氛围等意识层面建设，提升预算管理公务人员的职业价值追求。再次，从问责依据出发，需要提高问责依据和预算材料的科学性准确性，既要在法律层面保证其合法性与规范性，又要在技术层面保障其完整性与合理性。最后，从问责方式出发，在确保其不失去规范性和灵活性的基础上，推动预算绩效管理与问责机制从模式单一的过失追究向奖罚并举拓展。

（四）预算中转移支付表现在哪些方面，有何作用？

转移支付是指政府或企业无偿地支付给个人以增加其收入和购买力的费用，包括一般性转移支付、专项转移支付等。国家实行财政转移支付制度。财政转移支付应当规范、公平、公开，以推进地区间基本公共服务均等化为主要目标。我国《预算法》明确了财政转移支付的目标、模式和与其相关的预算编制、执行问题。

首先，转移支付在预算法中的目标表现为：财政转移支付包括中

---

① 李燕、王佳文：《预算绩效管理问责要素分析与机制优化》，载《中央财经大学学报》2022年第1期。

央对地方的转移支付和地方上级政府对下级政府的转移支付，以均衡地区间基本财力、由下级政府统筹安排使用的一般性转移支付为主体。这也是对我国财政制度转移支付类型与机构的立法规定。

其次，转移支付在预算法中的模式表现为：按照法律、行政法规和国务院的规定可以设立专项转移支付，用于办理特定事项；建立健全专项转移支付定期评估和退出机制；市场竞争机制能够有效调节的事项不得设立专项转移支付；上级政府在安排专项转移支付时，不得要求下级政府承担配套资金，但是，按照国务院的规定应当由上下级政府共同承担的事项除外。

再次，与其相关的预算编制问题表现为：一般性转移支付应当按照国务院规定的基本标准和计算方法编制；专项转移支付应当分地区、分项目编制；县级以上各级政府应当将对下级政府的转移支付预计数提前下达下级政府；地方各级政府应当将上级政府提前下达的转移支付预计数编入本级预算。

最后，与其相关的预算执行问题表现为：中央对地方的一般性转移支付应当在全国人民代表大会批准预算后三十日内正式下达；中央对地方的专项转移支付应当在全国人民代表大会批准预算后九十日内正式下达；省、自治区、直辖市政府接到中央一般性转移支付和专项转移支付后，应当在三十日内正式下达本行政区域县级以上各级政府；县级以上地方各级预算安排对下级政府的一般性转移支付和专项转移支付，应当分别在本级人民代表大会批准预算后的三十日和六十日内正式下达。对自然灾害等突发事件处理的转移支付，应当及时下达预算；对据实结算等特殊项目的转移支付，可以分期下达预算，或者先预付后结算。县级以上各级政府财政部门应当将批复本级各部门的预算和批复下级政府的转移支付预算，抄送本级人民代表大会财政经济委员会、有关专门委员会和常务委员会有关工作机构。

此外，在预算执行中，地方各级政府因上级政府增加不需要本级政府提供配套资金的专项转移支付而引起的预算支出变化，不属于预算调整。接受增加专项转移支付的县级以上地方各级政府应当向本级人民代表大会常务委员会报告有关情况；接受增加专项转移支付的乡、民族乡、镇政府应当向本级人民代表大会报告有关情况。

反不正当竞争法

第二讲
CHAPTER 2

第二讲 反不正当竞争法

CHAPTER 2

扫码查阅法律

- 法律概述
  - 立法（修法）背景和过程
  - 立法目的和任务
    - 促进社会主义市场经济健康发展
    - 鼓励和保护公平竞争及制止不正当竞争行为
    - 保护经营者和消费者的合法权益
  - 立法结构

- 法律知识要点
  - 基本概念
    - 不正当竞争行为
    - 混淆行为
    - 商业贿赂行为
    - 虚假宣传行为
    - 侵犯商业秘密行为
    - 不正当有奖销售行为
    - 商业诋毁行为
    - 网络领域的不正当竞争行为（"互联网专条"）
  - 重要原则
    - 自愿原则
    - 平等原则
    - 公平原则
    - 诚信原则
    - 遵守法律和商业道德原则
  - 重点要求

- 常见法律问题
  - 数据抓取行为的合法性要求
  - 网络刷单行为的合法性判断
  - "一般条款"在网络不正当竞争中的适用条件
  - 涉及大数据产品权益保护的不正当竞争新类型

一 法律概述

（一）立法（修法）背景和过程

1. 立法背景

在市场经济条件下，利润、价值规律驱使着人们不断提高产品质量、降低成本、提升服务水平、创造更加满足消费者需求的产品，竞争意识与行为也随之涌现。市场经济实践证明，竞争能够激发经济活力，推动生产力发展，促进社会进步。但凡事有一利必有一弊，有竞争自然就会出现不正当竞争。

所谓不正当竞争，是指经营者在生产经营活动中，违反法律扰乱市场竞争秩序，损害其他经营者或者消费者合法权益的行为。其表现形式多种多样，如假冒他人商品或品牌名称、实施商业贿赂以谋取竞争优势、虚假宣传、侵犯他人商业秘密、恶意损害竞争对手声誉等。不正当竞争行为不仅侵害了竞争对手正当经营的权益，也使消费者的合法权益受到损害，破坏了市场经济秩序，需要制定严格规范竞争行为的立法予以治理。

随着国际经济贸易的发展，国家之间的合作也不断加深，在国际合作中规范不正当竞争首推1883年《保护工业产权巴黎公约》，以及1886年《保护文学艺术作品伯尼尔公约》、1891年《商标国际注册马德里协定》等。1991年12月《关税与贸易总协定》中的内容对于规范知识产权领域的不正当竞争行为起到了重要作用，可被视为国际立法的重要里程碑。反不正当竞争最初以成文法形式出现于19世纪末20世纪初，以德国1909年制定的《反不正当竞争法》为代表，对欧洲及世界各国立法产生了重要影响。

我国于1993年颁布《反不正当竞争法》，是我国第一部促进公平竞争、规范市场竞争秩序、维护市场经济健康运行的基础性法律制度，具有重要的开创性、前瞻性意义。

2. 立法过程

《反不正当竞争法》于1993年9月2日第八届全国人大常委会第三次会议通过，自1993年12月1日起施行。2017年11月4日，第十二届全国人大常委会第三十次会议进行第一次修订，修订稿自2018年1月1日起施行。2019年4月23日第十三届全国人大常委会第十次会议进行了第二次修订，并于公布之日起施行。

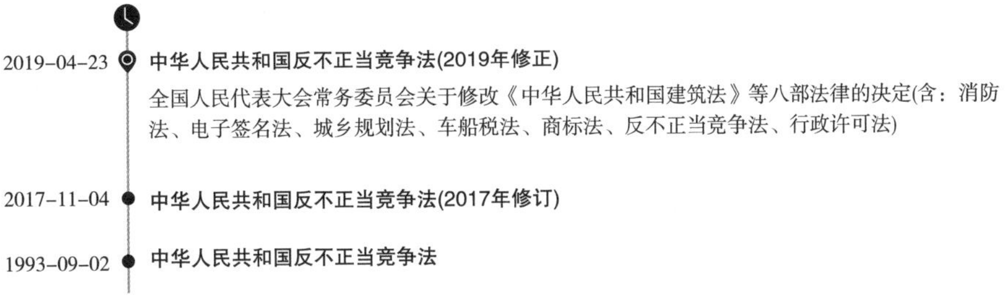

2019-04-23　中华人民共和国反不正当竞争法(2019年修正)
全国人民代表大会常务委员会关于修改《中华人民共和国建筑法》等八部法律的决定(含：消防法、电子签名法、城乡规划法、车船税法、商标法、反不正当竞争法、行政许可法)

2017-11-04　中华人民共和国反不正当竞争法(2017年修订)

1993-09-02　中华人民共和国反不正当竞争法

图 2-1　《反不正当竞争法》变迁历程

3. 法条变化

现行有效的《反不正当竞争法》于2019年修订，在总体框架不变的情况下，进行了与时俱进的更新完善。最主要的变化集中体现在涉及商业秘密的条款中。包括：增加了"电子侵入"的侵权行为类别，紧跟时代变化，弥补法律滞后的疏漏；增加了遵守保密义务的要求，扩大了保密义务的范围；侵权主体范围扩大到包含经营者以外的自然人、法人、非法人组织；将商业秘密的范围落脚于商业信息，降低了商业秘密的门槛；将侵权行为的赔偿数额上限由三百万元提升到五百万元，提高了违法成本；新增对侵犯商业秘密的民事审判程序中举证责任的转移规定，降低维权成本，有助于提升审判质效和公信力。

目前，《反不正当竞争法》第三次修订正在进行。2022年11月22日，国家市场监管总局发布《中华人民共和国反不正当竞争法（修订草案征求意见稿）》公开征求意见，此次修改主要是因为随着新产业、新业态、新商业模式的"三新"经济[①]不断发展，利用数据、算法等大数据手段实施的新型不正当竞争行为也层出不穷。修改的主要内容包括完善数字经济反不正当竞争规则、完善不正当竞争行为的表现形式、新增不正当竞争行为的类型、完善法律责任四个方面。

（二）立法目的和任务

《反不正当竞争法》第一条规定了立法目的：促进社会主义市场经济健康发展，鼓励和保护公平竞争，制止不正当竞争行为，保护经营者和消费者的合法权益。其中蕴含着清晰的逻辑关系，促进市场经济健康发展与保护相关市场主体合法权益是并行不悖的两个根本目标，制止不正当竞争行为是维护市场公平竞争的主要手段，而保护市场公

[①] 国家统计局指出，新产业指应用新科技成果、新兴技术而形成一定规模的新型经济活动，具体表现为新技术应用产业化直接催生的新产业、传统产业采用现代信息技术形成的新产业等；新业态指顺应多元化、多样化、个性化的产品或服务需求，依托技术创新和应用，从现有产业和领域中衍生叠加出的新环节、新链条、新活动形态，具体表现为以互联网为依托开展的经营活动等；新商业模式指为实现用户价值和企业持续盈利目标，对企业经营的各种内外要素进行整合和重组，形成高效并具有独特竞争力的商业运行模式，具体表现为将互联网与产业创新融合、把硬件融入服务、提供消费、娱乐、休闲、服务的一站式服务等。

平竞争又是两个根本目标的内在要求。这一立法目的条款既是反不正当竞争法制度构建的逻辑主线，同时也能够指引正当竞争与不正当竞争的行为认定。

1. 促进社会主义市场经济健康发展

党的十八届三中全会指出，"市场决定资源配置是市场经济的一般规律"，而"建设统一开放、竞争有序的市场体系，是使市场在资源配置中起决定性作用的基础"。2020年5月，中共中央、国务院印发的《关于新时代加快完善社会主义市场经济体制的意见》指出，坚持社会主义市场经济改革方向，更加尊重市场经济一般规律。竞争是市场经济最基本的运行机制，是市场经济活力的源泉。规制不正当竞争行为、保障市场机制正常有效运行是使市场经济保持活力、促进社会主义市场经济长期健康发展的必要举措，同时也是本法立法的首要目的。在世界范围内实行市场经济的国家，均把反不正当竞争方面的法律作为规范市场经济关系、促进市场经济发展的基本法律之一。[①]

2. 鼓励和保护公平竞争及制止不正当竞争行为

我国《反不正当竞争法》以维护公平竞争秩序为使命。市场竞争秩序反映的是市场机制中带有根本性、普遍性和长期性的问题，与宏观经济环境相联系，贯穿经济发展的始终，市场机制的有效与否直接取决于是否存在有效竞争，而竞争是否有效则直接取决于市场竞争秩序是否规范良好。经营者只有在公平的环境和条件下开展竞争，才能使竞争机制的功能得到有效、充分的发挥。

---

① 王瑞贺：《〈中华人民共和国反不正当竞争法〉释义》，法律出版社2018年版，第9页。

3. 保护经营者和消费者的合法权益

经营者与消费者这两种主体所处的市场地位不同，客观上在认定是否造成对各自利益侵害时的标准也存在差异，但消费者利益在本法中获得与经营者利益同等的法律保护地位，都是因其在经济社会发展中的地位以及法律对该地位的评估与反馈。[①] 在以用户为王、消费者主导经济发展航向标的互联网时代，消费者经济地位的提升要求获得反不正当竞争法更全面的保护，消费者利益不再简单让位于经营者利益，而是成为反不正当竞争法的直接保护法益，与经营者利益共获竞争法的等位保护。[②]《反不正当竞争法》是贯彻落实党中央关于加强反垄断、反不正当竞争工作重大决策部署的有力举措，既能够深入实施公平竞争政策、完善公平竞争制度，又能够推进高标准市场体系建设。在不断推动经济发展的同时，满足人民物质与精神需求，提升人民生活幸福感和满意度。

（三）立法结构

《反不正当竞争法》共5章33条，具体内容如表2-1所示：

表2-1　《反不正当竞争法》立法结构

章节	标题	核心内容及作用
一	总则	立法目的、基本原则、责任主体，对国家机关、行业组织等提出的要求等，主要发挥统领性作用
二	不正当竞争行为	围绕不正当竞争行为展开，主要通过对经营者提出禁止实施各类不正当竞争行为的要求以明确其义务范围，属于整部法律的核心内容

[①] 陈耿华：《论反不正当竞争法法益结构的转型》，载《商业研究》2019年第10期。

[②] 陈耿华：《反不正当竞争法一般条款扩张适用的理论批判及规则改进》，载《法学》2023年第1期。

续表

章节	标题	核心内容及作用
三	对涉嫌不正当竞争行为的调查	对涉嫌不正当竞争行为的调查，明确了监督检查部门针对涉嫌不正当竞争行为有权采取的具体措施，以及采取措施过程中应当履行的各项义务，鼓励各主体举报涉嫌不正当竞争行为等
四	法律责任	规定了违反本法所应承担的民事、行政、刑事责任
五	附则	施行时间

二 法律知识要点

（一）基本概念

《反不正当竞争法》是规制市场竞争行为的重要规范准则，其中，第二章重点规定了禁止经营者进行的不正当竞争行为，主要包括：混淆行为、商业贿赂行为、虚假或引人误解的商业宣传行为、侵犯商业秘密行为、不正当有奖销售行为、商业诋毁行为、网络领域的不正当竞争行为以及其他法律法规规定的不正当竞争行为。

1. 不正当竞争行为

不正当竞争行为是针对市场竞争中的非正当性竞争行为而言的。我国《反不正当竞争法》将仿冒混淆行为、虚假广告宣传行为、商业贿赂行为、侵犯商业秘密行为、低价倾销行为以及不正当有奖销售行为等不正当竞争纳入法律调整范畴。

2. 混淆行为

以造成"引人误认为是他人商品或者与他人存在特定联系"的后

果为判断标准；行为主体是"经营者"，包括从事商品生产、经营或提供服务的自然人、法人和非法人组织；被混淆对象是"有一定影响的标识"，包括商标标识、主体标识、网络活动中的特殊标识等；行为方式为"擅自使用"，即未经权利人同意的使用。

3. 商业贿赂行为

商业贿赂行为是指经营者以排斥竞争对手为目的，为使自己在销售或购买商品或提供服务等业务活动中获得利益，而采取的向交易相对人及其职员或其代理人提供或许诺提供某种利益，从而实现交易的不正当竞争行为。实施商业贿赂的主体不仅限于经营者本人，经营者通过其工作人员进行的商业贿赂行为也应当认定为经营者的行为。在行为目的上，需要注意的是正当或不正当的交易机会或竞争优势都有可能构成商业贿赂。行为手段不仅限于财物，还可能包括任何对受贿人有价值的事物。但需要合理区分商业贿赂与合法的折扣、佣金。

4. 虚假宣传行为

虚假宣传行为是指经营者在商业活动中利用广告或其他方式对其商品或服务作出与实际内容不相符的虚假信息，导致消费者误解的行为。对商品或服务的相关信息需作广义理解，既包括相关自然属性的信息，也包括有关商品生产者、经营者、服务提供者等信息，还可包括商品的市场信息等。形式上表现为内容与实际情况不符，容易引人误解。效果上既包括达到造成了欺骗、误导消费者的客观后果，也包括有欺骗、误导消费者的可能性。认定时需注意与夸张的艺术表达手法相区分，也要考虑虚假宣传是否会对购买行为产生实质影响。目前在电子商务领域，利用虚假交易手段，即通过虚假交易虚构成交量、交易额、用户好评等方式,俗称"刷单",进行虚假宣传的情况较为普遍,也是法律规制的重要方面。

5. 侵犯商业秘密行为

侵犯商业秘密行为是指经营者通过不正当手段获得、披露、使用或违反保密义务公开权利人不为公众所知悉、具有商业价值并经权利人采取相应保密措施的技术信息和经营信息。《反不正当竞争法》具体规定了四种侵犯商业秘密的情形:(1)经营者以不正当手段获取权利人的商业秘密,方式包括盗窃、贿赂、欺诈、胁迫或者其他手段;(2)经营者非法获取商业秘密后,非法使用该商业秘密,方式包括披露、自己使用或者允许他人使用;(3)经营者违反约定或者违反权利人有关保守商业秘密的要求,披露、使用或者允许他人使用其所掌握的商业秘密;(4)第三人(即其他经营者)明知或者应知商业秘密权利人的员工、前员工或者其他单位、个人实施前述违法行为,仍获取、披露、使用或者允许他人使用该商业秘密的,视为侵犯商业秘密。

6. 不正当有奖销售行为

所谓有奖销售是指经营者销售商品或者提供服务,附带性地向购买者提供物品、金钱或者其他经济上的利益的行为。[①]法律仅针对不正当有奖销售行为进行禁止,本法认定的具体不正当手段包括:有奖销售信息不明确影响兑奖;谎称有奖或故意让内定人员中奖;抽奖式巨奖(最高奖金额超过五万元)销售。有奖销售是经营者为吸引消费者、增加市场交易、活跃市场竞争所使用的常用竞争手段,但当经营者采

---

① 王瑞贺:《〈中华人民共和国反不正当竞争法〉释义》,法律出版社2018年版,第71页。

用不正当手段实施有奖销售，则可能扰乱市场竞争机制，损害消费者、其他经营者等的合法权益，构成不正当竞争。

7. 商业诋毁行为

经营者编造、传播虚假信息或误导性信息，损害竞争对手的商业信誉、商品声誉的行为，属于商业诋毁行为。其中，虚假信息是指内容与实际情况不符的信息，误导性信息是指内容虽然真实，但仅陈述部分事实易引发错误联想的信息。

8. 网络领域的不正当竞争行为（"互联网专条"）

网络领域的不正当竞争行为主要是指利用网络从事生产经营活动的经营者，利用技术手段，通过影响用户选择或其他方式，实施妨碍、破坏其他经营者合法提供的网络产品或服务正常运行的行为。既包括传统不正当竞争行为在网络领域的延伸，也包括网络领域特有的、利用技术手段实施的不正当竞争行为。

（二）重要原则

反不正当竞争法的法律原则是贯穿反不正当竞争行为实施的重要原则。《反不正当竞争法》第二条明确规定，经营者在生产经营活动中，应当遵循自愿、平等、公平、诚信的原则，遵守法律和商业道德。

1. 自愿原则

自愿原则是开展经济活动的重要原则。自然人、法人、非法人组织等民事主体在市场交易和民事活动中都必须遵守自愿协商原则，都有权按照自己的真实意愿独立自主地选择、决定交易对象和交易条件，建立和变更民事法律关系，并同时尊重对方的意愿和社会公共利益，不能将自己的意志强加给相对方或第三方。自愿原则以主体地位平等、机会平等为前提；以保障权利、救济权利为其基础；以契约自由为其核心内容，以维持有效竞争的主要功能。市场是资源配置的决定性力量，市场经济要求实现地位平等、竞争机会平等，因此决定了意思自治是市场经济在法律上的必然选择，禁止经营者以欺诈胁迫等手段实施交易行为。

2. 平等原则

平等原则是投资和交易活动的基本原则。《民法典》第四条简明扼要地指出"民事主体在民事活动中的法律地位一律平等"。《反不正当竞争法》也明确规定经营者在生产经营活动中，应遵循平等原则。在市场竞争中，各经营者居于平等的法律地位，各自的竞争行为受到法律一视同仁的对待，不因经营者各自的规模大小、所有制形式、所处区域或存在年限长短而有所区别。平等原则还强调各经营者之间的彼此独立性，由于地位平等，因此能够独立经营、不受他方意志支配。经营者在市场竞争中必须尊重交易相对方的平等地位，不得利用其自身优势地位施加不当压力。

3. 公平原则

在市场竞争中，公平原则是指在平等良好的市场环境中，依据平等适用每一个市场主体的共同规则进行市场交易活动。公平原则要求经营者公正、平允地确定自身及交易相对方的权利、义务、责任，各自对等，不能相差悬殊。[①]平等原则强调更多的是形式、地位上的平等，而公平原则更注重具体权利义务和结果上的平等。

---

① 王瑞贺：《〈中华人民共和国反不正当竞争法〉释义》，法律出版社2018年版，第14页。

4. 诚信原则

诚实信用是市场经济的基本法律原则，同时也是认定不正当竞争行为的实质要件。"诚"表示真诚、诚实，"信"的要义为真实、确定、可靠。诚信意味着真实可靠，不欺骗、不弄虚作假，是可以被指望、期待和信赖的。诚信原则要求经营者不得违法损害其他经营者合法权益、扰乱社会经济秩序。诚信原本作为一项道德准则对人们的行为进行约束，但仅靠道德约束，仍不足以形成良好的社会风气或市场环境，因此国家大力弘扬诚信价值观念，将其不断融入法律规定之中，通过法律的强制手段促进诚信意识的不断提升。

5. 遵守法律和商业道德原则

《反不正当竞争法》第二条规定了经营者应当遵守法律和商业道德。商业道德在此所指代的内容，除了前述已经被法律明确为基本原则的自愿、平等、公平、诚信外，还应当包括未被法律明确的，特定商业领域普遍遵循和认可的行为规范。在认定是否属于商业道德时，应当结合案件具体情况，参考行业主管部门、行业协会或者自律组织制定的从业规范、技术规范、自律公约等因素进行综合判断。

（三）重点要求

《反不正当竞争法》除了明确规定经营者不得实施的不正当竞争行为外，还对相关职能部门在调查、监管方面提出了重点要求。

首先，必须符合依法行政原则。监督检查部门调查涉嫌不正当竞争行为，应当遵守《行政强制法》及其他有关法律、行政法规的规定。在实施调查行为时应当向主要负责人书面报告，并经批准；涉及查封、扣押相关财物，查询相关经营者银行账户时，还需向设区的市级以上人民政府监督检查部门主要负责人书面报告，并经批准。

其次，必须履行法定义务。法定义务包括法定公开义务和法定保密义务。法定公开义务包括：监督检查部门调查涉嫌不正当竞争行为，应当将查处结果及时向社会公开，向社会公开受理举报的电话、信箱或电子邮件地址。法定保密义务包括：对于调查过程中所知悉的商业秘密必须保密，对于提供举报信息的举报人负有保密义务。

最后，必须合理行政、程序正当。合理行政要求体现在《反不正当竞争法》所赋予相关职权部门的监管权和执法权，均限于"涉嫌不正当竞争行为"的范畴内，通过履行法定执法权，有效规制不正当竞争行为。而在依法行政要求之下，行权应报告、获批准，也是程序正当原则的要求。

三 常见法律问题

（一）数据抓取行为的合法性要求

【案例】百度诉360公司违反robots协议案[①]

本案争议焦点为：百度通过设置robots协议白名单的方式限制360搜索引擎抓取其相关网页内容，是否为不正当竞争行为。法院认为，原告百度公司的行为损害被告及相关消费者利益，妨碍正常互联网竞争秩序，违反诚实信用原则和公认的商业道德而具有不正当性，属于

---

① 参见北京市第一中级人民法院（2012）一中民初字第5718号民事判决书。

不正当竞争。法院指出，互联网领域必须重视和强调规则在自由竞争中的作用，认为互联网行业规则应属行业内的通行规则，应当被认定为搜索引擎行业内公认的、应当被遵守的商业道德。

（二）网络刷单行为的合法性判断

【案例】腾讯诉数推案①

本案为 2021 年最高人民法院典型案例。被告数推（重庆）网络科技有限公司利用网络技术手段，有偿为原告深圳市腾讯计算机系统有限公司、腾讯科技（深圳）有限公司提供虚假点击量服务，被法院认定构成不正当竞争。本案明确了互联网经营者有偿提供虚假刷量服务的行为违反诚实信用原则和商业道德，损害合法经营者、用户和消费者的权益，扰乱正常竞争秩序，应纳入反不正当竞争法予以规制。本案对《反不正当竞争法》第十二条规定的"其他"不正当竞争行为进行了有益探索，为审理涉及互联网黑灰产业的类似案件提供了裁判指引。有必要健全数字经济公平竞争规则、细化竞争关系认定、确立多种利益平衡保护的"多益平衡"理念，进一步强化互联网领域的商业道德。

（三）"一般条款"在网络不正当竞争中的适用条件

【案例】百度诉奥商案②

本案为 2015 年最高人民法院第 45 号指导案例。原告百度公司起诉青岛奥商在其经营网站的搜索结果页面强行弹出广告的行为，违反诚

---

① 参见重庆市第五中级人民法院（2019）渝05民初3618号民事判决书。
② 参见山东省高级人民法院（2010）鲁民三终字第5-2号民事判决书。

信原则及商业道德,属不当竞争,妨碍其正当经营并损害其合法权益。本案明确了《反不正当竞争法》中第二条"一般条款"作为原则性规定在互联网不正当竞争纠纷中的适用。对于从事互联网服务的经营者,在其他经营者网站的搜索结果页面强行弹出广告等未被明确列举的行为,可根据《反不正当竞争法》第二条的原则性规定认定为不正当竞争。这一认定,有利于依法制止常见多发的网页上强行弹出广告等不正当竞争行为,有效惩治损人利己、违背诚信和商业公德的行为,保护经营者和消费者的合法权益,从而维护诚实守信、公平竞争的市场经营秩序。[1]

(四)涉及大数据产品权益保护的不正当竞争新类型

【案例】淘宝诉安徽美景不正当竞争纠纷案[2]

在本案中,原告淘宝(中国)软件有限公司以不正当竞争为由,起诉安徽美景信息科技有限公司以提供软件账号分享平台的方式帮助他人获取淘宝数据产品中的数据内容牟利。法院认为,网络数据产品是网络运营者投入大量治理劳动成果而形成的独立衍生数据,可以为运营者所实际控制和使用,并带来经济利益。网络运营者对于其开发的数据产品享有独立的财产性权益。被告所实施的行为(即以提供软件账号分享平台的方式帮助他人获取淘宝数据产品中的数据内容),有悖商业道德,实质性替代了涉案数据产品,破坏了淘宝公司的商业模式与

---

[1] 裴轶、来小鹏:《反不正当竞争法中一般条款与"互联网条款"的司法适用》,载《河南师范大学学报(哲学社会科学版)》2019年第4期。

[2] 杭州铁路运输法院(2017)浙8601民初4034号,参见最高法发布涉民营企业、民营企业家人格权保护典型案例,https://www.chinacourt.org/article/detail/2023/10/id/7578825.shtml。

竞争优势，已构成不正当竞争。本案例为最高人民法院发布依法平等保护民营企业家人身财产安全十大典型案例之一，是我国首例涉数据资源开发应用与权属判定的新类型案件，其典型意义在于明确了衍生数据产品的信息属性定位及其获取行为正当性的边界，更重要的是赋予其"竞争性财产权益"这种新类型权属，确认其可获得反不正当竞争法的保护。

反垄断法

第三讲
CHAPTER 3

CHAPTER 3

第三讲　反垄断法

```
                                   ┌─ 立法（修法）背景和过程
                                   │
                                   │                    ┌─ 预防和制止垄断行为
                                   │                    ├─ 保护市场公平竞争
                                   │                    ├─ 鼓励创新
         ┌─ 法律概述 ──────────────┼─ 立法目的和任务 ───┼─ 提高经济运行效率
         │                         │                    ├─ 维护消费者利益和社会公共利益
         │                         │                    └─ 促进社会主义市场经济健康发展
         │                         │
         │                         └─ 立法结构
         │
         │                         ┌─ 基本原则和适用原则
         │                         │
         │                         │                ┌─ 垄断协议
         │                         │                ├─ 滥用市场支配地位
─────────┼─ 法律知识要点 ──────────┼─ 基本概念 ─────┤
         │                         │                ├─ 经营者集中
         │                         │                └─ 滥用行政行为排除、限制竞争
         │                         │
         │                         │                ┌─ 反垄断法的执行程序
         │                         └─ 重要内容 ─────┤
         │                                          └─ 反垄断法的适用除外
         │
         │                         ┌─ 什么是《反垄断法》的域外效力？
         │                         ├─ 纵向垄断协议如何适应安全港规则？
         │                         ├─ 反垄断执法机构认定豁免情形应考虑的因素有哪些？
         └─ 常见法律问题 ──────────┼─ 平台"二选一"行为是否违法？
                                   ├─ 平台企业"大数据杀熟"行为是否违法？
                                   ├─ 反垄断法约谈制度的性质和内容是什么？
                                   └─ 反垄断罚款的裁量因素有哪些？
```

一 法律概述

（一）立法（修法）背景和过程

自 2008 年 8 月我国首部《反垄断法》实施以来，该法对维护公平竞争、提高经济运行效率、保护消费者和社会公共利益、促进高质量发展发挥了至关重要的作用。然而，在当前国内外政治经济环境错综复杂的背景下，原《反垄断法》中的一些条款已不适应当前和未来的需求，亟待进行修改和完善。

面对新形势新挑战，立法机构在充分吸纳司法机关、行政主管部门、企业界、学界和律师等多方面意见的基础上，于 2022 年 6 月 24 日正式通过修正后的《反垄断法》，并于 2022 年 8 月 1 日起正式施行。这标志着我国《反垄断法》自 2008 年实施以来，迎来了首次重大修订，以更好地适应当前社会和经济的发展需求。

（二）立法目的和任务

《反垄断法》第一条规定，制定反垄断法的目的是预防和制止垄断行为，保护市场公平竞争，鼓励创新，提高经济运行效率，维护消费者利益和社会公共利益，促进社会主义市场经济健康发展。

我国《反垄断法》的立法目的呈现多元化的模式。根据不同的标准，可以将《反垄断法》的立法目的分为不同的类型。立法目的可以分为直接目的和间接目的，本法制定的直接目的是"预防和制止垄断行为",间接目的是"保护市场公平竞争,鼓励创新,提高经济运行效率,维护消费者利益和社会公共利益,促进社会主义市场经济健康发展"。立法目的也可以分为经济目的和社会目的,经济目的是"保护市场公平竞争,鼓励创新,提高经济运行效率"和"促进社会主义市场经济健康发展",社会目的是"维护消费者利益和社会公共利益"。通过这样的分类,可以更清晰地理解《反垄断法》的多元立法目的,以及不同目的之间的相互关系和层次。

1. 预防和制止垄断行为

预防和制止垄断行为是反垄断法的直接目的和首要任务。本法规制的垄断是指特定主体在经济活动中排除、限制竞争的状态或行为。它不仅包括经营者排除、限制竞争的行为,还包括行政主体滥用行政权力,排斥、限制竞争的行政性垄断行为。预防性调整的对象是没有发生危害结果,但如放任则很有可能产生危害后果的行为。预防垄断行为的制度表现,主要是控制经营者集中、实施公平竞争审查、承诺制度等。直接性调整的对象则是已经发生危害结果的垄断行为。直接制止垄断行为的制度表现,主要体现在禁止垄断协议、禁止滥用市场支配地位、禁止行政性垄断等。

2. 保护市场公平竞争

《反垄断法》所保护的公平竞争主要是指,两个以上的经济活动主体在特定的市场中,通过提供不同的价格、数量、质量、服务或者其他交易条件等正当手段和方式争取有限的交易机会,以获取更大的经济利益的行为。对于参与市场竞争的竞争主体来说,能够公平地在市场上进行竞争,是法治社会对市场经济环境的应有期待。值得强调的是,本法保护的是"竞争"而非"竞争者"。在自由、充分和公平的市场竞争中，竞争者在利益博弈的过程中失败和被淘汰是市场经济体系的一部分。如果不成功的企业得以无限制地存在，可能会破坏市场平衡，阻碍其他企业的竞争，所以只要没有破坏经济秩序，则无须《反垄断法》的适用和规制。

3. 鼓励创新

2022年修正《反垄断法》时，在立法目的中增添了"鼓励创新"的表述，这体现了建设创新型国家的时代要求。本法所指的创新，是指经济学意义上的创新，因其能够通过技术创新改变市场的经济态势，并能带来经济运行效率和消费者福利的提高。换言之，"创新"在促进经济社会发展中愈发发挥着核心驱动作用。反垄断法主要通过两种方式实现"鼓励创新"的目的。一方面，反垄断法通过直接地保护市场竞争秩序，防止创新受限，间接地实现"鼓励创新"的目的。反垄断法既可以规制垄断行为保护静态竞争，也可以允许垄断状态的存在，保护动态竞争。反垄断法通过禁止垄断协议、禁止滥用市场支配地位、控制经营者集中和规制行政垄断等，建立起一个自由、充分和公平的市场经济环境，以鼓励企业创新。根据熊彼特关于创新对经济的驱动作用的理论，创新是经济发展的引擎，而创新成功的企业可能会在一段时间内形成一种相对垄断地位，但这种垄断地位是暂时的，并且是由于其创新成功所带来的奖励。①因此，垄断状态或地位不一定导致垄断行为，而只有垄断行为才违法。另一方面，反垄断法通过将创新因素纳入具体的制度设计中，直接达到"鼓励创新"的目的。《反垄断法》第十七条第四款明确规定了限制创新的卡特尔，即禁止具有竞争关系

---

① 熊彼特：《资本主义、社会主义和民主主义》，绛枫译，商务印书馆1979年版，第126—134页。

的经营者达成限制购买新技术、新设备或者限制开发新技术、新产品的垄断协议。这类协议会阻碍新技术和产品的引入，造成资源浪费和市场不公。创新也是垄断协议的豁免理由之一。根据《反垄断法》第二十条规定，若经营者能够证明所达成的协议属于"为改进技术、研究开发新产品的"或者"为提高产品质量、降低成本、增进效率，统一产品规格、标准或者实行专业化分工"的情形，还能证明所达成的协议不会严重限制相关市场的竞争，并且能够使消费者分享由此产生的利益，则不受《反垄断法》关于垄断协议禁止性规定的限制。此外，在认定企业是否具有市场支配地位时，创新也是必要的参考因素。例如，在知识产权许可协议中，回馈授权条款因其限制了被许可人对改进技术的处分权、抑制被许可人的创新动力，从而预期降低技术的市场经济效率，造成负面影响，故许可方订立回馈授权条款在一定情况下可能被认定为滥用市场支配地位。在经营者集中，创新因素的考虑也越发重要。在横向合并案件中，重要创新者的合并如果对营造创新环境、激励创新技术的研发具有积极影响，可以不认定为具有排除、限制竞争效果的经营者集中。而在一般审查宽松的非横向合并中，如果两个企业因创新而进行合并，在未来预计会具有广大的市场前景，则可能会启动调查程序。我国《反垄断法》第三十三条就规定"经营者集中对市场进入、技术进步的影响"也应该纳入经营者集中审查的考虑要件。

4. 提高经济运行效率

经济效率是市场经济体系的一个核心概念，在经济学上，经济效率主要可以分为生产效率和分配效率两方面，其目标是通过优化资源的使用和分配，实现社会资源的最大利用和社会福祉的最大化。本法所言的"提高经济运行效率"实际上是指"实现社会整体的经济效率"。以价格卡特尔为例,来证明反垄断法规制的是损害社会整体经济效率的垄断行为,而非损害个人效率。价格卡特尔是一种经济协定,协定的成员通常一致同意维持高价、限制产量或创造其他市场限制。对于卡特尔成员来说,他们能够获得更高的利润,个体效率提高,但是高价和限制产量通常会导致消费者支付更高的价格,降低了他们的福祉,从而使社会的整体效率下降。所以价格卡特尔这种以损害社会整体效率来追求个体经济效率的典型垄断行为,是反垄断法严格规制的对象。

5. 维护消费者利益和社会公共利益

消费者利益是指在购买商品和服务的过程中,消费者所能享受到的权益和保护,包括在市场中获得合理价格、高质量产品和服务、安全产品、充分的信息以及在投诉和纠纷解决方面的权利。反垄断法对消费者权益的保护主要体现在三个方面。第一,许多垄断与限制竞争行为本身在损害其他正当经营者的合法利益及竞争机制的同时,也损害了消费者的合法利益,如企业间协议固定产品价格或限制产品数量、划分市场等限制竞争行为,都会使消费者承担不合理的高价,反垄断法禁止或限制了这些行为,也就保护了消费者的利益;第二,反垄断法通过对竞争机制的有效保护,使消费者充分享受到由竞争带来的实惠,如价格降低、服务改善、新产品增多等;第三,反垄断法通过对市场经济竞争行为的规制来维护良好的经济秩序与经济环境,而这些秩序与环境正是消费者有效行使自己各项权利的重要前提。因此,反垄断法同时也是一般消费者利益的保护法。

社会公共利益是指符合社会整体福祉和共同利益的目标、价值和活动。竞争可以增强社会经济的生产基础,在整体上为生产者提供更高的回报，为消费者提供更多、更好、更低价格的产品，提高社会的总体福利水平。因此，反垄断法促进和保障了竞争，也就推动了社会福利的增加。

6. 促进社会主义市场经济健康发展

促进社会主义市场经济健康发展的立法目的旨在通过法律手段规范市场行为、维护公平竞争、保护各方权益，促使市场经济在社会主义制度下更好地发挥作用。这一立法目的的实现具有深远的意义，有助于推动经济可持续发展、社会和谐稳定，以及促进国家整体繁荣。值得强调的是，市场经济健康发展既要保证发展的速度，也要保障发展的质量。

（三）立法结构

《反垄断法》共8章，条文总数为70条。现行法律框架以"垄断协议""滥用市场支配地位""经营者集中""滥用行政权力排除、限制竞争"为核心。

第一章是总则，明确法律的立法目的、适用范围、垄断行为的类型和反垄断法相关概念。第二章到第四章规定了三大经济性垄断行为及其规制。其中，第二章是垄断协议，该章增加了安全港规则；增加规定经营者不得组织其他的经营者来达成垄断协议或者为其他经营者达成垄断协议提供实质性的帮助；完善了纵向垄断协议的认定规则。第三章是滥用市场支配地位，增加了关于平台经济领域经营者滥用市场支配地位的行为的具体规定。第四章是经营者集中，增加了未达到申报标准的经营者集中的调查、处理程序；增加了经营者集中审查期限中止计算的情形和通知要求。第五章是滥用行政权力排除、限制竞争，规定了行政性垄断及其规则。第六章是对涉嫌垄断行为的调查。第七章是法律责任，加大了对违法行为的处罚力度，大幅提高了对相关违法行为的罚款数额；增加了对达成垄断协议的经营者的法定代表人、主要负责人和直接负责人的处罚规定；明确了受到行政处罚将载入信用记录，并对严重违法失信行为给予信用惩戒等。第八章是附则。

总体而言，《反垄断法》的结构旨在建立一个全面、系统的法律框架，以防止市场垄断、维护公平竞争，同时通过法律责任和处罚制度确保法规的有效执行。

二 法律知识要点

（一）基本原则和适用原则

反垄断法的基本原则是指能够体现反垄断法基本价值并规范整个反垄断法立法、执法和司法活动的指导思想和根本准则。从既有文献材料来看，反垄断法原则的确立解决的是一个经济问题，即市场需要什么样的竞争、反垄断法保护的是什么样的竞争。从历史的角度看，各国经济学家不同的竞争理论的最终目标或制度追求就是维护自由、充分和公平的市场竞争，只是在研究路径、判断依据等方面有所不同。故反垄断法的基本原则可以归纳为自由竞争原则、充分竞争原则和公平竞争原则。自由竞争原则强调市场的开放性，在市场中应当允许各种经济主体自由进入和退出市场，自由进行交易，没有不合理的市场限制。充分竞争原则侧重市场结构，要求市场上存在足够数量的独立经济主体，它们在市场上独立行动，没有一个单一的经济主体能够对市场产生决定性的影响。这就意味着国家要依法禁止排除、限制竞争效果的垄断行为。公平竞争原则追求竞争的规则和道德，要求市场上的经济主体在竞争中遵守公平、诚实、信用的原则，不得采取欺诈、贿赂、垄断、串通等不正当手段。

反垄断法的适用原则包括"本身违法原则"（per se illegal）和"合理原则"（rule of reason）。所谓"本身违法原则"，是指为规制限制竞争行为，在适用法律、判断其违法性时，对一旦发生即会对市场竞争造成损害的限制竞争行为，只要确认该行为发生即认定其违法，不再考虑其他因素。其他因素，包括行为的目的、行为人的市场支配地位、行为的实际损害是否发生、行为人的其他抗辩等。本身违法原则一般适用有限的情形，如横向联合中的固定价格、划分市场、联合抵制等。所谓"合理原则"，是指为规制限制竞争行为，在适用法律、判断其违法性时，对那些对市场竞争损害的发生与否和损害的大小并不确定的限制竞争行为，既要确认该行为是否发生，还要确认和考量行为人的市场地位、经济实力、行为目的、行为方式和对市场竞争所造成的损害后果等诸多因素；同时，也要考虑产业结构、宏观经济、国际竞争及政治性因素等。不应适用本身违法原则的行为即可适用合理原则。

（二）基本概念

1. 垄断协议

垄断协议是指排除、限制竞争的协议、决定或者其他协同行为。根据参与者之间的关系，可将垄断协议分为横向垄断协议、纵向垄断协议和混合（辐轴）垄断协议。一般横向垄断协议对竞争的排除、限制效果更深。

垄断协议有着特定的市场条件。垄断协议一般发生在市场集中度较高、成本结构类似、买方中立和存在市场进入障碍的市场中，而且参与者经营理念比较相似。主要理由如下：市场集中度高使得垄断协议达成的联合成本低；成本结构类似使得各方有共同利益，处于同一市场地位，有联合的动力，易达成垄断协议，并且各方受益平衡，不易搭便车；买方中立表明产品相同、相似或互补，也使得各方能够平等承担法律风险；存在市场进入障碍防止各方被搭便车；参与者经营理念比较相似使得各方易于合作。

2. 滥用市场支配地位

市场支配地位是指经营者在相关市场内具有能够控制商品价格、数量或者其他交易条件，或者能够阻碍、影响其他经营者进入相关市场能力的市场地位。所谓"能够阻碍、影响其他经营者进入相关市场"，包括排除其他经营者进入相关市场，或者延缓其他经营者在合理时间内进入相关市场，或者导致其他经营者虽能够进入该相关市场但进入成本大幅提高，无法与现有经营者开展有效竞争等情形。反垄断实践中，判断涉案企业是否有滥用市场支配地位的行为，首先界定相关市场，其次分析涉案企业在市场中是否具有支配地位，最后分析具有市场支配地位的经营者是否有排除、限制竞争的滥用行为。

界定相关市场是认定企业在所处市场竞争中是否具有或取得市场支配地位的前提，只有在明确界定相关市场后，才能明确市场上的企业数量和产品类别，确认各企业在市场中的地位并计算各企业所占的市场份额。关于市场支配地位，反垄断法采取综合性标准，同时将一定的市场份额直接作为市场支配地位的推定标准。此外，实践中常用CRn标准[①]和HHI标准[②]进一步测量市场集中度指数，为判断市场支配提供事实依据。《反垄断法》第二十二条列举了滥用市场支配地位的情形。一是以不公平的高价销售商品或者以不公平的低价购买商品；二是没有正当理由，以低于成本的价格销售商品；三是没有正当理由，拒绝与交易相对人进行交易；四是没有正当理由，限定交易相对人只能与其进行交易或者只能与其指定的经营者进行交易；五是没有正当理由搭售商品，或者在交易时附加其他不合理的交易条件；六是没有正当理由，对条件相同的交易相对人在交易价格等交易条件上实行差别待遇；七是国务院反垄断执法机构认定的其他滥用市场支配地位的行为。

3. 经营者集中

经营者集中是指经营者通过合并、收购、委托经营、联营或控制其他经营者业务或人事等方式，集合经济力量，提高市场地位的行为。

经营者合并是指两个或者两个以上的企业通过订立合并协议，成为一个新企业的法律行为，一般分为两种情况：一是吸收合并，即两个或者两个以上的企业合并时，其中一个或者一个以上的企业并入另一个企业的法律行为；二是新设合并，即两个或者两个以上的企业结

[①] 市场集中度的经济学方法中，最常用的是CRn标准，即"concentration ratio"，用于度量市场上前几大企业的集中度。CRn通过将市场份额排名前n的企业的市场份额相加来计算。CRn=$\sum_{i=1}^{n}$企业i的市场份额。其中，n是前n大企业的数量，企业i的市场份额表示该企业在整个市场销售额或产量中所占的比例。

[②] CRn标准是一种静态度量，它忽略了市场中企业之间的竞争激烈程度和潜在的竞争压力。在实际应用中，研究人员和监管机构会用赫芬达尔－赫希曼指数（HHI）来更全面地评估市场竞争状况。HHI=$\sum_{i=1}^{n}$（企业i的市场份额）^{2}。其中，n表示市场上的企业数量，企业i的市场份额表示该企业在整个市场销售额或产量中所占的比例。

合成一个新企业的法律行为。经营者收购是指经营者通过收购其他经营者的股份或者资产取得其控制权。经营者通过购买股权获取股权的自益权和共益权,即可取得在该企业中的话语权。经营者通过合同等方式取得对其他经营者的控制权,或者能够对其他经营者施加决定性影响的方式一般有两种情形:一是经营者通过协议、其他安排与他人共同持有某一目标公司的股份,并达到控股地位;二是两个或者两个以上的企业通过承包经营、委托经营、联营等方式形成实际控制。

4. 滥用行政行为排除、限制竞争

行政性垄断是指地方政府和各级政府部门(含法律法规授权管理公共事务的组织)违反法律规定、滥用行政权力限制市场竞争的行为。与上述经济性垄断相比,行政性垄断具有以下特征。

一是实施行政垄断的主体是政府及其所属部门。包括地方各级人民政府,地方各级人民政府各部门、直属机构和有行政权力的办事机构、直属事业单位,国务院各部门、直属机构和有行政权力的办事机构、直属事业单位,以及其他经行政机关授权行政权力的非政府机构。此外,当行为主体为行业协会时,只有它在行使公权力时,才被认为是行政垄断,因为这意味着它在执行某些行政职能,涉及对市场的管制和干预,否则应适用垄断协议相关规定。

二是实施行政垄断的方式是滥用行政权力。根据《反垄断法》第三十九至四十五条的规定,政府及其所属部门禁止滥用行政权力实施限定交易,禁止利用合作协议等方式实施垄断,禁止地区封禁,禁止排斥或者限制招投标等经营活动,禁止排斥、限制或者强制外地经营者的投资活动,禁止强制经营者从事违法的垄断行为,以及禁止制定含有排除、限制竞争内容的规定等。

（三）重要内容

1. 反垄断法的执行程序

反垄断法的执行程序由启动、调查、审议、决定、执行、复议或诉讼等六个环节组成。

根据《反垄断法》第六章相关规定，公共执法通常由反垄断执法机构主动启动，也可以由任何单位和个人的举报引发。执法机构接收到举报后，开始对涉嫌垄断行为进行调查。执法机构对涉嫌垄断行为展开详尽的调查，涉及询问、问卷调查、实地调查、委托调查、听证会等步骤。在执法过程中，主管机构及其工作人员对商业秘密、个人隐私和个人信息负有保密义务。随后，执法机构对调查结果进行审议，审议过程中，应给予被调查的经营者查阅案卷、陈述意见和提出申辩的机会。不开庭的，也应当充分听取被调查的经营者的意见，对其提出的事实、理由和证据进行复核。被调查的经营者提出的事实、理由和证据成立的，主管机构应予采纳。如果确定存在垄断行为且确认违法，执法机构可以提出制裁措施、宣布行为违法、责令行为人停止违法行为、给予受害人赔偿、罚款、提起诉讼并提出民事或刑事处分建议等。被制裁人可以选择是否接受行政处罚，如果被制裁人不服该决定，可以向上级机关提起复议或者向上级法院提起诉讼。

2. 反垄断法的适用除外

反垄断法的适用除外，是指在规定反垄断法适用范围和适用反垄断法时，将符合特定条件的领域、事项或行为作为例外而不适用反垄断法基本规定的一项制度。

根据《反垄断法》第八条，对自然垄断、国家垄断的行业的合法经营活动给予保护。自然垄断是指一些生产成本具有弱增性的领域，单个企业能比多个企业更好地、有效地提供全部产品的行业。电信、电力、邮政、铁路运输、自来水和煤气都是典型的自然垄断行业，如果在这些领域实行自由竞争，则可能导致公共福利丧失、社会资源浪费或者市场秩序混乱。[①]国家垄断是指国家基于社会经济总体和长远利益及政治、国防和其他国计民生等方面的政策性考量，对某些产业领域或经营活动实施独占控制而形成的垄断。其实质是通过法律正当赋权而形成的对某种产品的合法垄断经营，通常包括农林渔、银行、保险、烟草和食盐等。

根据《反垄断法》第六十八条，经营者依照有关知识产权的法律、行政法规规定行使知识产权的行为，不适用本法；但是，经营者滥用知识产权，排除、限制竞争的行为，适用本法。该条明确了知识产权法和反垄断法之间的平衡理念。值得强调的是，该条是将"依法行使知识产权的行为"作为适用除外领域，而非"知识产权"，因为知识产权的独占性不等同于市场支配地位，更不代表在相关领域市场中的经济实力。知识产权的独占性是指国家通过知识产权法直接规定的赋予权利人独占权利。因此，反垄断法只对依法行使知识产权实行除外规定。

根据《反垄断法》第六十九条，农业生产者及农村经济组织在农产品生产、加工、销售、运输、储存等经营活动中实施的联合或者协同行为，不适用本法。这是因为农业涉及特殊的生产和市场情境，农业领域的合作和协同可能有助于提高农产品质量、降低成本，因此在一定范围内被豁免于反垄断法的适用。

[①] 黄勇、邓志松：《垄断性国有企业价格垄断行为的法律规制》，载《社会科学》2011年第9期。

三 常见法律问题

（一）什么是《反垄断法》的域外效力？

域外效力是指作为国内法的《反垄断法》在域外是否适用的问题。

根据《反垄断法》第二条的规定，中华人民共和国境外的垄断行为，对境内市场竞争产生排除、限制影响的，适用本法。这表明，我国反垄断法的域外效力采用了"效果原则"，即强调对我国市场具有影响的限制竞争行为，而不仅仅考虑行为人的国籍、住所以及限制竞争行为的策源地。域外效力的两个特点进一步解释了适用范围。首先，不限于经济活动，适用于任何领域的垄断行为。这意味着不仅包括商业经济领域，也可能包括其他领域，如文化、科技等。其次，垄断行为必须对我国境内市场竞争产生排除、限制影响，即该行为的影响要能够触及我国的市场竞争，否则不适用我国《反垄断法》。

2014年，国家发展改革委通过调查发现，日本企业的8家汽车零部件企业和4家轴承企业在长达10多年的时间里实施了价格垄断协议，对中国市场产生了排除、限制竞争的不正当影响。国家发展改革委根据《反垄断法》规定的域外适用及相关规定，对其作出开具最高金额罚单的行政处罚。这一案例体现了中国政府对国际卡特尔行为的严肃态度，通过法律手段制裁境外企业，并维护了国内市场的竞争。

（二）纵向垄断协议如何适应安全港规则？

2022年修正的《反垄断法》在纵向垄断协议中采用了安全港规则。安全港规则是指在反垄断法中对于符合一定条件的限制情形给予的一种责任豁免推定或合法性推定。

根据《反垄断法》第十八条第三款规定，经营者能够证明其在相关市场的市场份额低于国务院反垄断执法机构规定的标准，并符合国务院反垄断执法机构规定的其他条件的，不予禁止。安全港规则的适用范围仅限于纵向垄断协议，横向垄断协议因多具有严重的排除、限制市场竞争的危害后果被排除在外。该条确立了纵向垄断协议的"市场份额标准+国务院反垄断执法机构规定的其他条件"并行的责任豁免认定模式。本法虽未对市场份额标准进行明确规定，但是已颁布的一些文件对安全港规则认定的市场份额作出了规定。其中，《国务院反垄断委员会关于汽车业的反垄断指南》规定了市场占有30%以下份额的经营者，一般推定适用安全港规则。

（三）反垄断执法机构认定豁免情形应考虑的因素有哪些？

《反垄断法》第二十条规定了垄断协议豁免的情形。具体包括以下七种情形：（1）为改进技术、研究开发新产品的；（2）为提高产品质量、降低成本、增进效率，统一产品规格、标准或者实行专业化分工的；（3）为提高中小经营者经营效率，增强中小经营者竞争力的；（4）为实现节约能源、保护环境、救灾救助等社会公共利益的；（5）因经济不景气，为缓解销售量严重下降或者生产明显过剩的；（6）为保障对外贸易和对外经济合作中的正当利益的；（7）法律和国务院规定的其他情形。根据《禁止垄断协议暂行规定》第二十七条规定，反垄断执法机构认定被调查的垄断协议是否属于《反垄断法》规定的豁免情形时，应当考虑下列因素：（1）协议实现该情形的具体形式和效果；（2）协议与实现该情形之间的因果关系；（3）协议是否是实现该情形的必要条件；（4）其他可以证明协议属于相关情形的因素。反垄断执法机构认定消费者能否分享协议产生的利益时，应当考虑消费者是否因协议的达成、实施在商品价格、质量、种类等方面获得利益。

（四）平台"二选一"行为是否违法？

根据《国务院反垄断委员会关于平台经济领域的反垄断指南》第十五条规定，具有市场支配地位的平台经济领域经营者，可能滥用市场支配地位，无正当理由对交易相对人进行限定交易，排除、限制市场竞争。可以根据是否存在要求平台内经营者在竞争性平台间"二选一"，或者限定交易相对人与其进行独家交易的其他行为，来判断是否构成限定交易。《反垄断法》第二十二条第一款第四项也规定了禁止"没有正当理由，限定交易相对人只能与其进行交易或者只能与其指定的经营者进行交易"。

在美团"二选一"滥用市场支配地位案[①]中，2021年4月，经国家市场监管总局调查发现，自2018年以来，美团阻碍其他竞争性平台发展，滥用在中国境内网络餐饮外卖平台服务市场的支配地位，促使平台内商家与其签订独家合作协议，并通过采取多种惩罚性措施，保障

---

① 参见国家市场监督管理总局行政处罚决定书（国市监处〔2021〕74号）。

"二选一"行为实施。该行为显然构成垄断行为。2021年10月8日,国家市场监管总局依法对其作出行政处罚决定。

(五)平台企业"大数据杀熟"行为是否违法?

根据《国务院反垄断委员会关于平台经济领域的反垄断指南》第十七条规定,具有市场支配地位的平台经济领域经营者,可能滥用市场支配地位,无正当理由对交易条件相同的交易相对人实施差别待遇,排除、限制市场竞争。可以根据是否基于大数据和算法,根据交易相对人的支付能力、消费偏好、使用习惯等,实行差异性交易价格或者其他交易条件,来判断是否构成差别待遇。《反垄断法》第二十二条第一款第六项也规定,禁止"没有正当理由,对条件相同的交易相对人在交易价格等交易条件上实行差别待遇"。

(六)反垄断法约谈制度的性质和内容是什么?

《反垄断法》第五十五条规定,经营者、行政机关和法律法规授权的具有管理公共事务职能的组织,涉嫌违反本法规定的,反垄断执法机构可以对其法定代表人或者负责人进行约谈,要求其提出改进措施。

本条是2022年修法时新增加的内容。反垄断法约谈制度是行政约谈的一种,主要是指反垄断执法机构对涉嫌违反本法规定的主体,通过信息交流、沟通协商、警示谈话、批评教育等方式,对其涉嫌违反本法禁止性规定的行为加以预防或纠正的行为。在执法过程中,反垄断执法机构采取约谈制度可以起到一定的事前预防作用。通过提前干预和指导,防范潜在的违法行为或避免危害结果增大,促使主体及时调整经营行为,维护市场竞争秩序。

因此，反垄断法约谈制度是一种软性执法方式和监管方式，属于不具有处分性、惩罚性、强制性的行政指导活动，故不属于行政行为。

（七）反垄断罚款的裁量因素有哪些？

根据《反垄断法》第五十九条的规定，对本法第五十六条、第五十七条、第五十八条规定的罚款，反垄断执法机构确定具体罚款数额时，应当考虑违法行为的性质、程度、持续时间和消除违法行为后果的情况等因素。又根据《禁止垄断协议暂行规定》第三十二条和《禁止滥用市场支配地位行为暂行规定》第三十七条的规定，经营者能够证明其达成垄断协议或滥用市场支配地位的行为是被动遵守行政命令所导致的，可以依法从轻或者减轻处罚。同时，也适用《行政处罚法》中关于应当从轻或者减轻行政处罚的相关规定。

在扑尔敏原料垄断案[①]中，国家市场监管总局考虑到当事人湖南尔康医药经营有限公司的行为导致扑尔敏原料药供应短缺、价格大幅上涨，部分下游厂商减产停产，损害了广大患者的利益，违法性质严重、危害程度较深，且在实施违法行为中起主要的作用，同时也考虑到违法行为持续时间较短，且当事人能够积极配合调查、积极整改，国家市场监管总局最终作出责令立即停止违法行为，没收违法所得和约计847.94万元的罚款。这种综合性的处罚体现了对于违法行为的全面评估，有利于维护市场秩序和保护消费者权益。

---

① 参见国家市场监督管理总局行政处罚决定书（国市监处〔2018〕21号）。

著作权法

第四讲 CHAPTER 4

CHAPTER 4

第四讲 **著作权法**

```
法律概述
├── 立法（修法）背景和过程
├── 立法目的和任务
│   ├── 保护文学、艺术和科学作品作者著作权及与著作权有关的权益
│   ├── 鼓励有益于社会主义精神文明、物质文明建设的作品的创作和传播
│   └── 促进社会主义文化和科学事业的发展与繁荣
├── 立法基本原则
│   ├── 保护作品的创作者和传播者的利益
│   ├── 促进和兼顾社会公共利益
│   └── 尊重国际惯例
└── 立法结构与内在逻辑

法律知识要点
├── 作者
├── 作品
├── 著作权的内容
├── 著作权行使的时间限制
├── 12类"合理使用"著作权的情况
├── 5类"法定许可"使用著作权的情况
├── 邻接权
└── 侵害著作权的责任承担

常见法律问题
├── 如何确定计算机软件著作权的归属？
├── 软件用户对于自己合法持有的软件复制件享有哪些权利？
├── "无障碍视听作品"是否构成著作权侵权？
├── "人工智能生成物"是否构成作品？
└── 如何看待数字出版对著作权的冲击？
```

一 法律概述

（一）立法（修法）背景和过程

1. 1991年《著作权法》的颁布实施

新中国成立之初，中央宣传部、中央人民政府出版总署便先后组织召开了第一届全国新华书店出版工作会议和第一届全国出版会议，并分别通过了相关决议，主要涉及与著作权相关的指导性、原则性规定，强调对人民利益以及著作权人合法权益的保护。

1952年8月，为了贯彻和细化决议中的相关要求，政务院颁布《管理书刊出版业印刷业发行业暂行条例》，规定从事出版行业的各类企业要尊重和保护他人的著作权，不得侵害他人著作、出版的权益；1961年3月，文化部颁布《请贯彻执行中央关于废除版税制，彻底改革稿酬制度的批示》，规定废除版税制，并对著作权人实行一次性支付稿酬；1990年7月，国家版权局发布《关于适当提高美术出版物稿酬的通知》。

除此之外，当时世界上约九成的国家都已经制定了著作权法或者版权法，对著作权加以法律保护已经是世界主流趋势。同时，考虑到促进对外发展科学、文化交流，以及未来加入国际版权组织，我国著作权立法的时机和条件已经基本成熟。

1991年《著作权法》的审议过程中围绕"什么样的作品才能取得著作权"等问题也发生了诸多争论。比如，基于当时的社会主流认识，审议过程中存在着"依法禁止的作品，不享有著作权"的强烈呼声，这一观点认为,必须明确反对反动、淫秽的作品,对其不予保护。另有观点认为,对于违法作品的规制不应由著作权法加以规定,而是由刑法、新闻出版法或者政府有关管理规章等其他法律文件加以规定。最终出台的《著作权法》第四条仍然规定了"依法禁止出版、传播的作品,不受本法保护"。

2. 2001年《著作权法》的修改实施

立足国内与国际两个背景,2001年10月,第九届全国人大常委会第二十四次会议通过了《关于修改〈中华人民共和国著作权法〉的决定》(第一次修正),修改后的《著作权法》自通过之日起生效(简称2001年《著作权法》)。

其一,立法观念产生了新的认识。通过修改立法突出著作权的"私权"性质,激发公众创作创新的动力。

其二,网络普及和作品数字化对维护著作权人的权益提出挑战。1991年《著作权法》调整的是以有形介质为载体的作品,随着大规模地使用网络,不仅数字化作品越来越多,作品传播速度越来越快,也导致著作权侵权的成本更低,侵权现象更为突出。

其三,为成功加入世界贸易组织(WTO)作准备。为成功"入世",我国对照《与贸易有关的知识产权协定》(简称TRIPs协定)的具体内容,发现我国《著作权法》中与其存在分歧或差别较大的规定,通过及时修改,消除"入世"之前可能面临的障碍。

3. 2010年《著作权法》的修改实施

为了适应新形势的要求,2010年2月,第十一届全国人大常委会第十三次会议通过了《关于修改〈中华人民共和国著作权法〉的决定》(第二次修正),修改后的《著作权法》自2010年4月1日起生效(简称

2010年《著作权法》)。

其一，遵循著作权法立法的规律。例如，因为无法穷尽当时或之后可能出现的新事物，我国《著作权法》在立法之初就规定了不少"等"字，为修改预留了空间。

其二，及时吸收版权实践中的有益做法。其中，比较典型的是著作权质押制度，其对于巩固债权人的信赖利益、保证著作权的商品属性以及实现个人、企业的融资等具有重要现实意义。

其三，践行中国对国际组织的承诺。我国在加入WTO时，承诺遵守和执行TRIPs协定、《保护文学和艺术作品伯尔尼公约》(简称《伯尔尼公约》)等国际版权条约。2007年，美国就我国《著作权法》第四条中的"依法禁止出版、传播的作品，不受本法保护"发起了7项指控，这也是中美就版权诉至WTO的第一例纠纷。中美磋商无果后，2009年1月，WTO依据争端解决机制就该指控设立了专家组，并支持了两项指控。因此，我国需要及时对《著作权法》进行修改。

4. 2021年《著作权法》的修改生效

2020年11月，第十三届全国人大常委会第二十三次会议通过了《关于修改〈中华人民共和国著作权法〉的决定》(第三次修正)，修改后的《著作权法》自2021年6月1日起施行(简称2021年《著作权法》)。

其一，《著作权法》第三次修正的原因在于网络技术的飞速发展，是新形势下促进著作权法律制度现代化、应对网络技术发展的重要制度调整。传统的著作权规则与新兴产业运营模式并不相匹配。首先，网络技术直接导致了"虚拟人""虚拟组织"的出现，使著作权主体的表现形式更加丰富、身份认定更加复杂。其次，在网络环境下，新的客体利用方式改变了传统权利运行规则，例如音乐作品通过在线方式进行传播，此前的著作权许可模式难以适应商业模式的改变。最后，网络游戏与各类直播的著作权保护问题日益凸显。在网络著作权保护方面，新的侵权认定规则动摇了传统权利救济手段。为有效维护著作权人的合法权益，在网络环境下出现了网络服务提供者的间接侵权责任。

其二，弥补2010年《著作权法》修改时的漏洞。2010年《著作权法》缺乏足够准备，导致备受人们期待的"作品登记"并没有被全国人大常委会表决通过。

其三，更为深入地与国际版权条约接轨。对比国际版权条约，我国著作权仍有进一步改进和衔接的空间，尤其是在保障著作权人权利方面。以《伯尔尼公约》为例，其中第三条规定作品出版需同时满足"得到作者同意"与"复制件的发行方式能够满足公众的合理需要"，这比2010年《著作权法》第十条中"公之于众"的标准要高。

（二）立法目的和任务

《著作权法》的立法目的和任务集中地反映在第一条的规定中："为保护文学、艺术和科学作品作者的著作权，以及与著作权有关的权益，鼓励有益于社会主义精神文明、物质文明建设的作品的创作和传播，促进社会主义文化和科学事业的发展与繁荣，根据宪法制定本法。"

1. 保护文学、艺术和科学作品作者著作权及与著作权有关的权益

马克思曾说，"作家所以是生产劳动者，并不是因为他生产出观念，而是因为他使出版他的著作的书商发财"[①]。作者在任何社会都是生

[①]《马克思恩格斯全集》（第33卷），人民出版社2004年版，第143页。

产劳动者,这一点不容置疑。只有这样,才能从根本上调动作者的创作积极性,创作出更多、更优秀的作品。

2. 鼓励有益于社会主义精神文明、物质文明建设的作品的创作和传播

各国著作权法在承认和保护作者专有权利的同时,要求作者须为社会承担一定的义务。只有这样,才能鼓励优秀作品广泛传播,促进知识积累和交流,丰富人们的精神文化生活,提高全民族、全人类的科学文化素质,推动社会经济的发展和人类社会的进步。

3. 促进社会主义文化和科学事业的发展与繁荣

文学、艺术和科学作品是作者创造性劳动的结晶,能够启迪人们的思想,丰富人们的精神生活,从而起到促进生产力发展和推动社会前进的重大作用。文学、艺术和科学作品的作者,是劳动群众的一部分,他们的利益与广大人民群众的利益是一致的,他们创作作品,也是为了积累和传播知识,促进社会主义事业的发展与繁荣。

(三)立法基本原则

《著作权法》的立法原则主要包括:保护作品的创作者和传播者的利益,促进和兼顾社会公共利益。此外,尊重国际惯例也是我国著作权立法的一项基本原则。

1. 保护作品的创作者和传播者的利益

著作权是作品的创作者就其所创作的作品而享有的权利。包括我国著作权法在内的世界各国著作权法,首先就是要保护作者的利益,以鼓励他们创作更多的有利于社会发展的作品。

同时,作品的传播者,如表演者、广义的出版者等在传播作品的过程中，投入了自己的创造性劳动和大量的投资，形成了自己的智力成果和相应的权利。对于作品传播者的权利和利益，也必须给予有力的保护。

2. 促进和兼顾社会公共利益

保护作者和作品传播者的权利，鼓励作者创作更多的作品，鼓励作品的传播者更有效和更广泛地传播作品，本身就有助于社会公共利益的发展。而著作权法中的促进和兼顾社会公共利益的原则，是在创作者的利益和社会公众的利益之间寻求一种平衡。一方面，保护作者权利，鼓励作者创作更多的作品；另一方面，保障社会公众对于作品的利用，避免因为过多的保护而妨碍社会公众对于作品的利用。

3. 尊重国际惯例

著作权的保护，尤其是国际性的著作权保护，与著作权国际公约和国际条约密切相关。例如，《伯尔尼公约》自1886年缔结以来，在协调各国著作权制度方面发挥了巨大的作用。

我国在制定和修改著作权法时，非常重视国际公约或国际条约的原则及规定。在2001年修订著作权法时，充分考虑了TRIPs协定、《伯尔尼公约》等国际公约，在当时尚未加入《世界知识产权组织版权条约》《世界知识产权组织表演和录音制品条约》的情况下，我国也依据上述两个条约，并结合国内实际情况，规定了信息网络传播权、技术措施的保护和权利管理信息的保护等内容。

（四）立法结构与内在逻辑

《著作权法》的立法结构包括以下方面。

第一，总则：这部分规定了著作权法的立法目的、适用范围、著作权的概念和特征等基本问题，为整个立法奠定了基础。

第二，著作权主体和客体：这部分规定了著作权的主体，包括作者、著作权人、出版者等；以及著作权的客体，即受著作权保护的文学、艺术和科学作品；还明确了著作权的权利主体和权利客体，为后续的权利内容和保护措施提供了基础。

第三，权利内容：这部分详细规定了著作权的内容，包括人身权和财产权，以及著作权的期限和终止等问题。

第四，权利的保护：这部分规定了著作权保护的措施和手段，包括侵权行为的种类、侵权责任的承担、赔偿数额的计算等。

第五，法律责任：这部分规定了违反著作权法的法律责任，包括行政责任、刑事责任等，为整个立法提供了保障。

第六，附则：这部分规定了著作权法的生效日期、与其他法律法规的关系等问题。

二 法律知识要点

（一）作者

1. 一般概念——著作权法的保护范围

其一，中国公民、法人或者非法人组织的作品，不论是否发表，依照著作权法享有著作权。

其二，外国人、无国籍人的作品根据其作者所属国或者经常居住地国同中国签订的协议或者共同参加的国际条约享有的著作权，受中国著作权法保护。

其三，外国人、无国籍人的作品首先在中国境内出版的，依照著作权法享有著作权。

其四，未与中国签订协议或者共同参加国际条约的国家的作者以及无国籍人的作品首次在中国参加的国际条约的成员国出版的，或者在成员国和非成员国同时出版的，受著作权法保护。

2. 作者的认定

（1）自然人作者

我国对于作者的自动保护是指，作者自作品完成时就已经取得著作权，与年龄、智力等因素无关。创作作品是一个民事事实行为，其法律后果不因当事人的意志而转移。这也就意味着无论创作的时候基于行为人的什么主观目的，其都会自动取得著作权。

（2）单位作者

由法人或非法人组织主持，代表法人或者非法人组织意志创作，并由法人或者非法人组织承担责任的作品，将法人或者非法人组织视为作者。

（3）署名者推定为作者

《著作权法》规定了以署名为基础的三项推定，即"作者身份推定"、"权利存在推定"和"权利归属推定"。换言之，只要能够认定相关姓名或名称属于著作权法意义上的署名，且相关客体为著作权法意义上的作品，则以该署名推定作者的身份。

（4）人物经历的自传体作品的作者

有约定从约定；无约定，则著作权归该特定人物享有。执笔人或整理人付出劳动的，可给予适当报酬。

（5）演绎作品的作者

演绎作品是指在已有作品或其他材料基础上，进行改编、翻译、注释、整理而产生的作品，演绎人对他人作品进行演绎必须征得原作品著作权人的同意（原作者有改编权）。

演绎作品的著作权由改编、翻译、注释、整理人享有，但行使著作权时不得侵犯原作品的著作权。

使用演绎作品需要获得双重许可：取得该作品的著作权人和原作品著作权人许可，并支付双重报酬。

（6）汇编作品的作者

汇编作品是指选择或编排若干作品、作品的片段或者不构成作品的数据或其他材料，并对其内容的选择或编排体现独创性的作品。比如报纸、期刊、论文集、数据库等。

汇编作品的收录行为应征得原作品的作者同意并支付相应作者报酬。但汇编作品的著作权由汇编人独立享有，汇编人行使著作权时，不得侵犯原作品的著作权。

在汇编材料属于作品时，使用汇编材料的，除应当征得汇编者同意外，还应分别征得各原作者的同意。

（7）合作作品的作者

合作作品是指两人以上合作创作的作品，没有参加创作的人，不能称为合作作者。合作作品的著作权归属的一般原则是，著作权由合作作者共同享有。合作作品的著作权的行使，必须征得各位著作权人或其继承人的同意，使用者必须向各位作者或其继承人支付报酬。当然，合作作者之间也可以另作约定，由一方来行使著作权。合作作品可以分割使用的，作者对各自创作的部分可以单独享有著作权，但行使著作权时不得侵犯合作作品整体的著作权。

（8）委托作品的著作权归属

委托作品的著作权归属原则为，有约定的从约定，无约定的归受托人。

（9）电影电视剧作品的著作权归属

视听作品中的电影作品、电视剧作品的著作权由制作者享有，但编剧、导演、作词、作曲等作者享有署名权，并有权按照与制作者签订的合同获得报酬。其他视听作品，著作权归属由当事人约定，没有约定或约定不明的，由制作者享有，作者享有署名权和获得报酬权。

（10）职务作品的著作权归属

一般职务作品的著作权归作者，但单位有权在其业务范围内优先使用。作品完成两年内，未经单位同意，作者不得许可第三人以与单位使用的相同方式使用该作品。也就是说，作品完成超过两年的不需要经单位同意，第三人以其他方式使用的，也不需要经单位同意。对于特殊职务作品，作品的创作者还是作者，但作者仅享有署名权，不享有著作权，著作权的其他权利由单位享有，单位可以给予作者奖励。

常见的特殊职务作品包括："四图一件"（主要利用单位物质技术条件创作，由单位担责的工程设计图、产品设计图、地图、示意图、计算机软件等职务作品），"三社两台"（报社、期刊社、通讯社、广播电台、电视台的工作人员创作的职务作品），法律行政法规或合同约定由单位享有的职务作品。

（11）美术、摄影作品的著作权归属

美术、摄影作品的著作权不等于原件本身的所有权，未经创作者同意不得复制发行，原件所有权的转移不视为著作权的转移，但美术、摄影作品原件的展览权由原件所有人享有（买卖合同成立后，所有权转移，展览权一并转移，但著作权并不转移，除非另有约定）。

（12）作者身份不明的作品著作权归属

作者身份不明的作品，由作品原件所有人行使除署名权以外的著作权。作者身份确定后，由作者或其继承人行使著作权。

（13）著作权的继承与承继

著作权属于自然人的，自然人死亡后，其财产权在规定的保护期内，依法转移。著作权属于法人或非法人组织的，由承受其权利义务的法人或非法人组织享有；没有承受其权利义务的法人或非法人组织的，由国家享有。

（二）作品

作品是指在文学、艺术、科学领域内，具有独创性且以一定形式表现的人类智力成果。

1. 作品的特征

一是独创性。这种独创不是思想的独创，而是形式、内容的独创，这就意味着不能抄袭他人作品。比如同样基于庆祝中国共产党成立100周年这一主题，可以创作多部影视作品。

二是复制性。作品要具有可为人感知的形式，需要具有可复制性。如果只停留在思想层面，只存在于头脑里，则不能称之为作品。作品的呈现形式和表现领域可以是多种多样的，包括文学、艺术、科学等领域。

三是智力成果。作为知识产权，作品必须是人的智力成果。所谓智力成果，不是要求作品达到多么高深的程度，哪怕是孩子随手画了一只虾，他也同样能够取得自己所画虾的作品著作权，并得到平等的权利保护。

2. 作品的类型

（1）文字作品：小说、散文、杂文、诗歌、剧本、学术论文、著作、期刊、教材、书信、日记、报纸、广告词。需要注意的是，并非所有以文字形式出现的作品都是文字作品，如书法作品虽以文字形式表现，但它是美术作品的一种。

（2）口述作品：即兴的演讲、授课、法庭辩论等以口头、语言形式表现的作品。

（3）音乐作品：歌曲、交响乐等能够演唱或演奏的带词或不带词的作品。

（4）戏剧作品：话剧、歌剧、地方戏等为舞台演出而创作的作品，如剧本（戏曲剧本、话剧剧本、歌剧剧本、舞剧剧本）。

（5）曲艺作品：相声、单弦、评书、笑话、快板书、山东快书、京韵大鼓、京东大鼓、西河大鼓、河南坠子等形式的说唱脚本。

（6）舞蹈作品：舞蹈动作的设计和程序的编排，可以用文字或者其他特定方式记录下来。如用"定位舞谱法"等舞谱的形式表现舞蹈作品。

（7）杂技艺术作品：为车技、口技、顶碗、走钢丝、耍狮子、魔术等表演创作的脚本。

（8）美术作品：绘画、书法、雕塑等以线条、色彩或者其他方式构成的，具有审美意义的平面或者立体的造型艺术作品。

（9）建筑作品：建筑物的设计图纸或者是以建筑物为核心的绘画、

摄影等。

（10）摄影作品：借助器械在感光材料或者其他介质上记录客观物体形象的艺术作品。

（11）视听作品：摄制在一定介质上，由一系列有伴音或者无伴音的画面组成，并且借助适当装置放映或者以其他方式传播的作品。

（12）图形作品：为施工、生产绘制的工程设计图、产品设计图，以及反映地理现象、说明事物原理或者结构的作品。

（13）模型作品：按一定比例制成的立体作品，如微缩景观。

（14）计算机软件。

（15）符合作品特征的其他智力成果。

3. 不受著作权法保护的客体

（1）历法、通用数表、通用表格和公式。

（2）法律、法规，国家机关的决议、决定、命令和其他具有立法、行政、司法性质的文件及其官方正式译文。

（3）单纯事实消息。

（三）著作权的内容

1. 著作人身权

（1）发表权：向不特定多数人公开作品的权利。该权利是一次性权利，即一部作品只能发表一次，仅限首次公之于众，首次公之于众也就是正式发表了。

（2）署名权：表明作者身份，在作品上署名的自由。即作者有权决定是否署名、如何署名，可以决定署名顺序、禁止未参加作品创作的人在作品上署名、禁止他人假冒署名，包括有权禁止他人盗用自己的姓名或笔名在他人作品上署名。

（3）修改权：修改或授权他人修改作品的权利。报社、期刊社可以对作品做文字性修改、删节；但对内容的修改，应当经作者许可。

（4）保护作品完整权：保护作品不受歪曲、篡改的权利。

2. 著作财产权

（1）复制权：以印刷、复印、拓印、录音、录像、翻录、翻拍、数字化等方式将作品制作一份或者多份的权利。

（2）发行权：以出售或者赠与方式向公众提供作品的原件或者复制件的权利。

（3）出租权：有偿许可他人临时使用视听作品、计算机软件的原件或者复制件的权利，计算机软件不是出租的主要标的的除外。

（4）展览权：公开陈列美术作品、摄影作品的原件或者复制件的权利。

（5）表演权：公开表演作品，以及用各种手段公开播送作品的表演的权利。

（6）放映权：通过放映机、幻灯机等技术设备公开再现美术、摄影、视听作品等的权利。

（7）广播权：以有线或者无线方式公开传播或者转播作品，以及通过扩音器或者其他传送符号、声音、图像的类似工具向公众传播广播的作品的权利，但不包括信息网络传播权。

（8）信息网络传播权：以有线或者无线方式向公众提供，使公众可以在其选定的时间和地点获得作品的权利。

（9）摄制权：以摄制视听作品的方法将作品固定在载体上的权利。

（10）改编权：改编作品，创作出具有独创性的新作品的权利。

（11）翻译权：将作品从一种语言文字转换成另一种语言文字的权利。

（12）汇编权：将作品或者作品的片段通过选择或者编排，汇集成新作品的权利。

3. 其他权利

（1）转让权：著作权人依法享有的转让使用权中一项或多项权利并获得报酬的权利。转让的标的不能是著作人身权，而只能是著作财产权中的使用权，可以转让使用权中的一项或多项或全部权利。如果转让合同中未明确约定转让的权利，未经著作权人同意，另一方当事人不得行使。

（2）许可使用权：著作权人依法享有的许可他人使用作品并获得报酬的权利。使用他人作品，应当同著作权人订立许可使用合同，但属于法定使用许可情形的除外。许可使用合同应包括以下内容：许可使用的权利种类；许可使用的权利是专有使用权或者非专有使用权；许可使用的地域范围、期间；付酬标准和方法；违约责任；双方认为需要约定的其他内容。使用许可合同未明确许可的权利，未经著作权人同意，另一当事人不得行使。

（3）获得报酬权：著作权人依法享有的因作品的使用或转让获得报酬的权利。获得报酬权通常是从使用权、使用许可权或转让权中派生出来的财产权，是使用权、使用许可权或转让权必然包含的内容。但获得报酬权有时又具有独立存在的价值，并非完全属于使用权、使用许可权或转让权的附属权利。使用作品的付酬标准可以由当事人约定，也可以按照国务院著作权行政管理部门会同有关部门制定的付酬标准支付报酬。当事人没有约定或者约定不明确的，按照国家规定的付酬标准支付报酬。

（四）著作权行使的时间限制

1. 署名权、修改权、保护作品完整权的保护期

作者的署名权、修改权、保护作品完整权的保护期不受限制。作者死亡后，其著作权中的署名权、修改权和保护作品完整权由作者的继承人或者受遗赠人保护。著作权无人继承又无人受遗赠的，其署名权、修改权和保护作品完整权由著作权行政管理部门保护。

2. 发表权和著作权中的财产权的保护期

发表权和著作权中的财产权的保护期基本上是由作品是否原始归于自然人为分类依据的。著作权法对自然人的作品给予较长的保护期，包含作者生前加死后五十年，而对于组织作品，保护期限较短；对于视听作品，著作权法有特别规定，不再区分自然人和组织的作品。

3. 视听作品特别规定

视听作品，其发表权的保护期为五十年，截止于作品创作完成后第五十年的12月31日；视听作品的财产权保护期为五十年，截止于作品首次发表后第五十年的12月31日，但作品自创作完成后五十年内未发表的，著作权法不再保护。

（五）12类"合理使用"著作权的情况

所谓"合理使用"，是在特定的条件下，法律允许他人自由使用有著作权的作品，而不必征得权利人许可，不向其支付报酬的合法行为。我国《著作权法》第二十四条规定了"合理使用条款"，不完全列举了

12种作品合理使用的情形,并规定在合理使用的同时,应当指明作者姓名或者名称、作品名称,并且不得影响该作品的正常使用,也不得不合理地损害著作权人的合法维权。

关于"合理使用",大致有以下12种具体类型:(1)个人使用;(2)适当引用;(3)新闻报道使用;(4)转载、转播使用;(5)公开演讲报道使用;(6)教学、研究使用;(7)公务使用;(8)图书馆使用;(9)免费表演;(10)公共场所陈列品的使用;(11)国家通用语言文字作品翻译成少数民族语言文字作品使用;(12)阅读障碍者使用。

(六)5类"法定许可"使用著作权的情况

法定许可指法律规定在一定的条件下,可以不经著作权人同意使用其已经发表的作品,但应当按规定向著作权人支付报酬。《著作权法》规定了以下5种法定许可:(1)出版教材的法定许可;(2)报刊转载的法定许可;(3)制作录像制品的法定许可;(4)播放已发表作品的法定许可;(5)播放已出版的录音制品的法定许可。

(七)邻接权

邻接权是与著作权相邻近的权利,是指作品传播者对其传播作品过程中作出的创造性劳动和投资所享有的权利。作品创作出来后,需在公众中传播,传播者在传播作品中有创造性劳动,这种劳动亦应受到法律保护。传播者传播作品而产生的权利被称为著作权的邻接权。邻接权与著作权密切相关,又是独立于著作权之外的一种权利。在我国,邻接权主要是指出版者的权利、表演者的权利、录像制品制作者的权利、录音制作者的权利、电视台对其制作的非作品的电视节目的权利、广播电台的权利。

（八）侵害著作权的责任承担

1. 民事责任

《著作权法》第五十二条规定，有下列侵权行为的，应当根据情况，承担停止侵害、消除影响、赔礼道歉、赔偿损失等民事责任：

（1）未经著作权人许可，发表其作品的；

（2）未经合作作者许可，将与他人合作创作的作品当作自己单独创作的作品发表的；

（3）没有参加创作，为谋取个人名利，在他人作品上署名的；

（4）歪曲、篡改他人作品的；

（5）剽窃他人作品的；

（6）未经著作权人许可，以展览、摄制视听作品的方法使用作品，或者以改编、翻译、注释等方式使用作品的，本法另有规定的除外；

（7）使用他人作品，应当支付报酬而未支付的；

（8）未经视听作品、计算机软件、录音录像制品的著作权人、表演者或者录音录像制作者许可，出租其作品或者录音录像制品的，本法另有规定的除外；

（9）未经出版者许可，使用其出版的图书、期刊的版式设计的；

（10）未经表演者许可，从现场直播或者公开传送其现场表演，或者录制其表演的；

（11）其他侵犯著作权以及与著作权有关的权利的行为。

2. 行政责任

行政责任是指国家行政机关依照法律规定，对侵犯著作权行为人所给予的行政处罚。行政责任的承担方式包括：

（1）没收非法所得。即国家著作权行政管理机关依法对侵权人因侵权行为而获得的收益，全部收缴国库。

（2）没收、销毁侵权复制品。以防止侵权行为人的复制品在公众中继续流传而造成不良影响。

（3）罚款。对于违反《著作权法》第五十二条的侵权行为，同时损害社会公共利益的，非法经营额五万元以上的，可处以非法经营额一倍以上五倍以下的罚款；没有非法经营额或者非法经营额五万元以下的，可根据其情节轻重，处以二十五万元以下的罚款。

（4）没收用于制作复制品的材料、工具和设备等。以防止其继续从事非法复制等侵权行为。

3. 刑事责任

根据我国《刑法》第二百一十七条，以营利为目的，有下列侵犯著作权情形之一，违法所得数额较大或者有其他严重情节的，处三年以下有期徒刑，并处或者单处罚金；违法所得数额巨大或者有其他特别严重情节的，处三年以上十年以下有期徒刑，并处罚金：

（1）未经著作权人许可，复制发行、通过信息网络向公众传播其文字作品、音乐、美术、视听作品、计算机软件及法律、行政法规规定的其他作品的；

（2）出版他人享有专有出版权的图书的；

（3）未经录音录像制作者许可，复制发行、通过信息网络向公众传播其制作的录音录像的；

（4）未经表演者许可，复制发行录有其表演的录音录像制品，或者通过信息网络向公众传播其表演的；

（5）制作、出售假冒他人署名的美术作品的；

（6）未经著作权人或者与著作权有关的权利人许可，故意避开或者破坏权利人为其作录音录像制品等采取的保护著作权或者与著作权有关的权利的技术措施的。

三 常见法律问题

（一）如何确定计算机软件著作权的归属？

《计算机软件保护条例》第九条规定："软件著作权属于软件开发者，本条例另有规定的除外。"根据《计算机软件保护条例》第三条第三款规定，软件开发者是指"实际组织开发、直接进行开发，并对开发完成的软件承担责任的法人或者其他组织"或"依靠自己具有的条件独立完成软件开发，并对软件承担责任的自然人"。条例规定，由两个以上的单位、公民合作开发的软件，除另有协议外，其软件著作权由合作者享有。受他人委托开发的软件，其著作权的归属由委托者与受委托者的书面合同约定。如上级部门或政府部门下达任务开发的软件，著作权归属由项目任务书或者合同规定；如项目任务书或合同中没有明确规定的，软件著作权属于接受任务的法人或者其他组织享有。

（二）软件用户对于自己合法持有的软件复制件享有哪些权利？

软件用户对于自己合法持有的软件复制件所具有的权利，应该由用户同软件供应者之间协议约定。《计算机软件保护条例》规定，合法持有软件复制品的单位、公民，在不经该软件著作权人同意的情况下，享有以下权利：

（1）根据使用的需要把该软件装入计算机等具有信息处理能力的装置内。

（2）为了防止复制品损坏而制作备份复制品。这些备份复制品不得通过任何方式提供给他人使用，并在所有人丧失合法复制品的所有权时，负责将备份复制品销毁。

（3）为了把该软件用于实际的计算机应用环境或者改进其功能、性能而进行必要的修改；但是，除合同另有约定外，未经该软件著作权人许可，不得向任何第三方提供修改后的软件。

（三）"无障碍视听作品"是否构成著作权侵权？

"无障碍视听作品"是专为视听障碍者制作，通过在视听作品中加入对场景画面、表情动作、人物情绪等要素的解释说明，提升观众观影体验的一种形式。目前，面向视力残疾人士的无障碍视听作品主要采取讲解员现场讲述和在原片中插入音轨两种方式；而面向听力残疾人士，主要通过手语解说及专用字幕的方式实现。

这种类型的视听作品惠及了大量残障人士，但滋生了部分假借"无障碍视听作品"名义，逃避授权，向非相关主体传播的侵权案件。上海首例"无障碍视听作品"著作权侵权案对此作出了突破。法院通过调解，双方达成一致："涉案无障碍视听作品无需下架、删除；仅残疾人证全国统一编码倒数第二位为1（视力残疾人）、2（听力残疾人）、3（言语残疾人）、7（多重残疾人）的人员有权注册、登录、使用被告公司运营的涉案App；被告公司需定期筛查会员信息，杜绝非上述人员使用涉案App观看无障碍视听作品的可能性。"总而言之，鼓励推广"无障碍视听作品"的制作与保护著作权人的合法权益同等重要，需要进一步完善相关法律法规，在维护社会公共利益和权利人利益之间寻找平衡点。

（四）"人工智能生成物"是否构成作品？

《〈中华人民共和国著作权法〉导读与释义》一书中解读了构成作品的四要件，分别是：具有独创性，必须属于文学、艺术和科学领域内的创作，能以一定形式表现，是智力成果。而最近引起广泛讨论的生成式人工智能（AIGC）的可版权性问题，最大的难点就是判断其是否具有独创性。书中提到，作品需要体现"作者对社会生活中素材的选择和加工，运用自己的构思、技巧，塑造出艺术形象或表述科学技术的创造性劳动"。那么，人工智能在经过反复学习之后通过简单的指令生成的内容，很大程度上并不能反映作者的选择、加工、构思和技巧，不应该被认定为受到著作权法保护的作品。对AIGC产物是否属于受著作权法保护的作品的判断，应当考察其在创作过程中充当的角色（完全通过指令字段自主生成还是仅作为辅助工具）以及是否体现作为用户的主体对内容的选择、构思与表达。

（五）如何看待数字出版对著作权的冲击？

随着互联网络技术的发展，作品传播方式的革新削弱了著作权人防止著作权侵权的能力。同样，对于终端用户即作品的使用者而言，技术与产业交融的局面使其获取信息的途径更多，与此同时，也面临因技术措施滥用而带来的获取信息成本过高的问题。著作权人为了应对因新技术发展而频频遭受的作品侵权，采用各种技术措施来使得自身作品免受侵权困扰。我国《信息网络传播权保护条例》第二十六条规定的技术措施是法律允许著作权人为了防范作品遭受侵权而设立的技术手段。

然而，在现实中，著作权人过分依赖技术措施，造成技术措施逐渐异化成著作权人滥用权力的工具。技术措施的过分适用，阻碍并限制了终端用户创作时研究、学习、引用在先作品，最终导致 Web3.0 时代终端用户创作热情逐渐消减，而进一步加剧著作权人与公共利益之间的利益失衡。如 2019 年发生的腾讯视频平台推出超前点播模式就是不合理地增加用户创造的成本，侵犯了终端用户的合法利益，是一种著作权扩张私权而采用的技术措施。而承载用户创作内容的数字出版平台被卷入传统出版行业著作权人与出版商或音像制品商之间的利益竞争之中，加快了多元化主体之间的利益分割，表现为多元化主体之间的利益角逐。然而，数字出版平台往往占据较为强势的地位，通常只与著作权人"共享著作权收益"、收取终端用户的"会员费"，而并非与他们"共享著作权侵权风险"。

商标法

第五讲
CHAPER 5

CHAPTER 5

第五讲　商标法

扫码查阅法律

- 法律概述
  - 立法(修法)背景和过程
  - 立法目的和任务
    - 保护商标权人利益
    - 保障消费者利益
  - 立法结构
- 法律知识要点
  - 基本原则
    - 保护商标权人商标专用权与维护消费者权益相结合原则
    - 注册原则
    - 自原注册原则
    - 审查原则
    - 统一注册分级管理原则
  - 基本概念
    - 商标、商品名称、商品装潢、商务标语、商号
    - 商标权
    - 未注册普通商标、未注册知名商标、驰名商标
    - 集体商标与证明商标
  - 重要内容
    - 商标权保护期限、商标权续展
    - 商标权的变更、转让、许可
    - 商标权的注销、撤销、无效
    - 商标权的保护
- 常见法律问题
  - 商标的形式有哪些？
  - 商标的"Ⓡ"与"TM"的区别是什么？
  - 工商核名与商标查询的区别是什么？
  - 什么是商标注册类别中的类似产品？
  - 为什么商标注册中建议一并注册第35类？
  - 商标注册各环节需要多长时间？
  - 姓名可以注册为商标吗？
  - 商标保护具有区域性吗？
- 典型案例
  - "乔丹"商标争议行政纠纷案
  - 广州大健康公司诉加多宝(中国)公司虚假宣传纠纷案

一　法律概述

（一）立法（修法）背景和过程

中国最早的商标保护可以追溯到清朝末期。当时商标保护缺乏制度基础，在1902年中英关于《续议通商行船条约》的谈判过程中，英方强烈要求中国就商标保护问题制定法律，以获取清政府在商标制度上的政治支持，进而实现不平等条约的内容之一的履行：相互保护贸易牌号（商标）。随后，清政府便于1904年颁布了中国历史上第一部商标法——《商标注册试办章程》。

政务院于1950年颁布了《商标注册暂行条例》，同年又批准实行了《商标注册暂行条例实施细则》。1949年中华人民共和国成立初期，百废待兴，政府首要任务是恢复和发展国民经济。当时的经济建设工作采取了"统一领导、分级管理"的体制，具体到商标注册方面而言，中央贸易部于1949年指示明确商标注册必须全国统一办理。[①] 在这样的情况之下，当时的商标采取了自愿注册的原则，经注册后取得商标专用权。

1963年，国务院制定了《商标管理条例》，实行了全面注册制，商标未经注册一律不准使用，同年中央工商行政管理局公布了《商标管理条例施行细则》，明确实行注册商标、变更注册等事项应当报所辖市、

[①] 余俊：《中国式现代化进程中的商标法治》，载《知识产权》2023年第5期。

县工商行政管理部门，后由其核转至中央工商行政管理局。但是由于"文化大革命"的影响，商标注册的具体工作内容受到影响，商标注册分割为二：外国商标和出口商标由中国国际贸易促进委员会办理，内销商标下放地方工商行政管理局办理。①

改革开放以后，对外贸易不断发展，1979年签订的《中华人民共和国和美利坚合众国贸易关系协定》中也规定了双方的商标专用权在彼此领土内的相互使用；国内商品经济开始复苏，1982年党的十二大报告中允许了"对于部分产品的生产和流通不作计划，由市场调节"。在这样的背景之下，1982年第五届全国人大常委会第二十四次会议通过了新中国的第一部商标法，也是新中国第一部知识产权单行法——《中华人民共和国商标法》（以下简称《商标法》）。

之后我国分别于1993年、2001年、2013年、2019年先后对《商标法》进行了四次修正：第一次修正是因为中国先后加入了《保护工业产权巴黎公约》和《商标国际注册马德里协定》，需要同国际通行做法进行衔接；第二次修正是为了适应中国加入世界贸易组织；第三次修正是为了同党的十八大精神紧密结合，目的在于推动实现《国家知识产权战略纲要》五年目标；第四次修正则是为了有效遏制商标的恶意注册，加大商标专用权保护力度。②

（二）立法目的和任务

《商标法》调整因商标的注册、使用、管理和保护所发生的各种社

---

① 余俊：《中国式现代化进程中的商标法治》，载《知识产权》2023年第5期。
② 《商标法修改相关问题解读》，国家知识产权局官网，https://www.cnipa.gov.cn/art/2019/5/9/art_66_28400.html。

会关系，意在规范市场秩序，保护商标权人和消费者的合法利益，其最基本任务是授予并保护商标权。具体表现为以下两个方面。

1. 保护商标权人利益

这是《商标法》的核心内容，《商标法》具体保护了商标权人的专用权，在商标的注册、使用、保护各方面进行详细的规定。在商标的注册方面，《商标法》赋予各级市场监督管理机关商标管理、打击假冒注册商标行为的权力，保证商品质量或服务质量，维护正常的市场竞争秩序；在商标的使用方面，《商标法》赋予各级市场监督管理机关管理商标印制的权力，杜绝假冒和冒充注册商标的来源；在商标的保护方面，《商标法》赋予各级市场监督管理机关处罚的权力，可以依据具体情况，责令限期改正，并可以予以通报或者处以罚款，或者由商标局撤销其注册商标。《商标法》在商标注册、使用、保护方面作出详细规定，全面地保护了商标权人的利益。

2. 保障消费者利益

企业不断提高产品质量，不断加深产品创新，目的在于吸引更多的消费者。其注册商标，是一种企业经营信誉的象征。《商标法》为这种企业经营信誉的象征进行强有力的保护，使得消费者可以充分信赖市场中销售的商品，从而营造信赖的市场氛围，进而保障消费者的利益。

（三）立法结构

《商标法》采用了总分结构，在总则规定了原则性事项，在分则规定了关于商标的具体事宜，除了总则与分则之外，还包括附则，附则仅规定了收费标准与生效时间。总则主要规定了与商标管理有关单位、商标的作用、商标的归属、商标的内容要求、商标相关组织机构的规则、涉外情况的处理办法。分则则按照商标发挥作用的时间顺序进行排序，主要就申请，审查和核准，续展、变更、转让和使用许可，无效宣告，管理，保护几个环节进行详细的规定。

二 法律知识要点

（一）基本原则

《商标法》的基本原则是指贯穿《商标法》立法、执法、司法的基本准则。具体有以下五个基本原则。

1. 保护商标权人商标专用权与维护消费者权益相结合原则

保护商标权人的商标专用权是贯穿《商标法》始终的核心内容，保护商标专用权是《商标法》的直接目的，只有确定并承认商标专用权，商品流通秩序才会稳定，消费者利益才会有保障。在保护商标权的同时，法律也要求商标权人保证商品质量，维护商标信誉，以保障消费者权益。

2. 注册原则

世界对于商标专用权的确认主要采用两种不同的制度：注册原则和使用原则。注册原则是指，无论申请人是否使用过商标，只有经过商标主管机关的注册登记，申请人才能取得商标专用权。使用原则与注册原则相对，商标专用权归属于首先使用该商标的人，未经使用的商标不得注册。

我国《商标法》主要采用注册原则，主要是因为在实践中判断商标的最先使用者并不容易，同时这种做法也符合国际主流。但是我国并非完全排除了使用原则的合理性，而是采用了申请在先为主、使用在先为辅的原则以确定商标权。《商标法》第三十一条规定："两个或者两个以上的商标注册申请人，在同一种商品或者类似商品上，以相同或者近似的商标申请注册的，初步审定并公告申请在先的商标；同一天申请的，初步审定并公告使用在先的商标，驳回其他人的申请，不予公告。"

3. 自愿注册原则

《商标法》规定，企业、事业及个体工商户"需要取得商标专用权的，应当向商标局申请商标注册"。这就表明，是否需要取得商标专用权，由商标使用人自己决定。如果不需要取得专用权，可以不注册，未注册的商标允许使用，但不受法律保护，未注册的驰名商标和有一定影响的知名商标除外。

4. 审查原则

世界对于商标的注册申请是否给予采取两种不同的原则：审查原则和不审查原则。审查原则是指商标主管机关对于申请注册的商标，依照法律进行形式审查和实质审查之后，确认条件符合的，予以注册并公告。不审查原则并非指不进行审查，而是指商标主管机关对申请注册的商标不进行实质审查，仅对申请的文件、手续等进行审查，确认条件符合的，予以注册。我国采用审查原则，对申请注册的商标实行全面审查：商标局受理商标注册申请后，依照法定形式审查该商标是否符合注册条件。符合注册条件的予以公告，自公告之日起三个月内，任何人均可提出异议。无异议或经裁定异议不成立的，予以核准注册。经裁定异议成立的，不予核准注册。

5. 统一注册分级管理原则

统一注册是指由某一部门对商标的注册工作进行全面管理，目前是由国家市场监管总局下设的国家知识产权局中的商标局主管全国商标注册和管理的工作，其他任何机构均无权办理商标注册工作，重点在商标的注册方面进行工作分配。分级管理是指由地方各级市场监督管理机关在辖区内就商标具体事宜进行管理和监督，重点在商标的使用、保护方面进行工作分配。

（二）基本概念

1. 商标、商品名称、商品装潢、商务标语、商号

根据《商标法》第八条规定，商标是指"任何能够将自然人、法人或者其他组织的商品与他人的商品区别开的标志，包括文字、图形、字母、数字、三维标志、颜色组合和声音等，以及上述要素的组合，均可以作为商标申请注册"。商标主要用于辨识商品的来源，使得消费者能够通过商标明确其所购买的商品是来自特定的生产厂家。

商品名称是指用以特殊化本商品而对其设定特殊的称号，商品名称应足够便于识别，才能够获得商标注册。

商品装潢是指用以装饰商品以达到宣传目的的设计，商品装潢可以直接用文字和图形以宣传商品特点，商标则不能以表示商品的特点的文字和图形进行申请注册。

商务标语是指经营者用以宣传商品的广告宣传用语，一般的商务标语如"物超所值""健康自然"等因不具有独特性，可以为多个商品使用，而商标一经注册后，仅由商标权人享有。

商号又称"厂商名称""企业名称",是指在一定地域、一定行业中用以识别特定经营者的称谓,许多企业的商号和商标是一致的,商号用以辨认经营者,商标则用以区别商品或服务的来源。

2. 商标权

商标权是商标法最核心的内容,是商标所有人依法对其商标享有的所有权的总称。商标权的具体内容可以分为专用权和禁止权两类。专用权是指商标所有人对注册商标的独占使用:或为利用,或为转让,或为许可。禁止权是指商标所有人有权禁止他人使用注册商标。

商标权中的专用权是指商标权人对注册商标所享有的充分独占使用以服务自身利益的权利。商标权人可以在其核定使用范围内的商品上使用商标,即将注册商标用于商品、商品包装或者容器以及商品交易文书上,或者将注册商标用于广告宣传、展览以及其他商业活动中,用于识别商品来源的行为;商标权人可以转让注册商标,转让形式有合同转让、继承转让两类,但是无论哪种转让形式都必须依法办理转让手续;商标权人还可以通过合同方式许可他人有偿使用注册商标,但是经许可使用他人注册商标的,必须在使用该注册商标的商品上标明被许可人的名称和商品产地。

商标权中的禁止权是指商标权人有权禁止他人未经许可擅自使用注册商标的权利。无论是在同一种商品还是同一类商品上使用与注册商标相同或相似的商标,商标权人均可以禁止其使用。

3. 未注册普通商标、未注册知名商标、驰名商标

未注册普通商标是指尚未注册且未形成知名度的商标。未注册普通商标不受保护,可以在不与注册商标发生冲突的情况下使用,但是当发

生冲突之时，法律只能保护注册商标而不保护未注册商标的事实状态。

未注册知名商标是指尚未注册但形成了一定知名度且知名度未达到驰名商标程度的知名商标。未注册知名商标由《反不正当竞争法》和《商标法》加以有限保护。《反不正当竞争法》规定知名商品的名称、包装、装潢禁止他人仿冒、使用；《商标法》规定禁止他人不正当抢注未注册知名商标，若未注册知名商标由他人取得注册权，则该商标的先使用人不受注册商标专有权的约束，可以在原有范围内继续使用。

驰名商标是指在一定范围内享有较高声誉并为相关公众广为知晓的商标。驰名商标可以是注册商标，也可以是未注册商标，但是一旦认定为驰名商标，即获得特殊保护。《商标法》第十三条第二款规定了对未注册驰名商标的消极保护，即不予注册，予以驳回，并禁止使用："就相同或者类似商品申请注册的商标是复制、摹仿或者翻译他人未在中国注册的驰名商标，容易导致混淆的，不予注册并禁止使用。"

4. 集体商标与证明商标

集体商标又称团体商标，是指以团体、协会或者其他组织名义注册的商标，目的在于在商事活动中表明使用者属于该组织的成员资格。在申请集体商标时，需要提交使用管理规则；在使用集体商标时，其组织成员无须以签订许可合同为前提。

证明商标又称保证商标，是指对某种商品或服务具有监督能力的组织认证了某种商品或服务达到了标准的商标。在申请证明商标时，必须由具有检测和监督该商品或服务的能力的法人组织申请，若要转让商标，则转让对象也应具备同等条件；在使用证明商标时，注册人不能自己使用该证明商标，准许他人使用时必须履行相应手续。

（三）重要内容

1. 商标权保护期限、商标权续展

商标权的保护期限是指商标权人享有商标权的有效期限。商标权人仅在有效期限内对商标享有独占使用的权利。我国注册商标的有效期为十年，自核准注册之日起计算。

商标权的续展是指商标权人在注册商标有效期满以后，依照法律规定申请并获批延续注册商标有效期的一种制度。注册商标有效期满后，商标人或不续展，放弃商标权；或向商标局申请续展，在期满前十二个月内按照规定办理续展手续，如未能办理，则可以给予六个月的宽展期。每次续展注册所延长的注册商标有效期为十年。

商标局收到续展申请之后将开展审查，认为符合法律规定的则予以核准，加注原注册证，并公告；若不符合法律规定，则以"驳回通知书"的形式告知申请人，并退还注册收费，被驳回人对驳回不服的应当向商标评审委员会申请复审。驳回的主要理由有以下几点：一是时间不合适，续展申请过了宽展期；二是内容不合适，续展人私自变动了注册商标的文字、图形或其组合；三是范围不合适，续展人私自变动了注册商标核定使用的商品范围；四是其他违反《商标法》规定的行为。

商标权的延续实质上是对商标权保护期限的延长，只要商标权人及时办理续展注册手续，商标权就有可能永远存续。

2. 商标权的变更、转让、许可

商标权的变更是指商标权人的名义、地址或者其他注册事项变更的行为。《商标法》规定商标权的变更需要向国家知识产权局提出变更申请。若未提出变更申请，自行变更相关注册事项，则地方工商行政

管理部门可以责令限期整改；若期满不改正，则由地方工商部门逐级上报直至国家知识产权局，并由国家知识产权局依法定程序处理，结果通常为由其所辖的商标局对注册商标进行撤销。

商标权的转让是指商标权人或与他人签订合同，或通过继承、遗赠等方式将其所有的注册商标转让给他人的行为。《商标法》规定了商标权转让的程序：双方需签订注册商标转让协议，并交商标局由其对手续、前后商标内容与使用范围、缴费情况等进行审查，若不服商标局的驳回则应向商标评审委员会申请复审。

商标权的许可是指商标权人通过商标使用许可合同的方式允许他人使用其注册商标的行为，但是注册商标的所有权仍归属于商标权人。《商标法》规定了商标使用许可合同的备案制度：许可人应当向商标局报备，并由商标局进行公告。这一制度的目的在于方便国家对全国商标使用许可进行管理，方便规范商标使用市场。但是现实当中存在着因商标使用许可合同不备案而引起的纠纷，对此人民法院通常不因商标使用许可合同未办理备案手续而认定合同无效，而是认定当事人按照合同约定进行处理。

在商标使用许可合同签订之日起三个月内，应将许可合同副本交送辖地县级工商行政管理部门存查，许可人应报送商标局备案并由商标局公告。经商标局审查通过的，将予以备案并刊登在《商标公告》上进行公示。违反以上流程的，由辖地工商行政管理机关责令限期改正，拒不改正的可以予以一万元以下的罚款，甚至可以报请商标局撤销该注册商标。

3. 商标权的注销、撤销、无效

商标权的注销是指商标权人自愿放弃其注册商标而由商标局终止

其商标权。商标法规定商标权的注销主要有三种情况：一是商标权人自愿放弃，二是商标权人消亡且在法定期限内无人要求继承，三是注册商标有效期满且注册人未在法定期限内提出续展申请或未获批准。其中自愿放弃的，注册人应当向商标局提交商标注销申请书并交回商标注册证，商标权自商标局收到注销申请书之日起终止。

商标权的撤销是指商标权人因违反《商标法》有关规定而被商标主管机关处罚终止其商标权。商标权或因商标权人违反商标管理秩序而被撤销，或因商标权人违反注册商标使用义务而被撤销。未经申请或登记，自行改变注册商标或注册人名义、地址及其他注册事项的，是为违反商标管理秩序的行为；注册商标为该种类商品的通用名称，无正当理由满三年不使用注册商标，是为违反注册商标使用义务。当出现以上情况，任何单位或个人可以向国家知识产权局申请撤销该注册商标。国家知识产权局将通知商标注册人在其收到通知之日起两个月内提交相应证据材料，包括自身使用注册商标的证据材料和许可他人使用注册商标的证据材料。当事人对商标局作出的决定不服的，可以在收到通知之日起十五日内向商标局提出复审申请；对复审申请不服的，可以在收到通知之日起三十日内向人民法院起诉。被撤销的注册商标自国家知识产权局公告之日起终止。

商标权的无效是指注册商标因其发生了导致商标权无效的事由而由国家知识产权局宣告无效。无效不同于撤销，无效是该商标自始就不能被注册，即自始就不存在，而撤销是该商标于始可以被注册，即于始存在，但是后由于违反相关规定而被终止效力。目前我国对以下主要情况宣告注册商标无效：一是不以使用为目的，恶意抢注商标的；二是申请注册的商标与我国信息（如国家名称、国旗、国徽、国歌、军旗等）相同或相近的；三是未经他国政府或国际组织同意，申请注册的商标与他国或国际组织信息相同或相近的；四是未经授权，申请注册的商标与官方证明标志相同或相近的；五是申请注册的商标易同慈善机构混淆的；六是有害于社会主义道德风尚的；七是不具显著特征，无法区分本商品与其他商品的；八是用欺骗等不正当手段取得注册的。

4. 商标权的保护

商标权的保护是指对商标侵权行为加以制裁以维护商标权人所享有的商标权。商标侵权行为通常表现为侵权人未经商标权人同意，擅自在相同或类似的商品或服务上使用足以让消费者混淆商品来源的标志。对商标侵权行为，通常以民事责任、行政责任的方式进行追究以保护商标权人权益，情节严重构成犯罪的，将追究刑事责任。

民事责任的承担方式主要有三种：一是停止侵害，二是赔偿损失，三是销毁假冒注册商标的商品。行政责任的承担方式主要是责令侵权人立即停止侵权行为，没收、销毁侵权商品和主要用于制造侵权商品、伪造注册商标标识的工具，违法经营额五万元以上的，可以处违法经营额五倍以下的罚款，没有违法经营额或者违法经营额不足五万元的，可以处二十五万元以下的罚款。

三 常见法律问题

（一）商标的形式有哪些？

商标，并非仅限于文字名称，而是"可感知的标志"，为用以区别来源于不同主体的商品的标注，可以为文字、图形、字母、数字、三维标志、颜色组合和声音等或为以上要素的组合，但是应当具备显著性、确定性，即足以让消费者区分不同的商品，足以确定此商标是明确、固定、唯一的。

注册商标的时候，应当提交相应的材料通常为jpg等格式文件。提交材料时，不允许仅提供文字内容：因为仅提交的文字内容并不具显著性，无法让消费者明确区分不同商品；同时仅提交的文字内容也不具确定性，文字的书写方式、位置布局等均不明确。

声音可以作为商标申请注册，但是应当附文字加以描述。商标的文字描述应与音频内容一致，音频内容中有歌词的，商标的文字描述中也应含歌词内容。注册商标时应当提交的材料通常为wav或mp3格式。

（二）商标的"Ⓡ"与"TM"的区别是什么？

"Ⓡ"同"注"，均为注册商标的含义，"Ⓡ"是registered的首字母，"注"是注册商标的首文字，以表明该商标为注册商标，使用时必须置于商标的右上角或右下角。"TM"为商标的含义，是trademark的缩写，以表明该标志为商标，并未明确是注册商标还是未注册商标或注册中商标，通常企业用"TM"以表明他人若使用此标志应当承担相应的法律后果。

注册商标可以使用"TM"，但是未注册商标不能使用"Ⓡ"或"注"，若未注册商标使用"Ⓡ"或"注"以冒充注册商标使用的，将根据《商标法》第五十二条规定予以处罚：由地方工商行政管理部门责令整改；若违法经营额不足五万元，可以处一万元以下罚款；若违法经营额满五万元，可以处违法经营额百分之二十以下的罚款。

（三）工商核名与商标查询的区别是什么？

工商核名是指在国家市场监管总局进行企业名称预先核准登记，商标查询是指在注册商标时对市场上注册商标信息的查询。工商核名仅要求在特定区县、市、省级行政区域内企业名称不重复，在全国范围内允许重名；但是由于商标法采用"统一注册分级管理"原则，商标在全国范围内应当唯一。

（四）什么是商标注册类别中的类似产品？

商标类别是指《类似商品和服务区分表》，是国际通用的商标分类书。商标注册的类别共分为45大类，1类到34类属于商品类，后11类属于服务类。每个大类下又分为多个小类，小类下又设多个具体产品。商标注册时的使用范围申请仅精确到小类。就同一商标而言，只要他人在目标小类里未进行注册，即可在目标小类里进行注册。就某一特定商标而言，并无明确规定其注册上限，注册人可以根据需要进行注册。目前我国采取"一标多类"的注册商标制度，注册人仅需要提交一份商标注册申请即可在不同类别注册商标，无须提交多份申请。

（五）为什么商标注册中建议一并注册第35类？

根据《类似商品和服务区分表》，商标注册的第35类为广告宣传类。产品在宣传时必然需要通过第35类商标对相应的广告进行保护。若初期发展的品牌并未形成一定的知名度且未注册第35类的商标，而被他人抢注并用于店面推广，则该抢注人只要不在注册产品范围上使用商标便不构成侵权。这直接导致的结果则是被抢注人无法在广告领域进行产品宣传。

（六）商标注册各环节需要多长时间？

商标注册大约需要一年半的时间。

首先为准备期，申请人需要进行商标查询，确认商标可以注册后再向有关部门提交材料。若在全国范围内，在目标使用范围中，已有注册商标与计划注册商标呈现了相近的效果，则申请人应当对商标进行修改。完成了商标查询，并确定在全国范围内，在目标使用范围中，并无已有注册商标呈现相同的效果，申请人可以进一步申请注册商标。若为线下办理，申请人应当向商标局或商标局委托的地方市场监督管理部门、知识产权部门提交资料；若为线上办理，申请人则可以通过国家知识产权局商标局官网的商标网上服务系统办理商标注册申请。

其次为形式审查期，商标局在收到申请书件后，将开展形式审查，一般需要花费1~4个月的时间。形式审查主要是对申请人资格和申请程序、申请文件、申请日期开展审查。审查结束后，若通过，商标局则会在一定时间内向申请人发送《受理通知书》；若申请人提交材料需要补正的，则商标局将通知申请人限期补正，经补正后再发出《受理通知书》。

再次为实质审查期，商标局正式受理后，将开展实质审查，商标法规定商标审查周期为九个月，但是目前实践已经缩短至七个月。实质审查的内容主要包括是否存在不以使用为目的的恶意抢注、商标内容是否符合法律规定要求、商标是否与他人先申请或已注册的商标相冲突等方面。

最后为公告期，商标经审定后将进入公告期，一般需要花费三个月左右的时间。公告期内若有企业或个人对此商标提出异议，则将进入商标异议答辩环节。如果进入了商标异议答辩环节，申请商标所需要的时间将会延长，商标法规定商标局将在公告期满之日起十二个月内作出决定并书面告知申请人与异议人，异议答辩期必要时经国家知识产权局批准后可以延长六个月。

经历以上几个主要环节，商标局便将核准该商标注册，并下发商标注册证书。

（七）姓名可以注册为商标吗？

姓名可以成为商标。我国商标法并无明文规定姓名不可用于申请商标。具有一定知名度的姓名、艺名或者笔名需要经授权后方可注册商标，如"李宁"等，若无授权，则常以不予注册使用进行处理；但是不具有一定知名度的姓名可以作为商标，因为不具有一定知名度的姓名无法影响公众的认识。

（八）商标保护具有区域性吗？

国内企业若希望开拓国外市场，且希望得到该国的商标保护，则需要在该国家进行商标注册。值得一提的是，若按照某些国际协定进行商标注册，如依照《商标国际注册马德里协定》注册了商标，则该商标获得多个缔约国的商标保护。

【典型案例】

（一）"乔丹"商标争议行政纠纷案

1. 案件起因

2012年2月23日，美国耐克（NIKE）公司作为"AJ"（Air Jordan）品牌的持有人，向中国相关部门提起了多起商标异议、争议行政程序，但是其主张均被国家商标评审委员会驳回。耐克公司又自行就其中两个商标提起了两起行政诉讼，均败诉。

2012年10月，迈克尔·乔丹（Michael Jordan）本人向国家工商行政管理总局商标评审委员会提出撤销申请，请求撤销乔丹体育的相关商标。不过商标评审委员会裁定维持乔丹体育的一系列商标注册。随后，Michael Jordan作为原告，向北京市第一中级人民法院提起了一系列行政诉讼请求，均以国家商标评审委员会为被告，追加乔丹体育公司为第三人。

2. 案件经过

（1）案件一审（败诉）

原告Michael Jordan请求撤销争议商标，主张了以下三点理由。

一是争议商标容易使得公众将Michael Jordan同乔丹体育产生关联。Michael Jordan系世界知名篮球运动员，在中国范围内享有极高的知名度，中国媒体也一直使用"乔丹"这一译名称呼原告并为公众熟知。中国公众看到"乔丹""QIAODAN"和乔丹图形等标识易于同原告进行联系。

二是争议商标系以"不正当手段"取得注册。乔丹体育作为体育用品的经营者，知道或应当知道原告的知名度，其注册争议商标的行为具有明显的主观恶意。同时，其大规模、长时间地使用争议商标已经导致了广大公众受到误导，其行为已经损害了公众利益。

三是争议商标"有不良影响"（2013年《商标法》第十条第一款第八项规定：有害于社会主义道德风尚或者有其他不良影响的标志不得作为商标使用）。乔丹体育明知原告的知名度却擅自大规模注册争议商标，试图误导消费者，以谋取不正当利益，造成了广大公众的误认误购，扰乱了经济秩序，损害了公共利益。

在一审过程中，乔丹体育主张其注册的商标为"乔丹"，而非"Michael Jordan"或者"迈克尔·乔丹"，中国名字叫"乔丹"的就超过4000人，同时Jordan的译名还可以是"佐敦"（香港地区译名）。

面对原告的三点理由，北京市第一中级人民法院作出以下回答："乔丹"只是常见的美国人姓氏，并不指向特定的人，图形动作也只是普通动作的剪影设计，并无任何面部特征，乔丹体育的注册并不侵犯其姓名权、肖像权；即使乔丹体育注册争议商标侵犯了Michael Jordan的权益，其损害的也只是特定民事主体的民事权益，并不损害公共利益，故"不正当手段"取得注册一说不成立；即使乔丹体育注册商标存在主观恶意，但也不对我国的政治、经济、文化、宗教、民族等社会公共利益和公共秩序产生消极的、负面的影响，故"有不良影响"一说不成立。最后北京市第一中级人民法院判决维持国家工商行政管理总局商标评审委员会的争议裁定结果。

（2）案件二审（驳回上诉，维持原判）

Michael Jordan不服北京市第一中级人民法院一审判决，向北京市高级人民法院提起上诉。在二审中，北京市高级人民法院认为：争议商标的使用是否会造成公众的混淆误认，不属于《商标法》规定的调整范围；《商标法》只规定了商标注册的手段不正当的法律后果，对于商标注册的目的不正当并无明文规定；因而不予支持Michael Jordan的撤销争议商标注册的请求，并决定维持原判决。

（3）最高人民法院再审（撤销原判）

Michael Jordan仍不服判决，向最高人民法院申请再审。最高人民法院提审后，于2016年12月7日作出（2016）最高法行再27号行政判决：分别撤销一审、二审判决，撤销国家工商行政管理总局商标评审委员会对"乔丹"商标的争议裁定并由其重新作出裁定。

最高人民法院认为：具有一定知名度，为相关公众所知悉的自然人，只要其特定名称与该自然人之间建立了稳定的对应关系，即可主张姓名权保护，而本案中即使"乔丹"为美国的姓氏，我国公众对外国人的称谓习惯也已经联系起了"乔丹"与再审申请人Michael Jordan，故再审申请人就"乔丹"享有姓名权；乔丹公司明知姓名"乔丹"具有较高知名度，但是并未与再审申请人协商、谈判以获取授权，而是擅自注册大量相关争议商标，以较少的成本即可实现"代言"等效果的行为，违背了诚实信用原则，具有主观恶意，对于此类行为进行保护，不利于姓名权人的保护、消费者利益的保障、市场秩序的维护。所以，最高人民法院决定撤销原判决与原争议裁定，并要求对争议商标重新作出裁定。

（二）广州大健康公司诉加多宝（中国）公司虚假宣传纠纷案

1. 案件起因

"王老吉"品牌始于清朝道光八年（1828年），由王泽邦在广州靖远路开设了第一家凉茶铺，成为公认的凉茶始祖。新中国成立后，1956年公私合营，王老吉收归国有企业羊城药厂，最终被划归到今天的广州药业集团旗下，而在香港，王老吉则由王氏后人继续经营。1991年，广州羊城药厂开始研制王老吉清凉茶饮料，并于1992年获得注册商标。

20世纪90年代，内地消费市场日渐蓬勃，香港鸿道集团主席陈鸿道从中看出了大商机，并萌生了在内地重新打响"王老吉"牌子的设想。于是，他找到香港的王氏后人，即"香港王老吉国际"的执行董事王健仪，提出了合作意向，并得到了正宗王老吉凉茶的祖传配方。

由于王老吉的商标权属于当时的羊城药业，陈鸿道选择同羊城药业进行合作，让其授权自己使用"王老吉"的商标。1995年，陈鸿道创立了加多宝（中国）公司，并同当时的商标持有者广药集团协商，取得了红罐王老吉的生产销售权。1996年，加多宝（中国）公司首创并推出了第一罐罐装凉茶。

随后，广药集团同加多宝（中国）公司的母公司——香港鸿道集团签订了一系列商标许可使用合同，起初约定鸿道集团对王老吉商标的使用权期限至2010年，随后再同时任广药集团副董事长、总经理李益民（当时收受了陈鸿道的贿赂，后被判处无期徒刑）签订"补充协议"约定期限至2020年。但是2010年广药集团向鸿道集团发函，主张补充协议无效，因为该协议系李益民受贿所签。随后，广药集团向中国国际经济贸易仲裁委员会提出仲裁请求。2012年5月9日，仲裁裁决补充协议无效，加多宝（中国）公司应停止使用"王老吉"商标。2012年5月25日，广州大健康公司被广药集团许可使用"王老吉"商标，并在6月份左右开始生产"王老吉"红色罐装凉茶。

2013年3月，广州大健康公司在重庆市发现加多宝的外包装印有"全国销量领先的红罐凉茶改名加多宝"字样广告语，认为与客观事实不符，容易使消费者形成错误认识，并向重庆市第五中级人民法院提起诉讼。

2．案件经过

（1）案件一审（部分胜诉）

原告广州大健康公司申请了七项诉求：一是认定加多宝（中国）公司的广告语为虚假宣传行为，构成不正当竞争；二是停止销售包含不实广告词的产品包装，并停止发布包含上述内容的广告；三是销毁、删除和撤换相关宣传资料；四是在全国性的电视和报纸上公开向原告赔礼道歉，消除影响；五是赔偿经济损失500万元；六是承担律师费及相关调查取证费用；七是承担本案诉讼费用。

对此，加多宝（中国）公司答辩认为：其各关联公司于1996年开始生产红罐凉茶，并取得了相应的知名度，商标许可合同终止后，被告将生产的红罐凉茶更换商标为加多宝，其相应发布"全国销量领先的红罐凉茶改名加多宝，还是原来的配方，还是熟悉的味道"的广告，是被告对消费者实现知情权所应承担的义务，广告内容描述符合事实，不构成虚假宣传。

重庆市第五中级人民法院认为："王老吉"红罐凉茶产品作为知名

商品，系双方共同创造；鸿道集团有权以合理方式告知其产品已更换商标的客观事实，但不得损害"王老吉"商标本身的权利和商标许可人的合法权益；本案中宣传语容易使公众产生"王老吉"商标"改名"为"加多宝"商标的错误认识，进而影响消费者购买决策，故不正当竞争行为成立。

最终一审判决认定了加多宝（中国）公司的虚假宣传行为构成不正当竞争，要求加多宝（中国）公司立即销毁、删除和撤换包含不当宣传语的产品包装和电视、网络、视频及平面媒体广告，同时在《重庆日报》上公开发表声明以消除影响，并赔偿广州大健康公司经济损失40万元，对于原告的其余请求予以驳回。

（2）案件二审（驳回上诉，维持原判）

广州大健康公司和加多宝（中国）公司均对一审判决不服，向重庆市高级人民法院提起上诉。其中，广州大健康公司认为一审判决赔偿额明显过低，要求提高赔偿额；加多宝（中国）公司则认为一审法院将"全国销量领先的红罐凉茶改名加多宝"广告理解为"王老吉红罐凉茶改名加多宝"不合理，要求撤销一审判决。

重庆市高级人民法院认为：广告语中"改名"一词指向明确，易使公众受到误导；加多宝（中国）公司也并未对"改名"进行全面说明，也不能证明消费者对该情况已经了解；加多宝（中国）公司的行为已经超出了以合理方式客观地向相关消费者进行告知的范围，构成引人误解的虚假宣传。

最终二审判决驳回上诉，维持原判。

（3）最高人民法院再审（撤销原判）

加多宝（中国）公司不服判决，向最高人民法院申请再审。

最高人民法院认为:"王老吉"商标许可使用期间,广药集团并不生产和销售"王老吉"红罐凉茶,"全国销量领先的红罐凉茶"指的是加多宝(中国)公司生产销售的"王老吉"红罐凉茶,所以"改名加多宝"是对客观事实的描述;"王老吉"商标停止使用后,若不告知消费者以前的"王老吉"红罐凉茶的商标已经变更,如果没有涉案广告的使用,反而会导致相关公众发生误认误购的可能性;商标停止使用前,"王老吉"商标商誉主要源于加多宝(中国)公司及其关联公司的贡献,广州大健康公司在此前并不生产红罐凉茶,涉案广告不能导致广州大健康公司生产的"王老吉"丧失知名度和商誉。所以,最高人民法院决定撤销原判决,并驳回广州大健康公司的诉讼请求。

公司法

第六讲
CHAPTER 6

CHAPTER 6

第六讲　公司法

扫码查阅法律

- 法律概述
  - 立法（修法）背景和过程
  - 立法目的和任务
    - 规范公司的组织和行为
    - 保护公司、股东、职工和债权人的合法权益
    - 完善中国特色现代企业制度
    - 弘扬企业家精神
    - 维护社会经济秩序与促进社会主义市场经济的发展
  - 立法结构
- 法律知识要点
  - 基本概念
    - 有限责任公司
    - 股份有限公司
    - 公司注册资本
    - 优先购买权
    - 公司的独立法人地位
    - 股东有限责任
    - 公司人格否认
    - 公司治理结构
  - 重要原则
    - 鼓励投资原则
    - 公司自治原则
    - 保护股东权益原则
    - 公司资本三原则
    - 利益平衡原则
    - 分权制衡原则
    - 股东有限责任原则
  - 重点要求
- 常见法律问题
  - 违反公司资本管理方面的违法行为
  - 公司发起人的设立责任问题
  - 股东的出资义务及出资瑕疵责任
  - 股东抽逃出资的法律责任
- 典型案例
  - 海南碧桂园案
  - 昆明闽某纸业案

一 法律概述

（一）立法（修法）背景和过程

1. 立法背景

自改革开放以来，我国社会主义市场经济体制逐步完善。作为市场经济发展不可或缺的企业公司制度及其立法也应运而生。其中，公司是一类最为重要的市场主体，调整公司设立、运行和退出的公司法也成为企业公司立法的重要内容。我国于1993年12月29日制定首部《公司法》。随着市场经济的深入发展，《公司法》的许多条文显现出诸多不足，如原则性强、可操作性低、存在法律漏洞及滞后等问题。《公司法》需要与时俱进，不断适应现代市场经济的需要。从《公司法》制定以来，已历经大大小小六次修改。其中，2023年12月29日修订通过并公布的《公司法》（于2024年7月1日起施行）是我国最近一次的修法。修订《公司法》既是完善中国特色现代企业制度，持续优化营商环境、激发市场创新活力的需要，也是完善产权保护制度，健全资本市场基础性制度、促进资本市场健康发展的需要。

2. 立法过程

公司本身是一项舶来品。据考证，早在14—16世纪，英国就出现了最早的"合约公司"。1600年前后成立的英国东印度公司，确立了公司制度的基本雏形。英国公司制度的产生及相关立法，对世界公司立法产生了深远影响。在中国，公司法的产生已有上百年历史。1903年

12月清廷商务部颁布《公司律》，首次对公司作出了明确定义，公司制企业模式由此开始在中国发展。1929年，中华民国政府颁布"公司法"。该法历经多次修法，至今仍在台湾地区施行。新中国成立后，曾由政务院颁布了《私营企业暂行条例》，这是我国第一部成文的企业法规范。改革开放后，中国不断加强企业公司立法。1993年12月29日，第八届全国人大常委会第五次会议通过《公司法》，新中国拥有了自己的《公司法》。1999年12月25日《公司法》首次修正，此后《公司法》分别于2004年、2005年、2013年、2018年进行修改。至此，《公司法》已历经五次修改。2021年12月20日，公司法修订草案提请第十三届全国人大常委会第三十二次会议初次审议，第十四届全国人大常委会第七次会议于2023年12月29日审议通过，于2024年7月1日起施行（见图6-1）。此次修法力度较大，主要对公司登记制度、股东出资责任、公

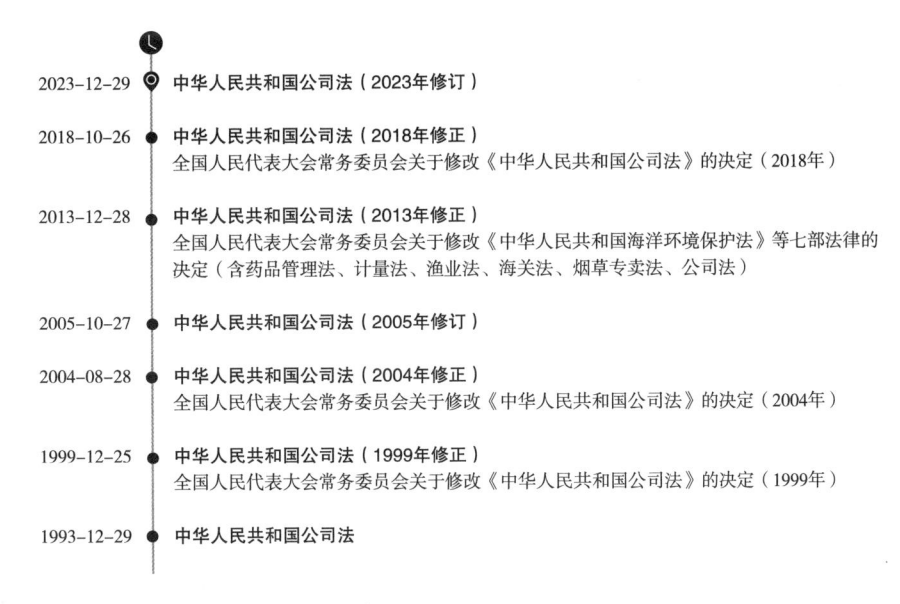

2023-12-29	中华人民共和国公司法（2023年修订）
2018-10-26	中华人民共和国公司法（2018年修正） 全国人民代表大会常务委员会关于修改《中华人民共和国公司法》的决定（2018年）
2013-12-28	中华人民共和国公司法（2013年修正） 全国人民代表大会常务委员会关于修改《中华人民共和国海洋环境保护法》等七部法律的决定（含药品管理法、计量法、渔业法、海关法、烟草专卖法、公司法）
2005-10-27	中华人民共和国公司法（2005年修订）
2004-08-28	中华人民共和国公司法（2004年修正） 全国人民代表大会常务委员会关于修改《中华人民共和国公司法》的决定（2004年）
1999-12-25	中华人民共和国公司法（1999年修正） 全国人民代表大会常务委员会关于修改《中华人民共和国公司法》的决定（1999年）
1993-12-29	中华人民共和国公司法

图6-1 《公司法》变迁历程

司治理制度、控股股东义务、董监高①的信义义务体系等方面进行了修订，旨在贯彻落实党中央关于优化营商环境、加强产权保护、促进资本市场健康发展、深化国有企业改革等决策部署要求，进一步完善中国特色现代企业制度，为打造更具活力的中国市场提供坚实法治保障。

（二）立法目的和任务

立法目的条款在我国存在有其独特意义，在立法体例上具有一定的稳定性，对司法实践亦起到一定指导作用。② 2023年修订的《公司法》第一条规定的立法目的为：规范公司的组织和行为，保护公司、股东、职工和债权人的合法权益，完善中国特色现代企业制度，弘扬企业家精神，维护社会经济秩序，促进社会主义市场经济的发展。

根据不同的标准，可以将《公司法》的立法目的分为不同类型。从直接目的与间接目的的角度，本法制定的直接目的是"规范公司的组织和行为"，间接目的是"保护公司、股东、职工和债权人的合法权益，完善中国特色现代企业制度，弘扬企业家精神，维护社会经济秩序，促进社会主义市场经济的发展"。从经济目的与社会目的的角度，立法的主要经济目的是"维护社会经济秩序"及"促进社会主义市场经济的发展"，社会目的是"保护公司、股东、职工和债权人的合法权益"以及"维护社会经济秩序"。这些不同的分类方式，体现出《公司法》的多元立法目的，便于对其立法目的有更直观、更深入的理解。

---

① 公司董事、监事和高级管理人员的简称。
② 冉克平、张仪昭：《〈公司法〉立法目的条款的功能重释与司法适用》，载《河南社会科学》2023年第7期。

1. 规范公司的组织和行为

公司是在市场经济条件下，为适应社会化生产而产生的现代企业组织形式。①因而其设立和行为的规范程度、治理结构的科学性与合理性均与公司能否有效从事经营活动密切相关，同时也直接关涉其是否能创造社会生产力。从组织法视域来看，内部层面主要涉及公司治理制度的建立，包含内部组织机关职权范围以及运行；外部层面涉及公司对外交易行为的效力问题。②内部层面与外部层面均属于《公司法》需要进行规范和衡量的重要范畴。

2. 保护公司、股东、职工和债权人的合法权益

公司是以资本联合为基础的经济组织，享有独立的法人财产权；股东是出资者，享有股东权；③职工是公司价值的贡献者；债权人也是公司资产的提供者。多方主体的合法权益均应受到法律的保护。法律是平衡的艺术，法律适用是价值衡量的过程。④因此，《公司法》将保护公司、股东、职工和债权人的合法权益作为立法目的之一。对外，要保护公司、股东、职工和债权人的合法权益不受外界不当干预或侵犯；对内，要平等地保护其各方权益不被他方所侵害。

3. 完善中国特色现代企业制度

企业是促进共同富裕的重要力量，中国特色现代企业制度是社会

---

① 宋燕妮、赵旭东主编《中华人民共和国公司法释义》，法律出版社2018年版，第6页。

② 冉克平、张仪昭：《〈公司法〉立法目的条款的功能重释与司法适用》，载《河南社会科学》2023年第7期。

③ 宋燕妮、赵旭东主编《中华人民共和国公司法释义》，法律出版社2018年版，第7页。

④ 杨琼：《公司法的比例性规制——保障公司发展权的另一种思路》，载《交大法学》2023年第5期。

主义市场经济体制的重要内容，完善中国特色现代企业制度则是我国企业改革发展的重要方向，其目标在于遵循中国特色现代企业制度，加快建设世界一流企业，形成责权利有效制衡的现代企业治理机制，提升技术变革的创新力、企业全球竞争力、国际影响力以及优秀企业家的引领力。

4. 弘扬企业家精神

弘扬企业家精神是完善中国特色企业制度的实现路径之一。约瑟夫·熊彼特将企业家精神概括为"推动社会经济发展的重要引擎之一"。企业兴则国家兴，企业强则国家强。市场主体是经济的力量载体，也是社会和生产力的基本载体，是社会财富的创造者，是经济发展的内生动力源泉。社会为企业家施展才华提供舞台，企业家从中获取利益的同时，应当真诚回馈社会、切实履行社会责任。习近平总书记强调，企业家要在爱国、创新、诚信、社会责任和国际视野等方面不断提升自己，努力成为新时代构建新发展格局、建设现代化经济体系、推动高质量发展的生力军。①

5. 维护社会经济秩序与促进社会主义市场经济的发展

这一立法目的彰显了《公司法》宏观层面的制度目标与导向。自由、产权保护和企业家精神等是市场经济的重要基础。在市场经济体制中，最为基本的企业组织形式就是公司。我国《公司法》旨在构建与市场经济体制相吻合的公司制度，通过对公司从创立、运行至解散的全过程进行规制，从而使公司的治理结构及运行机制更加契合市场经济的发展要求。

---

① 参见习近平总书记2020年7月21日在企业家座谈会上的讲话。

（三）立法结构

2023年修订的《公司法》共15章266条。其以有限责任公司、股份有限公司两类公司为基础，就公司的设立、组织机构、股份发行、股权转让、国家出资公司组织机构的特别规定以及公司登记、公司解散和清算等重要问题进行了规定（见表6-1）。

表6-1 《公司法》立法结构

章节	标题	核心内容
一	总则	明确立法目的、公司的定义、从事经营活动的要求、公司类型变更要求、设立公司的条件、公司可实施的具体行为、公司及其内部人员的义务等
二	公司登记	登记设立要求、事项与流程、经营状况与登记状态的调整、撤销登记、公示内容等
三	有限责任公司的设立和组织机构	有限责任公司的设立、具体组织机构的组成及职权等
四	有限责任公司的股权转让	有限责任公司的股权转让具体规则
五	股份有限公司的设立和组织机构	股份有限公司的设立条件，股东大会、董事会、经理、监事会等组织机构的具体要求，以及上市公司组织机构的特别规定
六	股份有限公司的股份发行和转让	股份发行、股份转让的具体规则与要求
七	国家出资公司组织机构的特别规定	国家出资公司定义与组织机构的特别规定
八	公司董事、监事、高级管理人员的资格和义务	资格限制情形、禁止行为、相关主体义务等
九	公司债券	公司债券定义、具体发行规则、转让条件、相应主体职责等
十	公司财务、会计	制度建立要求、利润提取与分配规则、公积金使用规则等
十一	公司合并、分立、增资、减资	公司合并、分立、增资、减资各流程的具体规则
十二	公司解散和清算	解散事由、公示要求、清算义务人义务、清算组职权与义务、注销程序等
十三	外国公司的分支机构	设立条件与规则、分支机构资格、义务与责任
十四	法律责任	针对不同主体、各类违法行为配置相应的民事、行政、刑事责任等
十五	附则	术语释义、施行期限与存量公司过渡期要求等

二 法律知识要点

（一）基本概念

1. 有限责任公司

依据《公司法》，在我国境内只能设立有限责任公司和股份有限公司两类公司，这两类公司同时也是本法所调整的对象。其中，有限责任公司是指公司的股东对公司以其认缴的出资额为限承担有限责任的公司。有限责任公司的特点是：（1）人合性。有限责任公司是一种有较强人合因素的资合公司，股东人数限于50人以下，在互相信任的基础上建立合作。有限责任公司的股东对外转让股权时，其他股东享有优先购买权，不能像股份有限公司股票那样可以自由流通。（2）资合性。有限责任公司的资本来源于各股东出资，各股东以其认缴的出资额为限承担责任、分取红利。（3）封闭性。有限责任公司不对外公开发行股票，设立程序相对简单，设立成本较低。（4）灵活性。有限责任公司的治理结构相对灵活，规模较小的公司可以不设立董事会或者监事会，只设执行董事或者监事。

2. 股份有限公司

股份有限公司是指公司的资本划分为等额股份，公司股东以其认购的股份为限对公司承担有限责任的公司。股份有限公司有以下特点：（1）股份有限公司是典型的资合公司。公司通过发行股票筹集资金，其资本划分为等额股份，股东通常较多，绝大多数股东不参与公司的经营活动，而是通过股东大会对公司发生影响。（2）股份有限公司的设立需履行相对严格的程序。如应有一定数量的发起人，发起人应签订发起协议，从事公司的筹备工作；募集设立的公司，还应当遵守有关证券法律的规定等。（3）股份有限公司须有健全的内部组织机构。公司必须设股东会、董事会和监事会，法律对公司各机构的职权、议事规则均有较明确的规定。（4）公司的股份一般可以自由转让。股份的转让不需其他股东同意，但法律另有规定的除外。[1]

3. 公司注册资本

根据《公司法》规定，有限责任公司的注册资本为在公司登记机关登记的全体股东认缴的出资额，股份有限公司的注册资本为在公司登记机关登记的已发行股份的股本总额。公司的注册资本，是公司作为独立法人所享有的法人财产，同时也是公司对其债务承担责任的财产。其中，有限责任公司的股东以其认缴的出资额为限对公司承担责任，股份有限公司的股东以其认购的股份为限对公司承担责任。

当前国际上形成了三种公司资本制度，即法定资本制、授权资本制和折中资本制。法定资本制又称实缴资本制，是指公司在设立时，必须在公司章程中明确记载公司资本总额，由股东全部认足并予实缴、实收的一种公司资本制度。授权资本制是指公司在设立时将公司资本总额记载于公司章程，但不必将资本总额全部发行，具体发行比例与数额法律也不予严格限制，未认购部分由董事会在公司成立后随时一次或分次发行或募集的一种公司资本制度。折中资本制是在前述两种制度的基础上，以其中一种资本制度为基础，兼采另一资本制度的优

---

[1] 宋燕妮、赵旭东主编《中华人民共和国公司法释义》，法律出版社2018年版，第12—13页。

点而创建出的一种新的公司资本制度,主要分为折中授权资本制与许可资本制。①

注册资本中的"认缴出资"或"认购股本",是指出资人同意以其财产投入公司,享有或分享公司的所有权,即成为股东、获得相应股权。公司应当通过企业信用信息公示系统公示其股东认缴和实缴出资、出资时间、出资方式等情况。按照《公司法》第一百零一条等规定,向社会公开募集设立的股份有限公司需要进行验资,有限责任公司、发起设立或者定向募集设立的股份有限公司均无须验资。

4. 优先购买权

有限责任公司的股东在同等条件之下对其他股东拟对外转让的股份享有优先购买的权利,是一种为保障有限责任公司的人合性而赋予股东的权利。②法律规定优先购买权使得有限责任公司的人合性能够得到有效的制度保障。在有限责任公司中,股东之间建立合作的基础是彼此之间的信任,这样能够降低对外进行商事活动时可能产生的风险和不确定性。正因如此,理论上股东有权自由处分其股权,但股东的处分行为必须受到其对公司人合性保障义务之限制。③因此,有限责任

---

① 折中授权资本制,是指公司设立时,章程中应明确记载公司的资本总额,股东只需认足第一次发行的资本,公司即可成立,但公司第一次发行的资本不得低于资本总额的一定比例,并须一次性全部缴足;未认足部分,授权董事会随时发行新股募集。许可资本制,又称认许资本制,是指公司设立时,章程中应明确记载公司的资本总额,并由股东全部认足,公司方得成立;但公司章程可以授权董事会于公司成立后一定年限内,在授权之时公司资本额的一定比例范围内,发行新股,增加资本,而无须经股东(大)会决议。许可资本制改变了法定资本制要求一次发行、一次缴足的严格规定,允许分期缴纳出资,但对分期缴纳又设有严格限制。此举既缓和了公司设立时的股东的资本压力,又保证了公司能够获得必要的实缴资本。
② 禹海波:《股权转让案件裁判精要》,法律出版社2020年版,第461页。
③ 赵磊:《股东优先购买权的性质与效力——兼评〈公司法司法解释四〉第20条》,载《法学家》2021年第1期。

公司股东优先购买权是在公司治理进程中的一种利益平衡机制，不仅体现了对其他股东利益之保障，还体现了对转让人和股东以外的受让人利益之平衡。①

5. 公司的独立法人地位

公司是具有民事权利能力和民事行为能力、能依法独立享有民事权利和承担民事责任的企业法人。公司的独立法人地位是指，公司作为营利法人的代表，应当有自己的名称、组织机构、住所、财产或经费等，同时在法律上保障公司能够独立享有包括物权、知识产权、债权、对外投资股权等财产权及其他权利，独立地从事生产经营活动、与其他经济实体发生权利义务关系，同时也必须独立承担民事责任。财产独立是公司自主经营、自负盈亏、对外独立承担责任的物质基础。而确保公司法人的独立地位，是实现公司权利能力和行为能力的前提，也是公司独立承担民事责任的必然要求。

6. 股东有限责任

公司的股东对公司承担有限责任，股东对公司债务所承担的责任，以股东对公司的出资为限，股东只以其全部投资为限对公司债务承担责任。因为股东出资后该出资即形成公司财产，由公司享有法人财产权，股东对该出资即丧失占有、使用、收益、处分的权利。有限责任公司的股东以其认缴的出资额为限对公司承担责任，股份有限公司的股东以其认购的股份为限对公司承担责任。同时股东的出资与股东其他未投入公司的财产必须严格区分，不得要求股东以其个人其他财产承担对公司债务的责任。此种限制有利于保障股东个人财产不因公司

---

① 蒋大兴：《股东优先购买权行使中被忽略的价格形成机制》，载《法学》2012年第6期。

负债而受牵连，鼓励股东积极、踊跃实施投资行为，明确划分风险范围及影响，同时也是公司法人独立地位的体现。

7. 公司人格否认

公司人格否认（又称"刺破公司面纱"或"揭开公司面纱"），是指在承认公司具有法人人格的前提下，在特定的法律关系中对公司人格及股东有限责任加以否定，以规制股东滥用公司人格及有限责任，保护公司债权人及社会公共利益的一项法律制度。我国在《公司法》中明文规定了公司人格否认规则。股东滥用公司独立人格的主要表现形式包括：（1）人格混同，即此公司与彼公司或股东个人之间在财产、业务、责任等方面没有严格区分；（2）不当控制，指股东因出资或持股较多而对公司进行控制，并利用其绝对控制优势，实施不正当甚至非法行为；（3）规避义务，指股东利用公司人格实施规避法律、逃避契约义务和社会责任的行为。公司人格否认制度的主要适用条件是：（1）公司已合法取得法人资格；（2）公司股东滥用公司人格，如利用公司制度规避法律或债务、损害公司独立性等，致使法律承认公司法人制度的实效性受到损害；（3）公司人格的滥用侵害了债权人的合法权益或社会公共利益；（4）公司人格否认是一种个案否定，不具有永久剥夺其法人人格的性质，而仅是在特定的法律关系中对公司人格的一种暂时否定。

8. 公司治理结构

公司是在市场经济条件下为适应社会化生产而产生的现代企业组织形式。公司作为市场主体，其行为是否规范，治理结构是否科学合理，直接关系到公司制度的运行效能。现代公司治理结构，首先反映在股东会、董事会、监事会、经理层（通常称为"三会一层"）等机构设置及相互间的责权利制衡机制。股东会由全体股东组成，是公司的最高权力机构和最高决策机构；公司内设机构由董事会、监事会和经理组成。股东会、董事会和监事会以形成决议的方式履行职能，经理则主要通过行政执行履行职能。

公司治理结构反映了企业参与人及利益相关者（包括股东、董事、经理人、员工、债权人、客户、供货商、所在地居民、政府等）之间的关系。《公司法》对于公司治理的诸多制度进行了重构，包括使法定代表人回归"代表人"的法律地位（第十条）、引进单层制公司治理架构并建立审计委员会的监督制度（第六十九条、第一百二十一条）、对规模较小和人数较少的公司简化公司治理架构（第八十三条）、强化对控股股东和实际控制人的约束机制（第二十三条、第一百八十条第三款、第一百九十二条）、取消董事人数上限限制并强化共治原则（第六十八条、第一百二十条）、明确规定"勤勉义务"的具体概念（第一百八十条第二款）、进一步强化以职工代表为基本形式的民主管理制度（第六十八条、第六十九条、第一百二十一条）等。

（二）重要原则

1. 鼓励投资原则

公司作为以营利为目的的组织，既是投资的工具，也是股东进行投资、获取收益的一种法律形式。《公司法》通过鼓励民事主体投资创业，推动公司设立，促进市场发展繁荣，并由此创造更多的劳动岗位和就业机会，促进社会主义市场经济不断发展。其中，鼓励投资创业是指利用社会财富、开拓各种投资渠道，调动一切民事主体投资的积极性，利用一切投资形式推动公司和企业的发展，在解决就业问题的同时，实现公司和投资者互惠双赢。

2. 公司自治原则

公司自治原则，即出资人对自己的决策、选择行为负责，以公司章程为基础，自主应对市场的变化，并对由此产生的一切后果负责。公司作为独立的市场主体，依照自行制定的公司章程进行自主经营、自负盈亏，不受非法干预。在《公司法》中对自治原则有明确的体现：其一，出资人享有重大决策权和选择管理者等权利；其二，公司按照市场需求，自主组织生产经营，并对自己的行为负责，公司的自主活动必须遵守市场规则。

3. 保护股东权益原则

《公司法》第四条第二款规定"公司股东对公司依法享有资产收益、参与重大决策和选择管理者等权利"，意味着法律明确保护公司股东的合法权益，具体体现在保障股东享有选举公司管理层、表决公司重大问题等的投票权，享有分红权、股份转让权、优先认股权、知情权等权利。通过保护股东权益，有利于鼓励投资和交易，激发市场活力。

4. 公司资本三原则

公司资本三原则即资本确定原则、资本维持原则和资本不变原则。资本确定原则是指公司设立时，须在公司章程中对公司的资本总额作出明确记载并全部认足。2023年修订的《公司法》将有限责任公司注册资本修改为限期认缴制（即五年实缴到位），股份有限公司从认缴制变为实缴制。资本维持原则是指在公司存续过程中，必须维持相当于注册资本额的财产。为贯彻适用这一原则，《公司法》规定禁止股东抽逃出资，对公司回购自己股权（份）进行限制，禁止折价发行股份，对利润分配的条件和程序进行规定等。资本不变原则是指公司资本一经确定后，不得任意改变，应当严格按照法定程序对公司注册资本进行增加或减少。公司资本三原则理论的形成和发展有其深刻的历史背景和理论基础，是有限责任制度和法益平衡等法律理论的产物。其理论基础包括法益平衡的法律理念、信用安全的价值理念、稳健经营的经济学观念、社会本位的哲学价值观等。[①]

5. 利益平衡原则

利益平衡原则是指公司制度的安排及实现，是在现代市场经济条件下对影响公司及社会发展的多种利益关系进行平衡的原则。这一原则意味着不得对某一利益过度保护或过于忽视。在公司运行中，往往存在不同的利益冲突，为股东间的利益冲突、股东与管理层之间的利益冲突、股东与债权人之间的利益冲突等。这些利益冲突需要依据利益平衡原则进行相应的制度设计，从而对弱势主体利益进行充分保障。利益平衡原则是从经济基础层面决定的《公司法》的基本原则，也是公司法的重要原则之一。

6. 分权制衡原则

分权制衡原则是公司有效运转的制度安排与实现，是以公司各种权利合理分配、相互制衡为出发点进行权责配置的原则。在分权制衡原则的指导下，形成权责分明、管理科学、激励和约束相结合的内部管理体制。坚持分权制衡原则，一方面要求对公司内部应该存在的具体权利进行明确界定和分配，另一方面要求对各种权利相互制衡进行制度构建。

---

① 冯果：《论公司资本三原则理论的时代局限》，载《中国法学》2001年第3期。

7. 股东有限责任原则

股东有限责任原则是《公司法》中一项非常重要的制度，被誉为《公司法》的一块传统基石。其社会价值包括：减少和转移风险、鼓励投资、克服无限责任对企业形式发展的束缚、减少交易费用和降低管理成本，促进公司高效经营和发展壮大。股东有限责任原则在《公司法》中主要指股东以其出资额或股份为限对公司承担责任，并以公司为媒介，不直接对外承担责任。

（三）重点要求

1. 公司注册资本制度

2023年修订的《公司法》，规定有限责任公司实行限期认缴制，股份有限公司（包括发起设立、募集设立）则改为实缴制。

（1）有限责任公司实行限期认缴制。《公司法》第四十七条对有限责任公司注册资本认缴登记制进行了修改，实行限期认缴制。《公司法》规定，有限责任公司的注册资本为在公司登记机关登记的全体股东认缴的出资额。全体股东认缴的出资额，由股东按照公司章程的规定，自公司成立之日起五年内缴足。但是法律、行政法规以及国务院决定对有限责任公司注册资本实缴、注册资本最低限额、股东出资期限另有规定的，从其规定。公司营业执照签发日期为公司成立之日。对于在《公司法》施行之前的存量公司，第二百六十六条第二款规定了过渡期：本法施行前已登记设立的公司，出资期限超过本法规定的期限的，除法律、行政法规或者国务院另有规定外，应当逐步调整至本法规定的期限以内；对于出资期限、出资额明显异常的，公司登记机关可以依法要求其及时调整。具体实施办法由国务院规定。

（2）股份有限公司实行实缴制。《公司法》第五章"股份有限公司的设立和组织机构"明确规定，发起人应当在公司成立前按照其认购的股份全额缴纳股款。换言之，股份有限公司实行注册资本实缴制。授权资本制为本次修订新增内容，即董事会可以在股东会授权范围内决定发行相应股份。《公司法》规定，公司章程或股东会可以授权董事会在三年内决定发行不超过已发行股份百分之五十的股份。董事会对前述内容的决议应当经全体董事的三分之二以上通过，此外，以非现金支付方式支付股款的，应当经股东会决议。

2. 公司登记制度

《公司法》新设公司登记一章，对于公司登记相关内容作了诸多修改完善，明确公司设立登记、变更登记、注销登记的事项和程序；同时要求公司登记机关优化登记流程，提高登记效率和便利化水平。

（1）明确了公司设立登记中法定登记事项的范围（第三十二条第一款）。这同时也是公司设立登记中的必备事项，否则就无法完成公司的设立登记，进而达到赋予其法人主体资格的法律效果。

（2）规定了公司登记信息的公示制度（第三十二条第二款、第四十条）。既包括公司登记机关的信息公示法定义务，也包括公司的信息公示义务，其中特别是对注册资本认缴数额、实缴数额、出资期限等事项的公示，意义在于赋予公司登记相关事项的公示效力，进而发挥公司登记制度对于保护交易秩序的功能。

（3）新设了撤销登记制度（第三十九条）。赋予了公司登记机关对通过提供虚假材料等手段违法取得公司设立登记的公司予以撤销登记的权力，这对于减少虚假登记、保护债权人权益等具有重要的意义。

（4）新设了强制注销登记制度（第二百四十一条）。这主要是针对实践中出现的大量"僵尸公司"的出清而作出的新规定。《公司法》第二百四十一条第一款规定:"公司被吊销营业执照、责令关闭或者被撤销,满三年未向公司登记机关申请注销公司登记的,公司登记机关可以通过国家企业信用信息公示系统予以公告,公告期限不少于六十日。公告期限届满后,未有异议的,公司登记机关可以注销公司登记。"

3. 公司信息公示制度

《公司法》共10处提及国家企业信用信息公示系统,明确规定公司登记、合并、分立、减资、解散、清算、注销登记、被吊销营业执照、责令关闭或被撤销等,均须于国家企业信用信息公示系统中进行公示。这些规定,对于解决我国经济发展中存在的诚信缺失、道德失范、信用体系不完善、市场主体竞争不充分、不公平等问题有重要意义。在信息化时代,公司登记注册向社会公示的功能和作用可以通过数据和信息化手段反映出来,通过公司登记机关公示或公司自行公示信息,对于推动社会共治,维护交易安全,优化营商环境,具有重要意义。

未按《公司法》第四十条规定公示有关信息或者不如实公示有关信息的,应当按照《公司法》第二百五十一条的规定承担相应的法律责任,并对公司及直接负责的主管人员和其他直接责任人员实行双罚制。对公司,由公司登记机关责令改正,可以处以一万元以上五万元以下的罚款。情节严重的,处以五万元以上二十万元以下的罚款;对直接负责的主管人员和其他直接责任人员处以一万元以上十万元以下的罚款。

4. 平衡少数股东与多数股东之间的利益关系

《公司法》解决少数股东与多数股东之间利益冲突的机制为:限制多数股东,保护少数股东。首先,在限制多数股东方面,对控股股东及实际控制人进行"限权",规定控股股东、实际控制人对公司、其他股东以及公司债权人的诚信义务,对控股股东、实际控制人的自我交易进行规制等。其次,在保护少数股东方面,《公司法》扩大了少数股东的表决权,如类别股单独表决(第一百四十四条)、累积投票制(第一百一十七条)、委托投票(第一百一十八条)、非现场投票等。同时,规定了与表决权相关的程序性保障权利,如提议召开股东大会权,召集、主持权,临时提案权等。此外,少数股东被赋予了公司决议的瑕疵诉权以及相应的知情权、质询权、查阅权、异议股东股份回购请求权、强制公司司法解散权、特别清算请求权、股利强制分配请求权、股东代表诉讼权等。

5. 平衡股东与管理层之间的利益关系

对于股东与管理层之间利益关系的平衡,主要是赋予股东必要的权利,并对管理层设置了较为严格的义务。《公司法》规定了公司董事、监事、高级管理人员的忠实义务和勤勉义务,要求公司管理人员尽到善良管理人的注意义务等,并通过股东代表诉讼、股东直接诉讼等方式,为股东提供相应的司法救济渠道。

6. 平衡股东与债权人之间的利益关系

股东与债权人之间往往会存在利益冲突,实务中存在股东滥用公司法人人格独立制度,采用非法手段逃避债务的现象,如未履行或未全面履行出资义务、抽逃出资、公司解散后恶意处置公司财产等导致公司财产减损等侵权情形。

《公司法》设计了相应制度,从而防范和治理股东与债权人之间的利益冲突:(1)规定了股东出资加速到期问题。《公司法》第五十四条规定明确了股东出资加速到期的适用条件,避免股东利用出资期限损害债权人利益。（2）优化了"出资期限未届满股权转让后的出资责任"的规则。把知道或者不应当知道瑕疵出资事实的举证责任分配给了新股东，实质加强了对债权人利益的保护。（3）引入了公司人格否认制度。允许债权人对违规股东提起诉讼，追求其个人对公司债务的责任，增加了横向法人人格否认制度（第二十三条），明确规定股东利用其控制的两个以上公司，实施滥用公司法人独立地位和股东有限责任，逃避债务，严重损害公司债权人利益的，各公司应当对任一公司的债务承担连带责任。

7. 公司的民事责任问题

《公司法》规定了公司的民事责任承担问题，包括：

（1）法定代表人行为的责任承担（第十一条）：法定代表人以公司名义从事的民事活动，其法律后果由公司承受。法定代表人因执行职务造成他人损害的，由公司承担民事责任。公司承担民事责任后，依照法律或者公司章程的规定，可以向有过错的法定代表人追偿。

（2）子公司与分公司的责任承担（第十三条）：子公司具有法人资格，依法独立承担民事责任。公司可以设立分公司。分公司不具有法人资格，其民事责任由公司承担。

（3）公司设立时的民事责任承担（第四十四条）：①由公司担责。有限责任公司设立后，应承受公司设立时的股东为设立公司从事的民事活动而产生的法律后果。②由股东担责。公司未成立的，其法律后果由公司设立时的股东承受；设立时的股东为二人以上的，享有连带债权，承担连带债务。③第三人可选择公司或者股东担责。设立时的股东为设立公司以自己的名义从事民事活动产生的民事责任，第三人有权选择请求公司或者公司设立时的股东承担。④公司或者无过错股东的追偿权。设立时的股东因履行公司设立职责造成他人损害的，公司或者无过错的股东承担赔偿责任后，可以向有过错的股东追偿。

（4）外国公司境内分支机构的民事责任承担（第二百四十七条）：外国公司在中华人民共和国境内设立的分支机构不具有中国法人资格。外国公司对其分支机构在中华人民共和国境内进行经营活动承担民事责任。

8. 公司董监高的民事责任问题

《公司法》规定公司董事、监事、高级管理人员（简称"董监高"）对公司负有忠实义务与勤勉义务。忠实义务为不得利用职权谋取不正当利益；勤勉义务，即执行职务应当为公司的最大利益尽到管理者通常应有的合理注意。此外，管理者不得侵占公司财产、挪用公司资金；不得将公司资金以其个人名义或者以其他个人名义开立账户存储；不得利用职权贿赂或者收受其他非法收入；不得接受他人与公司交易的佣金归为己有；不得擅自披露公司秘密；不得实施违反对公司忠实义务的其他行为。《公司法》对董监高民事责任进行专门规定：（1）违反忠实义务所得收入"应当归公司所有"；（2）管理者在执行职务时违反法律、行政法规或者公司章程的规定，给公司造成损失的，应当承担赔偿责任；（3）管理者执行职务给他人造成损害，若存在故意或重大过失，应当承担赔偿责任。

在某些法定情形下，公司的董事、监事和高级管理人员还需对第三人承担赔偿责任。如在公司清算过程中，清算组成员因故意或重大过失损害债权人利益的，应当承担赔偿责任；在企业破产程序中，有《企业破产法》第三十一至三十三条规定的减少责任财产、个别清偿、隐匿或转移财产等损害债权人利益的行为，企业的法定代表人和其他直接责任人应对债权人承担赔偿责任等。

三 常见法律问题

（一）违反公司资本管理方面的违法行为

违反公司注册资本管理、公司登记等规定的"两虚一逃"行为，是《公司法》规制的重要内容。所谓"两虚一逃"，是对公司虚报注册资本、股东（发起人）虚假出资以及股东（发起人）抽逃出资的三种违法行为的合称。(1) 公司虚报注册资本，是指公司在申请登记中向公司登记机关申报注册资本不实的行为，包括设立登记、增加注册资本变更登记等行为中存在虚报的情形。(2) 股东（发起人）虚假出资，是指股东隐瞒事实或者采取其他欺诈手段以及违背承诺不交付或者不按期交付作为出资的货币或者非货币财产导致其出资不实。(3) 股东抽逃出资，是指股东在公司成立后，将已经交付公司的财产重新占有或者转移至公司无法控制的账户或者第三方手中。当然，股东已经认缴出资但实缴期限尚未届满的，不属于抽逃出资。"两虚一逃"行为均与公司注册资本关联，且三者之间还存在交叉与竞合。《公司法》对"两虚一逃"行为进行了法律规制，规定对虚报注册资本、提交虚假材料等行为，情节严重的，吊销营业执照，并可对公司或负有直接负责的主管人员和其他直接责任人员处以相应罚款。

（二）公司发起人的设立责任问题

所谓发起人，是指签订设立公司协议，提出设立公司申请，认购公司出资或者股份并对公司设立承担责任的人。

根据《公司法》第四十四条等规定以及相关司法实践，公司发起人设立责任是：设立时的股东为设立公司以自己的名义从事民事活动产生的民事责任，第三人有权选择请求公司或者公司设立时的股东承担。公司未成立的，其法律后果由公司设立时的股东承受；设立时的股东为二人以上的，享有连带债权，承担连带债务。设立时的股东因履行公司设立职责造成他人损害的，公司或者无过错的股东承担赔偿责任后，可以向有过错的股东追偿。

（三）股东的出资义务及出资瑕疵责任

股东取得股东资格、行使股东权利的对价是按时足额履行对公司的出资。股东按期足额缴纳公司章程规定的各自所认缴的出资额，是其法定义务。股东不履行出资义务将构成对《公司法》强制性规定的违反，导致公司资本制度无法发挥其正常功能。同时，出于维护公司外部交易安全和债权人利益的考虑，股东不得以其他股东未履行出资义务，作为其自身不履行出资义务的抗辩理由。

根据《公司法》规定，存在出资瑕疵的股东应承担相应的法律责任，主要包括以下方面。（1）对公司承担出资补足责任及违约责任：股东未按期足额缴纳出资的，除应当向公司足额缴纳外，还应当对给公司造成的损失承担赔偿责任。故公司或其他股东可向法院起诉，请求判令该股东补足出资。（2）股东之间的连带责任：公司设立时，股东未按照公司章程规定实际缴纳出资，或者实际出资的非货币财产的实际价额显著低于所认缴的出资额的，设立时的其他股东与该股东在出资不足的范围内承担连带责任。

这次《公司法》修改，增加了董事会对股东出资的催缴义务、股东欠缴出资失权制度等方面的规定，集中体现在《公司法》第五十一条、五十二条、一百零七条等相关规定，这就进一步强化了公司股东的出资义务。（1）董事会对股东出资的催缴义务。公司成立后，董事会应当对股东的出资情况进行核查，发现股东未按期足额缴纳公司章程规定的出资的，应当由公司向该股东发出书面催缴书，催缴出资。未及时履行前款规定的义务，给公司造成损失的，负有责任的董事应当承担赔偿责任。（2）股东欠缴出资失权制度。股东未按照公司章程规定的出资日期缴纳出资，公司发出书面催缴书催缴出资的，可以载明缴纳出资的宽限期；宽限期自公司发出催缴书之日起，不得少于六十日。宽限期届满，股东仍未履行出资义务的，公司经董事会决议可以向该股东发出失权通知，通知应当以书面形式发出。自通知发出之日起，该股东丧失其未缴纳出资的股权。依照前述规定丧失的股权应当依法转让，或者相应减少注册资本并注销该股权；六个月内未转让或者注销的，由公司其他股东按照其出资比例足额缴纳相应出资。股东对失权有异议的，应当自接到失权通知之日起三十日内，向人民法院提起诉讼。

（四）股东抽逃出资的法律责任

按照《公司法》规定，公司成立后，股东不得抽逃出资。在实践中，股东抽逃出资的表现形式较为多样，如：公司设立时，股东将出资款项转入公司账户验资后又转出；股东出资后，通过虚构债权债务关系，将其出资转出偿还债务；制作虚假财务会计报表虚增利润进行分配；利用关联交易转移公司财产；其他未经法定程序将出资抽回的行为。

股东抽逃出资的法律责任主要包括以下方面。(1)民事责任。股东违法抽逃出资的,应当返还抽逃的出资;给公司造成损失的,负有责任的董事、监事、高级管理人员应当与该股东承担连带赔偿责任。(2)行政责任。公司的发起人、股东在公司成立后,抽逃其出资的,由公司登记机关责令改正,由公司登记机关责令改正,处以所抽逃出资金额百分之五以上百分之十五以下的罚款;对直接负责的主管人员和其他直接责任人员处以三万元以上三十万元以下的罚款。(3)刑事责任。《刑法》第一百五十九条规定了虚假出资、抽逃出资罪:公司发起人、股东违反公司法的规定未交付货币、实物或者未转移财产权,虚假出资,或者在公司成立后又抽逃其出资,数额巨大、后果严重或者有其他严重情节的,处五年以下有期徒刑或者拘役,并处或者单处虚假出资金额或者抽逃出资金额百分之二以上百分之十以下罚金。单位构成犯罪的,对单位判处罚金,并对其直接负责的主管人员和其他直接责任人员,处五年以下有期徒刑或者拘役。

【典型案例】

(一)海南碧桂园案[①]

1.简要案情

2017年,海南碧桂园房地产开发有限公司(简称开发公司)与三

[①] 海南碧桂园房地产开发有限公司与三亚凯利投资有限公司、张某男等确认合同效力纠纷案,《中华人民共和国最高人民法院公报》2021年第2期。

亚凯利投资有限公司（简称投资公司）签订资产转让合同，约定前者以7亿元受让后者烂尾酒店，前者诚意金3.2亿元以委托贷款方式支付后者。开发公司据此向投资公司转账3.2亿元，次日投资公司向股东张某男转账2951.8384万元。2018年，因投资公司未依约办理酒店产权转移登记手续，开发公司依约诉请解约并返还诚意金，同时以张某男与投资公司人格混同为由诉请张某男承担连带责任。张某男提供了借款与还款协议等证据，但未提供其出借款给投资公司转账凭证。

2.案件焦点

公司人格否认适用的限度。作为投资公司股东的张某男在未能证明其与投资公司之间存在交易关系或借贷关系等合法依据情况下，接收投资公司向其转账，虽不足以否定投资公司独立人格，但该行为在客观上转移并减少了投资公司资产，降低了投资公司偿债能力，张某男应承担相应责任。投资公司向张某男转账2900余万元的款项超出了张某男向投资公司认缴的出资数额，且该行为客观上转移并减少了公司资产，降低了公司的偿债能力，根据"举重以明轻"的原则参照《最高人民法院关于适用〈中华人民共和国公司法〉若干问题的规定（三）》第十四条关于股东抽逃出资情况下的责任形态之规定，可判决公司股东对公司债务不能清偿的部分在其转移资金的金额及相应利息范围内承担补充赔偿责任。

本案作为最高人民法院公报案例，表明公司人格否认需要综合多方面因素，判断公司是否具有独立意思、公司与股东的财产是否混同且无法区分、是否存在其他混同情形等。否认公司人格，须具备股东实施滥用公司法人独立地位及股东有限责任的行为，以及该行为严重损害公司债权人利益的法定条件。

（二）昆明闽某纸业案①

1. 简要案情

昆明闽某纸业有限公司（简称闽某公司）自成立起即在长江流域螳螂川河道一侧埋设暗管，用于排放生产废水。经鉴定，该排污行为对螳螂川地表水环境造成污染，污染损害数额达10815021元，并影响下游生态流域功能。同时，其股东黄某海（持股80%）、黄某芬、黄某龙还存在股东无偿占有公司财产、公司账簿与股东账簿不分，公司财产与股东财产、股东自身收益与公司盈利难以区分等行为。昆明市西山区检察院对闽某公司、黄某海等提起公诉，并对该公司及其股东提起刑事附带民事诉讼，请求否认公司独立地位，由股东黄某海、黄某芬、黄某龙对闽某公司生态环境损害赔偿承担连带责任。

2. 案件焦点

有限责任公司人格否认的适用规则。人民法院审理认为，闽某公司所应负担的环境侵权债务已超过公司注册资本，而闽某公司自案发后已全面停产，对公账户可用余额仅为18261.05元。股东与闽某公司的高度人格混同已使闽某公司失去清偿其环境侵权债务的能力。具体表现为：（1）股东个人银行卡收公司应收资金不作财务记载；（2）将属于公司财产的9套房产记载于股东及股东配偶名下，由股东无偿占有；（3）公司账簿与股东账簿不分，公司财产与股东财产、股东自身收益与公司盈利难以区分。由此，人民法院认定股东黄某海、黄某芬、黄某龙，闽某公司难以履行其应当承担的生态环境损害赔偿义务，符

---

① 昆明闽某纸业有限责任公司等污染环境刑事附带民事公益诉讼案,（2021）云0112刑初752号，最高人民法院发布第38批指导性案例之四。

合《公司法》第二十条第三款规定的股东承担连带责任之要件，应对闽某公司的环境侵权债务承担连带责任。

本案作为最高人民法院发布的第38批指导性案例之一，裁判意义虽侧重于公益诉讼案件，但其本身亦是公司股东滥用公司法人独立地位、股东有限责任的典型范例。本案准确认定公司股东滥用公司法人独立地位和股东有限责任，将公司人格否认制度创新适用于环境侵权领域，也是司法实践中公司人格否认制度适用的典型案例。

外商投资法

第七讲
CHAPTER 7

CHAPTER 7

第七讲　外商投资法

- 法律概述
  - 立法背景和过程
  - 立法目的和任务
  - 立法基本原则
    - 内外资一致原则
    - 三法合一原则
    - 外商投资的便利化与透明度原则
    - 投资促进和保护原则
  - 立法结构与内在逻辑
- 法律知识要点
  - 基本概念
    - 外商投资
    - 外商投资者
    - 国民待遇
    - 准入前国民待遇
    - 负面清单
    - 市场准入负面清单制度
    - 外商投资国家安全审查制度
    - 知识产权
  - 立法亮点与重点要求
    - 首次规定了准入前国民待遇和负面清单
    - 规定外汇自由汇入、汇出
    - 注重保护商业秘密
    - 强调知识产权的保护
    - 要求政府履行承诺及合同
    - 保障外商投资企业平等参与市场竞争
    - 建立外商投资信息报告制度
    - 建立外商投资安全审查制度
    - 首次引入国际法中的反制措施
- 常见法律问题
  - 外商投资的形式有哪些？
  - 外商投资者可以投资所有形态的企业吗？
  - 外商投资与外商投资企业的区别是什么？
  - 《外商投资法》的基本价值取向是什么？
  - 哪些部门应对外商投资的管理负责？
  - 《外商投资法》施行后，外商投资者来华投资有什么变化？
  - 境内主体通过成立境外投资主体，再以该境外主体在中国投资（返程投资项目）是否属于外商投资，是否适用国家对外商投资的有关规定？

一 法律概述

《外商投资法》是中国外商投资领域的基础性、综合性法律，于2020年1月1日起正式施行，与此同时，已实施近40年的"外资三法"（1979年颁布实施的《中外合资经营企业法》、1986年出台的《外资企业法》、1988年出台的《中外合作经营企业法》）宣告废止。《外商投资法》作为我国外商投资领域的基础性法律，其开放、包容的制度设计不仅为外资准入带来了新机遇，还确立了新时代中国外商投资法律制度的基本框架。

（一）立法背景和过程

1. 立法背景

第一，"外资三法"已经不能适应新形势的发展要求。过去40年，与"外资三法"配套实施的包括1986年《国务院关于鼓励外商投资的规定》、2010年《国务院关于进一步做好利用外资工作的若干意见》以及《台湾同胞投资保护法》及其实施细则等。但随着我国经济发展，对外开放力度加大，原有的外资法律体系已难以满足国家构建开放型经济体制的需求。因此从外资法律制度的长远发展来看，需要一部能够适应我国经济发展要求的外商投资法出台。

第二，中国对外开放的新形势亟待《外商投资法》的出台。原先以"外资三法"为首的外资法律体系存在法规分散的现状，需要制定统一的外商投资法改变这一现状，促进外资法律的统一适用，以满足我国全面对外开放的实践需求。这一举措也是与国际法律体系接轨的重要一环。2022年，中国引资规模再创新高，吸收外资数额继续稳定增长，全年实际使用外资1891.3亿美元，同比增长4.5%，按人民币计首次突破1.2万亿元，高技术产业成为重要增长点。欧盟、东盟对华投资分别增长95.3%和9.5%。由此可知，制定和出台《外商投资法》是推动我国新一轮高水平对外开放、营造国际一流营商环境的必然要求。

第三，探索新的外资管理模式需要《外商投资法》出台。在利用外资的实践过程中，新的外资管理模式已经出现，以准入前国民待遇加负面清单管理制度为例，这一新外资管理制度的出现要求我国从法律层面确定其属性。新形势下新的外资管理模式的应用更需要一部新的外资法律提供有力的法治保障。

2. 立法过程

以旧有的"外资三法"为基础，《外商投资法》的立法过程非常清晰且迅速。2018年12月23日，《中华人民共和国外商投资法（草案）》（以下简称《外商投资法（草案）》）提请第十三届全国人大常委会第七次会议初次审议。2019年1月29日，第十三届全国人大常委会第八次会议对《外商投资法（草案）》进行第二次审议。2019年2月25日，全国人大宪法和法律委员会召开会议，根据常委会第八次会议的审议意见、代表研读讨论中提出的意见和各方面的意见，对《外商投资法（草案）》作出了进一步的修改完善。完善后认为《外商投资法（草案）》经过全国人大常委会两次审议后已经比较成熟。2019年3月8日，第十三届全国人大第二次会议上，时任全国人大常委会副委员长王晨作《关于〈中华人民共和国外商投资法（草案）〉的说明》。2019年3月15日，第十三届全国人大第二次会议表决通过了《中华人民共和国外商投资法》，自2020年1月1日起施行。

2019年11月，为贯彻落实党中央、国务院决策部署，保障《外商投资法》有效实施，司法部会同商务部、发展改革委等部门研究起草了《中华人民共和国外商投资法实施条例（征求意见稿）》，自2020年1月1日起施行。2019年12月27日，最高人民法院发布《最高人民法院关于适用〈中华人民共和国外商投资法〉若干问题的解释》，确保《外商投资法》在审判领域得到公正高效执行，同样自2020年1月1日起施行，为《外商投资法》的实际适用保驾护航。

（二）立法目的和任务

《外商投资法》确立了以促进外商投资和保护外商投资为主的立法目的和任务。自1979年以来，我国以《中外合资经营企业法》《外资企业法》《中外合作经营企业法》的"外资三法"为基础制定了数量繁多的法规、规章以及规范性文件，构成我国外商投资法律体系。为满足时代发展要求，这一旧有法律体系尽管不断更新，但总体上对外商投资的立场还是相对保守，侧重于对外商投资的规制，这一现状大大削减了外商投资的积极性。近年来，随着我国鼓励、促进外商投资理念的确定，相关立法思路也开始转变。2015年商务部《外国投资法（草案征求意见稿）》第一条就将该法的立法目的描述为："为扩大对外开放，促进和规范外国投资，保护外国投资者合法权益，维护国家安全和社会公共利益，促进社会主义市场经济健康发展。"在此基础上，《外商投资法》的立法目的被确定为"为了进一步扩大对外开放，积极促进外商投资，保护外商投资合法权益，规范外商投资管理，推动形成全面开放新格局，促进社会主义市场经济健康发展"。相比较，在最终立法中，立法将"规范外商投资管理"内容置于促进保护外商投资之后，这使立法目的更加凸显了"促进与保护外商投资"的理念。至此，《外商投资法》的立法目的已由加强规制转变为促进与保护。条文中"规范"一词所指的对象也由外国投资转变为投资管理制度，这意味着我国立法已经采取了"刀刃向内"的方式，重点规范外商及我国行政机构的投资管理，推动我国行政机关积极转换管理思维、优化管理方式。

（三）立法基本原则

1. 内外资一致原则

《外商投资法》的最大亮点在于明确了外商投资的基本管理原则，确保内外资一致对待，针对外商投资实行准入前国民待遇加负面清单管理制度。内外资一致的管理原则展现了公平竞争、平等对待的价值理念，不仅体现在外资准入阶段，也适用于外资准入后的运营阶段。

在外资准入阶段，法律明确国家对外商投资实行准入前国民待遇加负面清单管理制度，即国家对负面清单之外的外商投资，应给予国民待遇，按照内外资一致的原则实施管理。一般而言，投资准入阶段包括外国投资者设立、收购、扩大等绿地投资和并购投资行为。准入前国民待遇是指在投资准入阶段给予外国投资者及其投资不低于本国投资者及其投资的待遇。这一阶段的国民待遇表明外国投资者的各类投资行为应不受到特殊限制，外商投资应享有与境内投资者同样的权利和自主权，投资过程也将更加便利和灵活。与之结合，负面清单是指在特定领域对外商投资实施的准入特别管理措施，负面清单属于动态的管理模式。负面清单制度的实施表明我国将彻底转变以往的正面清单管理模式，使外资准入的透明度和可预期性极大提高。负面清单是由国务院发布或者经国务院批准发布。

与准入阶段的国民待遇相契合，《外商投资法》也确立了准入后针对外商投资企业的内外资一致原则。首先，根据《外商投资法》，外商投资企业依法平等适用国家支持企业发展的各项政策。其次，除有法律、行政法规依据外，不得减损外商投资企业权益或者增加义务，不得设置市场准入和退出条件，不得干预外商投资企业的正常生产经营活动。这表明在外商企业运营阶段，将最大程度地实施一致性管理原则。将例外情形的依据限定为"法律和行政法规"，也能最大限度地保证这一原则的实施不受个别部门或地区的干扰。最后，我国缔结或者参加的国际条约、协定对外国投资者准入待遇有更优惠规定的，可以按照相关规定执行。这给我国与相关国家签署国际条约特别是双边投资协定（Bilateral Investment Treaty，简称 BIT）留下了优惠空间。以上举措均体现出我国《外商投资法》致力于内外资一致的立法理念，旨在给予外商投资平等甚至更优惠政策的立法保障。

2. 三法合一原则

《外商投资法》取代了"外资三法"，也丰富和发展了"外资三法"对外商投资的规制方式。例如，原有的"外资三法"只适用于外国投资者的直接投资，规定外国投资者在我国投资的外资企业、中外合资企业、中外合作企业都应是直接投资，但《外商投资法》首次规定外商投资包括直接投资和间接投资两种模式。《外商投资法》还扩大了"外资三法"规定的适用范围，例如外国投资者以购买公司债券、金融债券或公司股票等有价证券等对我国的间接投资方式都可纳入《外商投资法》的规制范围。

3. 外商投资的便利化与透明度原则

《外商投资法》第三条规定了便利化原则与透明度原则。便利化原则和透明度原则是近年国际贸易法中出现的新标准，《外商投资法》将该标准运用到投资法领域，意义重大。《外商投资法》第十一条，"国家建立健全外商投资服务体系"就体现出便利化原则。《外商投资法》第十条，"与外商投资有关的规范性文件、裁判文书等，应当依法及时公布"体现出透明度原则。而"外资三法"并无此类事项的有关规定，其关于外资企业的构建管理等内容已经被《公司法》《合伙企业法》等内容取代。

4. 投资促进和保护原则

作为新形势下的对外开放基本法，《外商投资法》分别用专章的形式规定并强调了投资促进和投资保护。其中，关于保护知识产权、不得强制技术转让以及外商投资企业平等参与政府采购、平等参与标准制定工作等内容更是以积极的方式回应了社会各界的诉求。

（四）立法结构与内在逻辑

《外商投资法》共分为6章，包括总则、投资促进、投资保护、投资管理、法律责任、附则。从立法结构来看，各部分内容属于逻辑递进关系。其中投资促进、投资保护、投资管理属于本法的核心章节，也是本法立法亮点的集中体现。

本法第二章确立了外商投资促进制度，主要体现在以下五个方面：其一，确立了准入前国民待遇加负面清单管理制度；其二，重视提高外商投资政策的透明度；其三，保障外商投资企业平等参与市场竞争；其四，提高外商投资服务水平；其五，鼓励和引导外商依法依规投资。

第三章确立了外商投资保护制度。《外商投资法》总则规定，国家依法保护外国投资者在中国境内的投资、收益和其他合法权益。以总则规定为基础设立"投资保护"专章，体现了我国对保护外商投资者权益的重视。第三章从加强外商投资企业的产权保护、约束有关外商投资规范性文件的制定、督促地方政府守约践诺、完善外商投资企业投诉工作机制四个方面进行详细规定，向外商投资提供了法治保障。

第四章确立了外商投资管理制度。为加强对外商投资的管理，《外商投资法》从四个方面作了规定：其一，落实外商投资负面清单管理制度；其二，明确外商投资项目的核准、备案制度；其三，国家建立外商投资信息报告制度；其四，确立外商投资安全审查制度。

二 法律知识要点

（一）基本概念

1. 外商投资

根据《外商投资法》第二条规定，外商投资是指外国的自然人、企业或者其他组织直接或间接在中国境内进行的投资活动，包括以下四种类型：其一，外国投资者单独或与其他投资者共同在中国境内设立外商投资企业；其二，外国投资者取得中国境内企业的股份、股权、财产份额或者其他类似权益；其三，外国投资者单独或与其他投资者共同在中国境内投资新建项目；其四，法律、行政法规或者国务院规定的其他方式的投资。例如我国金融行业存在特殊性，需要国家另行规定。

因此外商投资需要满足以下要件：其一，外商投资必须是外国投资者进行的投资，外国投资者包括外国的自然人、企业或者其他组织，可以是自然人、法人或非法人组织，可以是经营性组织也可以是非经营性组织。其二，投资行为必须在中国境内，在中国境外的投资不受本法规制。其三，其行为必须满足属于投资行为，即以营利为目的的行为，不以营利为目的行为则不受本法规制。

2. 外商投资者

外商投资者，即外商投资主体，包括外国自然人、外国企业或其他组织、港澳特别行政区投资者、台湾地区投资者、定居国外的中国公民、中国境内公民和企业。《外商投资法》明确规定，外商投资者应当尊重中华人民共和国的法律法规，履行税收义务，保护环境，尊重知识产权等。

需要注意的是，虽然《外商投资法》在主体设置中并未提及港澳台投资者，因此就立法设置来看港澳台投资者不属于外商，但在实践中，港澳台的投资是参照《外商投资法》进行的，以发挥港澳作为单独关税区和自由港的经济作用，并促进台湾同胞的经济发展。

3. 国民待遇

国民待遇，又称平等待遇，是指一国给予外国人和本国人以相同的待遇。在投资领域，国民待遇的适用范围按投资阶段可以分为准入前国民待遇（或准入阶段国民待遇）和准入后国民待遇。

4. 准入前国民待遇

准入前国民待遇是指在企业设立、取得、扩大等阶段给予外国投资者及其投资不低于本国投资者及其投资的待遇。准入前国民待遇的实质是外商投资的一种管理模式，它要求在外资进入阶段给予其国民待遇，要求引资国应就外资进入给予外资不低于内资的待遇。准入前国民待遇通常与负面清单制度相结合。当前，准入前国民待遇加负面清单管理模式已逐步演变为国际惯常做法，但这一模式的适用并不是绝对的，也有例外。

5. 负面清单

负面清单一般又称负面清单管理模式，是指一个国家在引进外资的过程中，对某些与国民待遇不符的管理措施，以清单形式公开列明，在一些实行对外资最惠国待遇的国家，有关这方面的要求也以清单形式公开列明。通俗来说，即政府以清单形式规定哪些经济领域不对外开放，除了清单上的列举领域，其他行业、领域和经济活动都应许可。这种模式的好处是让外资企业可以对照清单实行自检，对其中不符合要求的部分事先进行整改，从而提高外资进入的效率。当前，世界大多数国家均针对外商投资实行负面清单管理模式，少有在国内市场推行市场准入负面清单的尝试，而我国将负面清单管理模式从外资引入内资市场准入领域，是市场准入制度的重大突破。

6. 市场准入负面清单制度

市场准入负面清单制度，是指国务院以清单方式明确列出在中华人民共和国境内禁止和限制投资经营的行业、领域、业务等，各级政府依法采取相应管理措施的一系列制度安排。市场准入负面清单以外的行业、领域、业务等，各类市场主体皆可依法平等进入。

7. 外商投资国家安全审查制度

外商投资国家安全审查制度是指通过专门机构对外商投资进行审查，对影响或可能影响国家安全的外商投资予以限制或禁止，该制度也是当前西方发达国家和地区普遍建立的外资管理制度。这一制度的核心是平衡国家安全和外资市场开放之间的关系。如果不能全面有效防范外资流入引发的国家安全风险，东道主的国家安全和根本利益将受到严重损害。2020年12月19日，国家发展改革委、商务部联合发布《外商投资安全审查办法》，初步建立了统一的外商投资国家安全审查的制度框架，但规定设置较为原则，需要进一步明确并细化。

8. 知识产权

知识产权是基于创造成果和工商标记依法产生的权利的统称。著作权、专利权和商标权是三种最主要的知识产权。

2021年1月1日实施的《民法典》第一百二十三条规定："民事主体依法享有知识产权。知识产权是权利人依法就下列客体享有的专有的权利：（一）作品；（二）发明、实用新型、外观设计；（三）商标；（四）地理标志；（五）商业秘密；（六）集成电路布图设计；（七）植物新品种；（八）法律规定的其他客体。"

（二）立法亮点与重点要求

1. 首次规定了准入前国民待遇和负面清单

"外资三法"确立的"一事一批""层层审批"的投资规定和《外商投资准入产业指导目录》"正面清单"，大大增加了外国投资者来我国进行投资的难度，造成内外资差别待遇、外资企业"超国民待遇"等问题。因此，《外商投资法》确立了准入前国民待遇加负面清单管理制度，与之前上海自贸区等地区所实行的规定接轨，这是我国外商投资管理体制的根本性变革。我国对外商投资者实行准入前国民待遇加负面清单管理制度，对于禁止和限制外国投资者投资的领域，以清单方式明确列出，清单之外充分开放，以保证中外投资者享有同等待遇。《外商投资法》从根本上摒弃了"外资三法"逐案审批制度，通过负面清单的方式将针对外商投资企业的监督转移到事中、事后，从而激发外商投资企业的效率，使外资企业能够公平地进入市场竞争。

该制度的另一方面重要含义是，这是中国在市场开放上作出的重大承诺。中国最新版的负面清单只有31条，其中所列举事项均涉及国民经济关键领域和国家安全，对于外资准入的行业限制已经大幅缩减，体现了《外商投资法》的价值突破。

2. 规定外汇自由汇入、汇出

《外商投资法》第二十一条规定，外商投资者具有外汇自由汇入、汇出的权利。这一规定为外商投资者和外商投资企业提供了资金流动的便利，激发其来华投资的积极性。

3. 注重保护商业秘密

《外商投资法》第二十三条规定了行政机关及其工作人员负有的保护外商投资者商业秘密的义务。该条主要规范公权力机关及其人员的行为，保护外商投资者、外资企业的重要权益，体现我国对保护商业秘密的关注。

4. 强调知识产权的保护

《外商投资法》第二十二条明确规定："国家保护外国投资者和外商投资企业的知识产权，保护知识产权权利人和相关权利人的合法权益；对知识产权侵权行为，严格依法追究法律责任。"同时规定了各级政府"不得利用行政手段强制转让技术"。这一规定是在综合审视我国技术发展现状下提出的，当前我国经济处于高速发展过程，对技术的需求极为迫切，但国际社会还未形成具有现实意义上的国际技术转让多边规则。这一情形容易促使行政机关借助外国资本进入的机会，提出技术转让要求，造成损害外国投资者知识产权的结果。为了避免这一后果，我国从保障外国投资者权益视角出发，规定行政机关及其工作人员不得利用行政手段强制转让技术，这不但解决了外商对我国投资需求的担忧，还能吸引更多外商对我国进行投资，更表明了国家保护外资知识产权的坚定态度。

5. 要求政府履行承诺及合同

《外商投资法》第二十五条规定，地方各级人民政府及其有关部门应当履行向外国投资者、外商投资企业依法作出的政策承诺以及依法订立的各类合同。该规定体现了对我国政府履行"诚实信用原则"的要求，着重强调政策承诺和订立合同的履行，用以保障外商投资者、外资企业的利益不受公权力机关的损害。

6. 保障外商投资企业平等参与市场竞争

《外商投资法》中有4次出现"公平"一词，5次出现"平等"一词，可见对于公平和平等的深度关注。《外商投资法》第九条、第十五条、第十六条、第十七条等赋予了外商投资企业与国内其他企业一样享受国家支持发展的各项政策、参与企业标准制定、公平参与政府采购活动竞争等权利，允许外商投资企业与其他企业一样通过公开发行股票、债券等证券进行融资的政策，保障了外商投资企业在市场竞争中与其他企业平等的地位，体现了外商投资企业平等参与、内外资规则一致的精神。公平竞争问题是外资企业进入中国市场后最为关心的问题，《外商投资法》的出台能够推动外商投资企业的发展，进而带动国内企业优化自身结构，促进企业的转型升级。

7. 建立外商投资信息报告制度

《外商投资法》第三十四条规定："国家建立外商投资信息报告制度。"该制度有利于监管外资企业生产经营行为，不仅能够方便外国投资者进行业务处理，还能使我国有效监督外国投资者的各项投资行为，将违法犯罪行为防患于未然，保障我国国内经济安全与国家安全。

8. 建立外商投资安全审查制度

《外商投资法》建立了外商投资安全审查制度，以保障国内市场安全、国家安全。外来投资带给东道国的不一定都是福音，有时也会对国家安全带来威胁。出于这一考虑，《外商投资法》第三十五条规定："国家建立外商投资安全审查制度，对影响或者可能影响国家安全的外商投资进行安全审查。"在《外商投资法》对于外资准入和待遇大大放宽标准的同时，也需建立相应的安全审查制度来防止外资企业进入我国市场后对我国国内市场安全、国家安全造成的威胁。

9. 首次引入国际法中的反制措施

《外商投资法》第四十条规定："任何国家或者地区在投资方面对中华人民共和国采取歧视性的禁止、限制或者其他类似措施的，中华人民共和国可以根据实际情况对该国家或者该地区采取相应的措施。"这是我国首次在《外商投资法》中引入反制措施，目的是对我国采取歧视性禁止和限制等措施的国家给予适当的回应，有效维护我国国际投资领域的合法权益，捍卫我国自身利益。

由此可知，《外商投资法》的主基调是积极扩大对外开放和促进外商投资，重点确立的也是外商投资准入、促进、保护和管理等方面的基本制度框架和规则，其立法亮点及重要内容是"促进、保护外商投资"立法理念的有力佐证。

三 常见法律问题

（一）外商投资的形式有哪些？

外商投资的形式可以分为直接投资和间接投资两类。直接投资包含新设公司（绿地投资）、并购中国境内企业的股权、投资新建项目；间接投资则包含债权投资（认购债券）、项目投资（BOT）、协议控制、代持、信托、境外交易、租赁等。对于外国投资者在依照中国法律设立的企业在中国再投资的，一般仍认定为外商投资形式。

（二）外商投资者可以投资所有形态的企业吗？

我国《外商投资法》没有对外商所要投资的企业形态作出限定。一个国家对外国投资者在投资企业形态上放宽到何种程度，取决于这个国家的经济发展水平和法律传统。就国际经验而言，通常借助负面清单或者在法律中予以明确。我国最新负面清单《外商投资准入特别管理措施（负面清单）（2021年版）》明确规定，"境外投资者不得作为个体工商户、个人独资企业投资人、农民专业合作社成员，从事投资经营活动"。这一规定源于我国在个体工商户、个人独资企业、农业合作社领域的特殊国情背景。事实上，对投资形态的适当限制也并不影响外国投资者在中国市场的待遇，更不能称作市场准入的障碍。

（三）外商投资与外商投资企业的区别是什么？

通过立法对比，相较"外资三法"，《外商投资法》的名称已将外商投资企业改为外商投资。《外商投资法》第二条在对外商投资作出有关规定的基础上，进一步明确了外商投资企业的概念，即全部或者部分由外国投资者投资，依照中国法律在中国境内经登记注册设立的企业。这一更改证明我国立法者已经对外商投资和外商投资企业的法律概念作出了区分，主要体现在以下方面：

第一，《外商投资法》的规制重点发生转变。其重心已从规制外商投资企业转变为规制外商投资行为。

第二，外商投资企业是外商投资的直接结果和主要形式。外商投资较外商投资企业内涵更为丰富，形式更为多样。外商投资既可以选择投资企业，也可以采取项目合作或者投资知识产权、财产权益等形式，但不管是并购还是新设投资，最终形成外商投资企业还是外商投资的主流和主要形式。国际上，绝大部分外商投资以外商投资企业为主，但外商投资企业并不是外商投资的全部。

第三，《外商投资法》充分吸收借鉴了国际投资的通行做法。通过引入"外商投资"概念，拓宽了外商投资的形式和形态，这是我国继2016年实行外商投资负面清单管理以来的又一重大体制创新。外商投资法律规制重点转向外商投资行为符合国际规制趋势。《2012年美国双边投资协定范本》明确外商投资是指投资者直接或间接拥有或控制的具有投资特征的任何资产，其中投资特征包括资本或其他资源的投入、收益或利润的预期或风险的承担。投资的形式包括：企业，企业的股份、股票或其他形式的参股，知识产权等。可见外商投资概念已成为相关立法的切入点。

（四）《外商投资法》的基本价值取向是什么？

《外商投资法》第三条规定："国家坚持对外开放的基本国策，鼓励外国投资者依法在中国境内投资。"这体现出《外商投资法》"建立和完善外商投资促进机制，营造稳定、透明、可预期和公平竞争的市场环境"的基本价值取向，以及"投资促进和保护为主"的立法价值。

（五）哪些部门应对外商投资的管理负责？

《外商投资法》第七条规定："国务院商务主管部门、投资主管部门按照职责分工，开展外商投资促进、保护和管理工作；国务院其他有关部门在各自职责范围内，负责外商投资促进、保护和管理的相关工作。县级以上地方人民政府有关部门依照法律法规和本级人民政府确定的职责分工，开展外商投资促进、保护和管理工作。"根据法律条文可知，有关外商投资的工作主要由国务院商务主管部门、投资主管部门负责，国务院其他部门、县级及以上人民政府及其有关部门各司其职。

但考虑到我国目前没有法律意义的外商投资主管部门，在中央层面，外商投资促进、保护和管理主要由商务部和国家发展改革委负责。此外，国务院其他部门诸如卫生健康、工信、文化等部门应在各自的领域负责外商投资促进、保护和管理工作。这说明我国目前的管理模式较为分散，建立的是一种以商务、投资主管部门为基础，以有关领域分管部门为支撑的相对分散的外商投资管理模式，有利于降低二次审批和多头管理的制度成本。

此外，立法还进一步明确了县级以上人民政府在外商投资领域的管理职责，突破了传统立法中针对外商投资只能由国务院或国务院授权省级人民政府进行管理的制度安排，一定程度上缓解了中央监管的压力。

（六）《外商投资法》施行后，外商投资者来华投资有什么变化？

施行前，外商投资需要经过外商投资企业设立审批（包括企业合同章程审批、经营活动审批等流程），就投资项目进行核准、备案，经过行业许可（确定不是在禁止投资领域进行投资），进行企业注册登记。

施行后，不需要经过专门审批，只要满足所投资行业不在负面清单之内，就可以进行企业的注册登记。

由此可知，《外商投资法》大大简化了外商投资流程，符合促进外商投资的立法要义。

（七）境内主体通过成立境外投资主体，再以该境外主体在中国投资（返程投资项目）是否属于外商投资，是否适用国家对外商投资的有关规定？

《外商投资准入特别管理措施（负面清单）(2021年版)》明确了境内公司、企业或自然人以其在境外合法设立或控制的公司并购与其有关联关系的境内公司，按照外商投资、境外投资、外汇管理等有关规定办理。因此，对于返程投资仍应作为外商投资对待，根据负面清单，判断有关返程投资项目是否属于负面清单禁止或者限制投资的项目。

此外，由于《外商投资法》第十四条规定，"国家根据国民经济和社会发展需要，鼓励和引导外国投资者在特定行业、领域、地区投资。外国投资者、外商投资企业可以依照法律、行政法规或者国务院的规定享受优惠待遇"，以及《外商投资法实施条例》第十二条规定，"外国投资者、外商投资企业可以依照法律、行政法规或者国务院的规定，享受财政、税收、金融、用地等方面的优惠待遇"，因此返程投资情形还会涉及是否可以按照外商投资享受优惠待遇的判断问题。在实践中，判断公司是否为外商投资企业，通常会根据出资来源地原则进行判断，而与股东（实际控制人）的国籍无关。通俗而言，就是看通过返程投资的入境资金的最终来源地，如果有不低于25%的出资资金是最终来源于境外的，则认定为外商投资。不过，事实上在判断一家返程投资的企业是否应按照外资企业标准对待的问题上，各地有关政府部门还存在不同的判断标准。

循环经济促进法

第八讲
CHAPTER 8

CHAPTER 8

第八讲　循环经济促进法

扫码查阅法律

- 法律概述
  - 立法（修法）背景和过程
  - 立法目的和任务
    - 提高资源利用效率
    - 保护和改善环境
    - 实现可持续发展
  - 立法基本原则
    - 3R原则：减量化、再利用、再循环
    - 生态安全原则
    - 产业升级和市场机制原则
    - 责任分担原则
  - 立法结构
- 法律知识要点
  - 基本概念
    - 减量化
    - 再利用
    - 资源化
    - 循环经济
  - 重点要求
    - 政府责任
    - 优先减量化
    - 再利用和资源化
    - 激励促进措施
    - 法律责任
- 常见法律问题
  - 循环经济与"双碳"目标有什么关系？
  - 如何看待"商品过度包装"问题？

一 法律概述

（一）立法（修法）背景和过程

1. 立法背景

20世纪80年代，人们认识到采用资源化方式处理废弃物的重要性。20世纪90年代，可持续发展战略成为世界潮流，环境保护、清洁生产、绿色消费和废弃物再生利用等被整合为一种经济发展模式，有一些国家开始了废弃物循环利用立法的实践。此外，气候变化问题受到世界各国的广泛关注，促使各国在"物质循环利用，废弃物良性利用"方面作出了更多的努力和实践。

20世纪80年代以来，我国经济持续高速增长，但是经济发展与资源环境的矛盾也日趋尖锐，产生了资源短缺、环境污染、生态退化等一系列问题。根据国家发展改革委统计，新中国成立50年期间，我国的GDP增长了10多倍，而矿产等资源的消耗增长了40多倍，出现经济增长与资源消耗、环境污染非正比例增长的情况。如果继续沿用粗放型的经济增长方式，资源将难以为继，环境将不堪重负。2002年，全国660个建制市产生生活垃圾1.36亿吨，集中处理率为54%，仍有6200万吨未经任何处理，其中垃圾无害处理率不足20%。2004年全国工业固体废弃物排放量1941万吨，其中有3000吨的危险废弃物未经任何处置排入环境，另外每年还有近2600万吨的工业固体废弃物被置于储存状态，没有得到妥当处置。同时，资源短缺问题也在制约着我国发展，2004年约50%的铁矿石和氧化铝、60%的铜资源、40%的原油依靠进口。

2002年以来，国内学者开始大量介绍循环经济的有关内容，广泛召开循环经济研讨会。倡导学习生态运动理念，建立人为生产的园区产业链（上个园区的废料作为下个园区的原料）。3R、4R等理论相继被提出，3R指减量化（reduce）、再利用（reuse）、再循环（recycle），4R则是在3R的基础上加入了"再思考"（rethink）。经过这一时间段，我国在循环经济方面普遍确定了实现减量化、资源化、再利用等核心思想。

2005年3月，中央人口资源环境工作座谈会明确提出要加快制定循环经济促进法；同年，全国人大常委会决定将制定循环经济法列入立法计划；党的十七大报告明确提出了"循环经济形成较大规模"的要求。经过多年努力，《循环经济促进法》于2008年8月通过，于2009年1月1日起施行。

2. 修法背景

一方面，在《循环经济促进法》制定时，我国发展循环经济尚处于起步阶段，缺少实践基础，许多规定是方向性、原则性、指导性的内容，不够明确具体。自《循环经济促进法》出台实施以来，我国循环经济快速发展，探索的许多好的做法，如重点工业行业循环经济模式、工农复合循环经济模式、再制造、重点行业协同资源化处理废弃物等，都需要明确的法律规范。

另一方面，在制定该法的过程中，没有明确配套法规的制定要求，导致相应的配套法规不健全不完善，使该法的许多规定落地难、执行难。部分条款存在责任主体不明确、规定的执法主体没有执法条件、罚则笼统，导致在实际执行中效果不理想。个别条款规定的内容已经完成历史使命，也需要及时进行删除。同时，《循环经济促进法》与《清洁生产促进法》《节约能源法》《固体废物污染环境防治法》也需要衔接一致，避免法律规定交叉重复和出现漏洞。

总体来看，《循环经济促进法》发挥了历史性的作用，为深入贯彻落实党中央、国务院关于碳达峰、碳中和的重大决策部署，推动落实《"十四五"循环经济发展规划》有关要求，在新的历史时期有必要对该法进行修订。

3. 立法（修法）过程

1987—1988年，国务院有关部门开始研究资源综合利用的立法问题，并开始起草草案。1996年，国务院计划委员会将《资源综合利用法（草案）》报送国务院，但因各方对其存在不同观点而被搁置。20世纪末期，全国人大环境与资源保护委员会受国外清洁生产立法的影响，开始探讨制定清洁生产法律的有关问题。1988年，根据第九届全国人大常委会立法规划，环境与资源保护委员会成立《清洁生产促进法》起草领导小组，经3年多时间，形成草案并向全国人大常委会提案。2002年6月29日，《清洁生产促进法》经第九届全国人大常委会第二十八次会议审议通过，于2003年1月正式施行。

2002年以来，一些发达国家研究废弃物再利用和资源循环利用。受其影响，国内学者提出了将清洁生产和资源综合利用一并考虑，发展循环经济，并开展立法工作的建议。2005年，根据全国人大常委会立法规划，环境与资源保护委员会成立《循环经济促进法》起草领导小组，正式启动《循环经济促进法》立法工作。2008年8月《循环经济促进法》经第十一届全国人大常委会第四次会议审议通过，并于2009

年1月1日起正式施行。

2018年10月26日，第十三届全国人大常委会第六次会议通过《关于修改〈中华人民共和国野生动物保护法〉等十五部法律的决定》，对该法进行修正。2021年9月，国家发展改革委曾向社会公开征求《循环经济促进法》修订意见和建议，着手为这部立法修订作准备。

（二）立法目的和任务

《循环经济促进法》第一条开宗明义指出，本法立法目的在于以尽可能少的资源消耗和尽可能小的环境代价，取得最大的经济产出和最少的废物排放，实现经济、环境和社会效益相统一，建设资源节约型和环境友好型社会。具体来讲，包括以下三项内容。

第一，提高资源利用效率，用尽可能少的资源去创造尽可能大的经济效益，满足最大需求，这是循环经济立法的直接目的。

第二，保护和改善环境，通过源头消减、过程控制、末端治理缓解现实环境压力。

第三，实现可持续发展，这是循环经济立法的更高目的。循环经济在深层次上强调的是既能满足人们消费需求，又能控制资源的消费，同时满足人们不断增长的生态和生活环境需求，最终建立环境负荷小但能持续发展的社会。

（三）立法基本原则

1. 3R原则：减量化、再利用、再循环

减量化原则是以资源投入最小化为目标，针对产业链的输入端——物质资源，要求人们通过较少的资源投入来达到既定的生产目

的或消费目的。要求制造商通过优化设计、优化制造工艺等具体的方法来减少产品的物质使用量，或以替代性的可再生资源为循环经济活动的投入主体，以期尽可能地减少进入生产和消费过程的物质流量和能源流量，并且对废弃物的产生排放实行总量控制。

再利用原则的目的是延长某种产品的服务寿命，要求人们尽可能多次以及尽可能通过多种方式使用物品，以减少资源使用量和污染排放量。

再循环原则是指废弃物的资源化，针对产业链的输出端——废弃物，要求在实施循环经济的过程中重视产品的再循环处理，以减少经济活动对资源的消耗和最终填埋、焚烧的垃圾数量。

2. 生态安全原则

生态安全是指人们在进行经济活动的过程中，应当保护自然生态系统及其中的自然资源，使自然资源能够继续存在和保持不断再生的能力。生态安全具体而言至少应当包括以下几个主要方面的内容：一是国土资源的质量、数量和结构处于有效供给状态。二是有充足的水资源满足各种需求。三是大气质量处于不造成威胁和伤害的水平，或者维持在可接受的水平。四是保证物种多样性、遗传多样性和生态系统多样性，以使得自然界生物与环境之间的生态过程达到一种平衡的状态。五是杜绝生产被化肥、农药、添加剂、工业原料等污染的有害产品，食品中不存在危害人体健康的化学物质。

生态安全在战略层面的意义上包括两层基本含义：一方面是防止引发人民群众不满的一些环境问题，特别要防止引起大量环境难民的产生，从而影响整个社会稳定的环境问题；另一方面是防止对国家经济基础构成威胁的自然生态环境退化，主要指由于自然资源的减少和环境质量状况的退化削弱了经济可持续发展的支撑能力。

3. 产业升级和市场机制原则

法律鼓励企业实施绿色生产、绿色设计和绿色创新，促进产业结构的升级和创新发展，并支持市场机制介入循环经济的发展过程中，鼓励创新和竞争，以推动循环经济领域企业技术的革新与发展。

4. 责任分担原则

第一，生产者责任。在循环经济立法体系中，所谓"生产者责任制"原则就是确定生产者对其所生产的产品的终端环境责任负责的一种立法责任原则。

第二，消费者责任。要达到循环经济法的立法目标，仅有"生产者责任制"原则是远远不够的，生产者、消费者和国家都应该承担起相应的环境责任。

第三，政府责任。政府责任是指在循环经济发展中政府应该为一国循环经济发展所产生的终端环境承担一定责任，起到规范和引导作用。这包括两个方面：一是指循环经济发展中的终端环境责任应当由国家担负；二是指该国经济向循环经济的方向发展应该由国家有效地引导。

（四）立法结构

《循环经济促进法》无论在结构还是内容上，都属于行政法范畴，体现出行政法的特征，其结构与行政法相同，包括总则、分则、罚则和附则四个部分。

1. 总则

总则包括六大部分，分别为立法目的、基本概念、基本原则、主要制度、管理体制、基本权利义务，共计11条。这里仅介绍几项重点内容。

（1）关于基本概念

《循环经济促进法》首先规定了本法相关的基本概念，如循环经济、减量化、再利用、资源化等，通过概念明晰为后续法条的展开奠定基础。

（2）关于原则和方针

《循环经济促进法》的原则包括：统筹规划（规划优先）、合理布局，因地制宜、注重实效，政府推动、市场引导、企业实施、公众参与，技术可行、经济合理，有利于节约资源、保护环境，减量化优先，保障生产安全、保证产品质量符合国家规定标准、防止产生再次污染。以上内容既为原则，也可算作方针，体现了这部法律以引导性规范为主的特征，具有一定的原则性和抽象性。

（3）关于管理体制

《循环经济促进法》在管理体制的规范上，仍然坚持了我国近年来环境类法律所体现的统一管理与分部门管理相结合的特征。统一管理的部门是国务院循环经济发展综合管理部门，负责组织协调、监督管理全国循环经济发展工作；县级以上地方人民政府循环经济发展综合管理部门负责组织协调、监督管理本行政区域的循环经济发展工作。分部门管理则体现为国务院与环境保护相关的主管部门和县级以上地方人民政府与环境保护相关的主管部门按照各自的职责负责有关循环经济的监督管理工作。循环经济的大力推进是一项综合性的系统工程，需要部门之间协调配合才能顺利实现。

（4）关于"公众参与"的规定

《循环经济促进法》明确，"公民应当增强节约资源和保护环境意识,合理消费,节约资源","有权举报浪费资源,破坏环境的行为"。此外,这部法律对有关公民权利义务的规定有了新的突破,作出了"公众参与"的规定,即公民"有权了解政府发展循环经济的信息并提出意见和建议"。

2. 分则

分则部分主要涵盖了《循环经济促进法》的制度内容,包括四章,即第二章基本管理制度、第三章减量化、第四章再利用和资源化、第五章激励措施,共计37条。这些内容构成《循环经济促进法》的核心,也体现了这部法律的特征。

(1)规划制度

循环经济发展规划是国家对循环经济发展目标、重点任务和保障措施等进行安排和部署的指导性文件。《循环经济促进法》规定,国务院循环经济发展综合管理部门会同国务院环境保护等有关主管部门编制全国循环经济发展规划;设区的市级以上地方人民政府循环经济发展综合管理部门会同本级人民政府环境保护等有关主管部门编制本行政区域循环经济发展规划。全国循环经济发展规划报国务院批准后公布施行;设区的市级以上地方的循环经济发展规划报本级人民政府批准后公布施行。

(2)总量控制制度

当前一些地方将经济增长建立在过度资源消耗和污染环境的基础上,违背了可持续发展的要求。针对这种情况,在《水污染防治法》《大气污染防治法》《土地管理法》《水法》等法律相关规定的基础上,《循环经济促进法》规定,县级以上地方人民政府应当依据上级人民政府下达的本行政区域主要污染物排放、建设用地和用水总量控制指标,规划和调整本行政区域的产业结构，促进循环经济发展；新建、改建、扩建建设项目，必须符合本行政区域主要污染物排放、建设用地和用水总量控制指标的要求。

（3）建立和完善循环经济评价指标体系

循环经济评价指标体系是对区域社会、经济、生态环境系统协调发展状况进行综合评价的依据和标准。2007年6月，国家发展改革委、国家统计局、国家环保总局联合发布了《关于印发循环经济评价指标体系的通知》，确定了对发展循环经济起关键作用的资源产出、资源消耗、资源综合利用、废物排放等方面的指标。为进一步强化政府发展循环经济的责任，《循环经济促进法》规定，国务院循环经济发展综合管理部门会同国务院统计、环境保护等有关主管部门建立和完善循环经济评价指标体系。上级人民政府根据规定的循环经济主要评价指标，对下级人民政府发展循环经济的状况定期进行考核，并将主要评价指标完成情况作为对地方人民政府及其负责人考核评价的内容。

（4）生产者责任延伸制

在传统的法律领域，产品的生产者只对产品本身的质量承担责任。生产者责任延伸制度就是将生产者单纯的产品质量责任依法延伸到产品废弃后的回收、利用、处置环节，相应对其产品设计和原材料选用等提出更高的要求。对此，《循环经济促进法》作了原则规定。

（5）重点企业管理制度

为保证节能减排任务的落实，对重点行业的高耗能、高耗水企业进行监督管理十分必要。《循环经济促进法》规定，国家对钢铁、有色金属、煤炭、电力、石油加工、化工、建材、建筑、造纸、印染等行业年综合能源消费量、用水量超过国家规定总量的重点企业，实行能耗、水耗的重点监督管理制度。

（6）产业政策引导制度

该制度包括以下主要内容：一是要定期发布落后的技术、工艺、设备和产品名录；二是国家制定的产业政策要符合循环经济产业政策的要求，通过产业政策对市场准入进行进一步的指导和规范。

（7）明确关于减量化的具体要求

对于生产过程，规定了产品的生态设计制度，对工业企业的节水节油提出了基本要求，对矿业开采、建筑建材、农业生产等领域发展循环经济提出了具体要求。对于流通和消费过程，《循环经济促进法》对服务业提出了节能、节水、节材的要求；国家在保障产品安全和卫生的前提下，限制一次性消费品的生产和消费等。此外，还对政府机构提出了厉行节约、反对浪费的要求。

（8）再利用和资源化的具体要求

对于生产过程，规定了发展区域循环经济、工业固体废物综合利用、工业用水循环利用、农业综合利用以及对产业废物交换的要求。对于流通和消费过程，规定了建立健全再生资源回收体系，以及生活垃圾、污泥的资源化等具体要求。

（9）激励措施

这些措施包括：①财政措施，包括专项资金、财政性资金；②税收措施，对促进循环经济的产业活动进行税收优惠，同时利用税收措施限制耗能高、污染重的产品出口；③金融措施；④价格措施，包括限制性价格政策、垃圾排放收费制度等；⑤政府采购措施，包括财政性资金采购等。

3. 罚则和附则

（1）关于处罚种类

与其他行政类、环境类法律一样，《循环经济促进法》包括三种法律责任，即行政责任、民事责任、刑事责任。

（2）关于罚则的效力问题

《循环经济促进法》的特点是以引导性规范为主、强制性规范为辅，法律的强制性效力有限。但本法明确了一些强制性规定，共计9条（第四十九至五十七条），这是本法效力的保障，使得以引导性规范为主的促进法具有了强制性规范的特征。

（3）关于附则

附则也是《循环经济促进法》的重要组成部分，规定了本法开始施行的时间。

二 法律知识要点

（一）基本概念

1. 减量化

减量化是指在生产、流通和消费等过程中减少资源消耗和废物产生。

2. 再利用

再利用是指将废物直接作为产品或者经修复、翻新、再制造后继续作为产品使用，或者将废物的全部或者部分作为其他产品的部件予以使用。

3. 资源化

资源化是指将废物直接作为原料进行利用或者对废物进行再生利用。

4. 循环经济

本法所称循环经济主要是指通过建立"资源—产品—再生资源"和"生产—消费—再循环"的模式，有效地利用资源和保护环境。

（二）重点要求

1. 政府责任

《循环经济促进法》突出了政府在促进循环经济工作中的责任和重要作用，包括监督管理责任、产业政策和规划责任、总量调控制度责任、重点企业监督管理责任、产业结构调整责任等。同时规定，上级政府将下级政府的循环经济评价指标完成情况作为对下级政府及负责人考评的内容。

涉及的重要条款如：第五条、第十二条、第十三条、第十四条。

2. 优先减量化

我国在生产、流通和消费等过程中减少资源消耗和废物产生的潜力很大。《循环经济促进法》规定，发展循环经济应当在技术可行、经济合理和有利于节约资源、保护环境的前提下，按照减量优先的原则实施。

减量化的具体规定：有条件使用再生水的地区，限制或者禁止将自来水作为城市道路清扫、城市绿化和景观用水使用；限制"过度包装""豪华包装"；按照减少资源消耗和废物产生的要求，优先采用符合国家标准的易回收、易拆解、易降解、无毒无害或低毒低害的材料和设计方案；限制一次性消费品的生产和销售。

涉及的重要条款如：第十九条、第二十条、第二十七条、第二十八条。

3. 再利用和资源化

对于生产过程，《循环经济促进法》规定了发展区域循环经济、工业固体废物综合利用、工业用水循环利用、工业余热余压等综合利用、建筑废物综合利用、农业综合利用以及对产业废物交换的要求。对于流通和消费过程，规定了建立健全再生资源回收体系、废电器电子产品回收利用、报废机动车船回收拆解、机电产品再制造，以及生活垃圾和污泥资源化等具体要求。在废物再利用和资源化过程中，应当保障生产安全，保证产品质量符合国家规定的标准，并防止产生再次污染。

涉及的重要条款如：第二十九条、第三十条、第三十一条、第三十二条、第三十三条、第三十四条、第三十七条、第四十条、第四十一条。

4. 激励促进措施

《循环经济促进法》规定了包括发展循环经济的有关专项资金扶持、科技创新的财政支持、税收优惠、重点投资领域和金融支持、有利于循环经济发展的价格优惠措施、政府采购、表彰奖励等具体的激励内容。

涉及的重要条款如：第四十四条、第四十六条、第四十七条、第四十八条。

5. 法律责任

《循环经济促进法》明确规定了政府部门不依法履行监督管理职责的法律责任，对生产销售使用列入淘汰名录的产品、技术、工艺、设备、材料的法律责任，使用不符合国家规定的燃油发电机组或者燃油锅炉的法律责任，电网企业拒不收购资源综合利用生产的电力的法律责任，违法销售没有标识的再利用和资源化产品的法律责任等。

涉及的重要条款如：第四十九条、第五十条、第五十一条、第五十五条、第五十六条。

三 常见法律问题

（一）循环经济与"双碳"目标有什么关系？

作为全球气候治理的重要参与者与引领者，中国于2020年提出了"双碳"目标——力争2030年前实现碳达峰、2060年前实现碳中和，并相继作出了一系列重大决策部署。

实现碳中和是一场广泛而深刻的经济社会系统性变革，需要技术、资金、治理等多个维度共同发力。这不仅需要加速能源系统低碳转型、着力提升能效水平，还需要以发展循环经济为抓手，提高资源利用效率和再生资源利用水平，促进经济社会发展的全面绿色转型。

"双碳"目标反映了循环经济在新时代的本质特征和基本要求，也为循环经济指明了新的发展方向，并且赋予其新的时代内涵。《循环经济促进法》在修订时，应对此有所回应。

（二）如何看待"商品过度包装"问题？

对于"商品过度包装"，网上通俗解释是：包装的耗材过多、分量过重、体积过大、成本过高、装潢过于华丽。

我国《循环经济促进法》《清洁生产促进法》《固体废物污染环境防治法》等一系列法律法规对包装减量化、包装废弃物回收循环利用等作出了明确规定。《循环经济促进法》第十九条规定，设计产品包装物应当执行产品包装标准，防止过度包装造成资源浪费和环境污染。《清洁生产促进法》第二十条规定，企业应当对产品进行合理包装，减少包装材料的过度使用和包装性废物的产生。2020年修订实施的《固体废物污染环境防治法》第六十八条规定，产品和包装物的设计、制造，应当遵守国家有关清洁生产的规定。生产经营者应当遵守限制商品过度包装的强制性标准，避免过度包装。电子商务、快递、外卖等行业应当优先采用可重复使用、易回收利用的包装物，优化物品包装，减少包装物的使用，并积极回收利用包装物。同时，该法还明确了相关违法行为的法律责任和相应处罚。

中小企业促进法

第九讲
CHAPTER 9

CHAPTER 9

第九讲　中小企业促进法

扫码查阅法律

```
法律概述
├── 立法（修法）背景和过程
├── 立法目的和任务
│   ├── 推动政府简政放权，激发中小企业创业创新活力
│   ├── 推动经济转型升级，提升中小企业发展质量
│   ├── 促进实体经济发展，保障中小企业健康成长
│   └── 营造公平市场环境，保护中小企业合法权益
├── 立法基本原则
│   ├── 保护中小企业合法权益
│   ├── 积极扶持中小企业创业和发展
│   └── 大力推进中小企业技术创新
└── 立法结构与内在逻辑

法律知识要点
├── 进一步明确法律贯彻落实责任主体
├── 进一步规范财税支持相关政策
├── 进一步完善融资促进相关措施
├── 重视保护中小企业财产权等合法权益
├── 以"创新支持"为重要内容
├── 为提升中小企业创新水平提供法律保障
├── 单设"融资促进"一章，破解融资难题
└── 为中小企业营造公平竞争的市场环境

常见法律问题
├── 什么是中小企业？如何解决规模认定中存在的争议？
├── 《中小企业促进法》对中小企业创新提出哪几个方面鼓励？
├── 如何保障中小企业在市场竞争中的权益？
├── 除了《中小企业促进法》，国家还出台了哪些重要的配套措施支持中小企业发展？
└── 《中小企业促进法》如何响应"走出去"战略，助力中小企业国际化市场拓展？
```

一 法律概述

2003年1月1日,《中小企业促进法》正式施行,标志着我国促进中小企业发展的事业开始走上规范化和法制化的轨道。2018年1月1日,新修订的《中小企业促进法》开始实施。《中小企业促进法》实施20年来,有效地改善了中小企业经营环境,促进了中小企业持续健康发展。

支持中小企业创新是新修订的《中小企业促进法》的重要内容。新修订的《中小企业促进法》将"技术创新"章节修改为"创新支持",在原法鼓励中小企业技术和产品创新的基础上,增加了管理模式和商业模式创新等,使创新的内涵更加丰富,并且增加了很多新内容,将行之有效的创新政策纳入法律修订中,支持中小企业提高创新能力和水平。

(一)立法(修法)背景和过程

当前,我国发展仍处于重要战略机遇期,前景十分光明,但挑战也十分严峻。一方面,当前我国经济恢复的基础尚不牢固,需求收缩、供给冲击、预期转弱三重压力仍然较大,加之各类瓶颈问题突出,我国制造业发展面临重大挑战。为尽快破除这些困境,必须坚持不懈推动落实创新驱动发展战略,持续优化创新机制,努力实现科技自立自强。另一方面,外部环境动荡不安,给我国经济带来的影响加深。当前国际形势正在发生深刻复杂的变化,国际经济、政治、军事冲突不断,全球化遭遇逆流,全球产业链供应链遭遇重大冲击。美国政府为了维护自身科技垄断和霸权地位,对我国进行针对性打击的意图明显,给我国中小企业创新发展带来新的风险和挑战。

1. 完善法制,与时俱进

2002年颁布的《中小企业促进法》,从资金支持、创业扶持、技术创新、市场开拓、社会服务五个方面规定了支持中小企业发展的法律措施,肯定了中小企业在我国社会主义市场经济发展中的重要地位,明确了各级政府在促进和引导中小企业发展工作中的义务和职责。自此,以《中小企业促进法》为基础,构建具有中国特色、支持中小企业发展、保护中小企业合法权益的法律法规体系的步伐逐渐加快。

2005年,国务院印发《关于鼓励支持和引导个体私营等非公有制经济发展的若干意见》,全面系统地提出了推进非公有制经济发展的36条政策规定,通称"非公经济36条";2009年,国务院印发《关于进一步促进中小企业发展的若干意见》,提出了营造有利于中小企业发展的良好环境、切实缓解中小企业融资困难、加大对中小企业财税扶持力度等8大方面29条具体意见。

2010年,为应对国际金融危机,国务院印发并实施《关于鼓励和引导民间投资健康发展的若干意见》,这是改革开放以来国务院出台的第一份专门针对民间投资发展、管理和调控方面的综合性政策文件,进一步明确和细化了"非公经济36条"等文件中有关放宽市场准入的政策规定,提出了鼓励民间资本进入相关行业和领域的具体范围、途径方式、政策保障等一系列政策措施,被称为"新36条"。

2011年,经国务院同意,工业和信息化部、国家统计局、国家发展改革委、财政部等四部门联合发布《中小企业划型标准规定》,首次在中小企业划型中增加"微型企业"一类,有利于明确重点,出台更有针对性的优惠政策。然而,当时的媒体报道却常用"玻璃门"一词形容中小企业的处境——看起来政策、法律东风俱齐的市场环境,却像有一道透明的"玻璃门"一样,仍有一些实在的利益让中小企业"看得见,摸不着"。

为进一步加强和改进立法工作,促进法律制度的有效实施,2012年,全国人大常委会开展了中小企业促进法有关制度立法后的评估工作。通过问卷调查等多种形式,重点关注中小企业在获取金融支持、直接融资、创办及吸纳就业等方面的总体情况、存在的问题和原因,以及相关政策措施的实施情况。彼时正值《中小企业促进法》实施10周年,中小企业政策和融资环境得到显著改善,财税和创业创新扶持力度不断增强,中小企业服务体系建设取得了阶段性成果。但同时,法律实践中的一些问题也逐渐显露出来,例如部分条款缺乏刚性约束力和可操作性,加之受到当时国际金融危机及国内经济下行压力的影响,10年前制定的法律条文在一些方面已经不能适应眼下中小企业发展的实际需要。

2013年10月,《第十二届全国人民代表大会常务委员会立法规划》将"中小企业促进法(修订)"列入一类立法项目,确定在本届人大任期内提请审议。

2014年1月,全国人大牵头成立中小企业促进法(修订)起草组,修订工作正式启动。起草组经过大量调查研究和论证,反复修改完善,形成了法律修订草案。经全国人大常委会三次分组审议和进一步修改完善,新修订的《中小企业促进法》于2017年9月1日在第十二届全国人大常委会第二十九次会议表决通过,并于2018年1月1日起施行。

2. 保驾护航，硕果累累

新修订的《中小企业促进法》正式实施后，国家层面不断完善中小企业政策法律体系的步伐并未就此停歇。党中央、国务院一直高度重视中小企业发展，近年来不断强化顶层设计，支持中小企业成长为创新重要发源地。2019年4月，中共中央办公厅、国务院办公厅印发《关于促进中小企业健康发展的指导意见》；2020年7月5日，国务院公布《保障中小企业款项支付条例》；同月，工业和信息化部联合国家发展改革委、科技部、财政部等17个部门共同印发《关于健全支持中小企业发展制度的若干意见》，释放了我国进一步加大对中小企业帮扶的信号；2021年12月，工业和信息化部会同国家发展改革委、科技部、财政部等共19个部门联合印发《"十四五"促进中小企业发展规划》，凝聚各方力量共同促进"十四五"时期中小企业发展工作的体制机制日益健全。

目前，我国已初步形成一法（《中小企业促进法》）、一标准（《中小企业划型标准规定》）、一条例（《保障中小企业款项支付条例》）、一规划（《"十四五"促进中小企业发展规划》）、N政策（《关于促进中小企业健康发展的指导意见》《关于健全中小企业发展制度的若干意见》《关于提升中小企业竞争力若干措施的通知》等）的中小企业政策法律体系。

党的十八大以来，以习近平同志为核心的党中央统筹两个大局，为中小企业发展把脉定向、谋篇布局。各地区各部门认真贯彻落实党中央、国务院的决策部署，依法推动我国中小企业高质量发展，取得了积极成效。在各项支持中小企业高质量发展的法律法规保驾护航下，新时代十年，我国中小企业呈现又快又好的发展态势，截至2022年末，全国中小微企业数量超过5200万户。

（二）立法目的和任务

《中小企业促进法》第一条规定："为了改善中小企业经营环境，保障中小企业公平参与市场竞争，维护中小企业合法权益，支持中小企业创业创新，促进中小企业健康发展，扩大城乡就业，发挥中小企业在国民经济和社会发展中的重要作用，制定本法。"《中小企业促进法》的颁布实施，为中小企业创新发展提供了难得的机遇，也为其发展提供了法律和制度保障。

1. 推动政府简政放权，激发中小企业创业创新活力

党的十八大以来，根据党中央的部署，各级人民政府不断推动简政放权、放管结合、优化服务改革向纵深发展，采取了一系列措施：大力削减行政审批事项，先后取消和下放了多项行政审批事项；深化商事制度改革，全面公布地方政府权力和责任清单，推动建立市场准入负面清单制度；对行政事业性收费、政府定价或指导价经营服务性收费、政府性基金、国家职业资格，实行目录清单管理；修改和废止不符合当前上位法规定或不适应经济社会发展的行政法规和规范性文件；创新事中事后监管方式，全面推行"双随机、一公开"监管；等等。通过这些措施，为包括中小企业在内的广大企业创业创新营造了宽松环境。修改《中小企业促进法》，正是在这一大背景下进行的。修改《中小企业促进法》，在规范行政许可事项、实现行政许可便捷化、减轻中小企业负担，简化小型微型企业税收征管程序和注销登记程序等方面作出明确规定，着力激发中小企业创业创新活力。

2. 推动经济转型升级，提升中小企业发展质量

长期以来，我国中小企业总体产业层次较低、科技水平不高，抵

御外部风险能力较弱。特别是近年来，受经济下行压力影响，中小企业普遍面临生产成本上升、盈利水平下降等问题，生存与发展的压力不断加大。为解决这些问题，国家采取措施，积极推动中小企业走"专精特新"之路：支持中小企业专业化发展，提高生产工艺、产品和服务以及市场专业化水平；支持中小企业精细化发展，用高、精、尖产品和服务赢得市场；鼓励中小企业走差异化成长道路，赢得市场竞争优势；支持中小企业特色化发展，大力发展地方特色产业；支持中小企业新颖化发展，通过技术创新、工艺创新、功能创新，实现产品和服务创新，提高核心竞争力；等等。修改《中小企业促进法》，专门规定国家支持中小企业应用互联网、云计算、大数据、人工智能等现代技术手段创新生产方式，鼓励中小企业参与产业关键共性技术研究开发，鼓励中小企业研究开发拥有自主知识产权的技术和产品等内容，目的就是推动经济转型升级，提升中小企业发展总体质量。

3. 促进实体经济发展，保障中小企业健康成长

中小企业大多从事制造业、服务业等产业，是我国实体经济的重要组成部分。促进实体经济发展，也要高度重视中小企业的健康成长。一方面要创造宽松的市场环境，实现中小企业的"铺天盖地"；另一方面也要支持中小企业"脱虚向实"，做大做强。在大力发展实体经济过程中，中小企业应当发挥重要作用，在产品品种、品质、品牌等方面攻坚发力，加快从低成本竞争优势向高质量、高适用性优势转变，增强品牌意识。为支持和鼓励实体经济和中小企业发展，国家鼓励金融机构发展普惠金融、丰富金融产品，为企业特别是中小微企业提供更好融资、避险服务。修改《中小企业促进法》，一方面根据我国中小企业实际，有针对性地规定了促进措施，为中小企业提供了宽松的发展环境；另一方面对中小企业在遵守法律法规方面也提出明确要求，规范和引导中小企业更多地从事实体经济，健康发展。

4. 营造公平市场环境，保护中小企业合法权益

改革开放以来，我国通过大力推进产权制度改革，基本形成了归属清晰、权责明确、保护严格、流转顺畅的现代产权制度和产权保护法律框架，全社会产权保护意识不断增强，保护力度不断加大。同时，现实中利用公权力侵害私有产权、违法查封扣押冻结民营企业财产等现象时有发生。要解决这些问题，必须加快完善产权保护制度，依法有效保护各种所有制经济组织和公民财产权，增强人民群众财产财富安全感，增强社会信心，形成良好预期。2016年11月4日，《中共中央国务院关于完善产权保护制度依法保护产权的意见》出台，为完善我国产权保护制度做好了顶层设计。中小企业是我国非公有制经济的重要组成部分，对其合法权益的保护是产权保护的重要方面。应当坚持权利平等、机会平等、规则平等，废除对中小企业在内的非公有制经济各种形式的不合理规定，消除各种隐性壁垒，保证各种所有制经济依法平等使用生产要素、公开公平公正参与市场竞争、同等受到法律保护、共同履行社会责任。修订后的《中小企业促进法》，明确了"三个平等"，并专章规定权益保护和相应的法律责任。

推动和指导中小企业工作，应全面贯彻落实《中小企业促进法》，从制度建设和政策体系出发，把积极优化中小企业发展的外部环境同加强企业自身竞争力建设结合起来，进一步研究出台《中小企业促进法》配套法律，加强政策措施建设，确保法律制度真正落地，让中小企业有更多"获得感"。应当切实加强组织领导，加大协调、扶持和服务的力度，完善新型举国体制，发挥好政府在关键核心技术攻关中的

组织作用，突出企业科技创新主体地位，完善科技成果转化应用机制，推动有效市场和有为政府更好结合，促进创新要素有序流动和合理配置。应当进一步推动中小企业向"专精特新"发展，扩大"专精特新"中小企业群体，完善中小企业全生命周期梯次培育体系，进一步开放市场、创新、资金、数据等要素资源，推动各类产业实体与金融政策衔接，促进金融体系与重点领域和重要产业链上下游中小企业的互动，促进更多"专精特新"中小企业融入产业链、价值链和创新链。应当探索设立中小企业创新基金，实施延续性强的跨期创新政策，加大对创业期、种子期中小企业的研发支持，对具有重大战略意义的科技创新、产品创新和模式创新企业应给予更加有力的支持，促进大众创业万众创新向纵深发展，最大限度释放全社会的创新创造潜能，促进中小企业创新发展迈上新台阶。

（三）立法基本原则

1. 保护中小企业合法权益

中小企业是市场竞争中的弱者，由于种种原因，其合法权益未得到有效保护，时常受到歧视和不公正待遇，为此，本法明确规定，国家保护中小企业及其出资人的合法权益。任何单位和个人不得侵犯中小企业财产及其合法收益，不得向中小企业非法摊派、收费和罚款。任何单位和个人不得歧视中小企业，不得对中小企业附加不平等的交易条件。

2. 积极扶持中小企业创业和发展

扶持中小企业发展是各级政府的职责，也是本法的主要内容。本法第二至第六章主要规定了在目前情况下，政府在财政、金融、税收政策和技术创新、市场开拓及建立完善社会化服务体系等方面，扶持中小企业创业和发展的措施，体现了国家的政策导向。本法对创业扶持作了专章规定，以便于中小企业的设立和成长，培育和发展具有活力的中小企业。

3. 大力推进中小企业技术创新

采用先进适用技术改造传统产业，努力提高现有中小企业的技术水平，同时大力发展科技型中小企业，对我国加速结构调整和产业升级、促进科技成果转化、鼓励民间投资等发挥了很大作用。因此，本法对技术创新的扶持政策作了专章规定。由于本法的主要内容是促进中小企业发展的措施，所以其他内容，尽管有些非常重要，如中小企业的设立、破产、权利、义务、生产经营活动的规范等，却不包括在本法规定的范围内。这些内容大部分是在其他市场主体法以及相关法律中作了规定。

（四）立法结构与内在逻辑

《中小企业促进法》自2018年施行以来，明确了国家促进中小企业发展的方针、政府扶持和引导中小企业发展的职责，提出了促进中小企业发展的法律举措。修订后的《中小企业促进法》，将原法由7章扩展为10章，条文由45条增加到61条。主要内容有以下几个方面。

一是关于中小企业促进工作的管理体制。本法规定，国务院建立中小企业促进工作协调机制，对全国的中小企业促进工作进行宏观指导、综合协调和监督检查。明确规定县级以上地方各级人民政府根据实际情况建立中小企业促进工作协调机制，加强对中小企业促进工作的组织领导和综合管理。

二是关于中小企业发展专项资金和中小企业发展基金。《中小企业促进法》规定了国家设立中小企业发展专项资金,同时,规定县级以上地方各级人民政府可以设立中小企业发展基金,用于支持中小企业公共服务体系和融资服务体系建设。

三是关于税费优惠。税费负担重,是中小企业长期以来反映较为强烈的问题。修订后的《中小企业促进法》明确了税收优惠的具体方式和主要税种,以及如何简化税收征管程序。

四是关于融资促进。"融资难""融资贵"依旧是制约中小企业发展的主要因素。修订后的《中小企业促进法》,从金融服务中小企业、推进普惠金融服务、完善金融组织体系、实行差异化监管、创新金融服务和担保方式、大力发展直接融资和多层次资本市场、建立社会化的信用信息征集与评价体系等方面作出一系列具体规定,加强对中小企业特别是小型微型企业的融资支持。

五是关于权益保护和减轻企业负担。许多中小企业权益得不到有效保护,面临着负担重、维权难的问题。修订后的《中小企业促进法》明确规定县级以上人民政府负责中小企业促进工作综合管理的部门应当建立专门渠道,听取中小企业对政府相关管理工作的意见和建议,并及时向有关部门反馈,督促改进。

六是关于创业创新和市场开拓。本法规定国家改善企业创业环境,优化审批流程,降低中小企业设立成本。各级地方政府应当根据中小企业发展的需求,在城乡规划中安排必要的用地和设施,为中小企业获得生产经营场所提供便利。

七是关于服务措施。本法规定,国家建立健全社会化的中小企业公共服务体系,为中小企业提供服务。县级以上地方各级人民政府应当根据实际情况建立和完善中小企业服务机构，为中小企业提供公益性服务以解决政府公共服务和社会化服务体系和机制不健全、专业服务机构发展滞后等问题。

二 法律知识要点

（一）进一步明确法律贯彻落实责任主体

原《中小企业促进法》(2003年)规定，"国务院负责企业工作的部门对全国中小企业工作进行综合协调、指导和服务"。随着近年来政府机构改革和职能调整，需进一步明确法律贯彻落实的责任主体，保障法律的有效组织实施。新修订的《中小企业促进法》在国务院层面明确"国务院负责中小企业促进工作综合管理的部门组织实施促进中小企业发展政策，对中小企业促进工作进行宏观指导、综合协调和监督检查"，在地方层面规定"县级以上地方各级人民政府根据实际情况建立中小企业促进工作协调机制，明确相应的负责中小企业促进工作综合管理的部门，负责本行政区域内的中小企业促进工作"。首次明确了中小企业工作部门是"综合管理"的部门，首次提出了中小企业主管部门对中小企业促进工作进行"监督检查"。

为了加强法律执行情况监督检查，保障法律的有效实施，新修订的《中小企业促进法》增设了"监督检查"专章，明确提出县级以上人民政府应当定期组织对中小企业促进工作情况的监督检查，国务院负责中小企业促进工作综合管理的部门应当委托第三方机构定期开展中小企业发展环境评估，并向社会公布。

（二）进一步规范财税支持相关政策

财税政策是促进中小企业发展的重要手段，新修订的《中小企业促进法》总结了近年来的实践经验，明确规定"中央财政应当在本级预算中设立中小企业科目，安排中小企业发展专项资金"，进一步规范专项资金将"重点用于支持中小企业公共服务体系和融资服务体系建设"。同时，新法对中小企业发展基金的性质和操作运营进行了补充细化，规定"国家中小企业发展基金应当遵循政策性导向和市场化运作原则，主要用于引导和带动社会资金支持初创期中小企业"。此外，法律中还将部分现行的税收优惠政策上升为了法律。

（三）进一步完善融资促进相关措施

为引导金融机构服务实体经济和中小企业，新修订的《中小企业促进法》规定金融机构应当发挥服务实体经济的功能，高效、公平地服务中小企业；国有大型商业银行应当设立普惠金融机构，为小型微型企业提供金融服务；地区性中小银行应当积极为其所在地的小型微型企业提供金融服务，促进实体经济发展。为鼓励金融机构加大对中小企业服务力度，本法规定国务院银行业监督管理机构采取合理提高小型微型企业不良贷款容忍度等措施，引导金融机构增加小型微型企业融资规模和比重；国家鼓励各类金融机构开发和提供适合中小企业特点的金融产品和服务。此外，新修订的《中小企业促进法》还对中小企业政策性信用担保体系建设作出规定，鼓励各类担保机构为中小企业融资提供信用担保服务。

（四）重视保护中小企业财产权等合法权益

实践中社会各界关于营造公平市场秩序、增强中小企业权益保护的呼声和要求一直很高，为此，新修订的《中小企业促进法》增设"权益保护"专章，规定国家保护中小企业及其出资人的财产权和其他合法权益，设立拖欠货款解决条款，保护中小企业的合法权益，规定国家机关、事业单位和大型企业不得违约拖欠中小企业的货物、工程、服务款项。中小企业有权要求拖欠方支付拖欠款并要求对拖欠造成的损失进行赔偿。2018年11月，国务院减轻企业负担部际联席会议在深入调研基础上决定在全国开展清理政府部门、大型国有企业拖欠民营企业特别是中小企业账款有关工作。工业和信息化部督促指导各地区各部门扎实推进清欠工作，各个省市纷纷建立健全受理拖欠中小企业账款的投诉渠道，清欠行动总体效果显著——截至2022年11月底，已累计帮助企业清理拖欠账款清偿超9000亿元。新修订的《中小企业促进法》还将现行的规范涉企收费、监督检查机制等相关政策上升为法律。

（五）以"创新支持"为重要内容

中小企业是创新的重要主体，代表新质生产力发展方向。要认真贯彻落实党的二十大报告提出的"强化企业科技创新主体地位"的要求，以技术创新为引领，打好中小企业转型升级攻坚战。

"三个支持"：国家支持中小企业在研发设计、生产制造、运营管理等环节应用互联网、云计算、大数据、人工智能等现代技术手段，创新生产方式；支持中小企业参与国防科研和生产活动；支持中小企业及中小企业的有关行业组织参与标准的制定。

"两大政策"：中小企业的固定资产依法缩短折旧年限或者采取加速折旧方法；完善中小企业研究开发费用加计扣除政策。

"一个法定支持"：县级以上人民政府负责中小企业促进工作综合管理的部门应当安排资金，有计划地组织实施中小企业经营管理人员培训。

（六）为提升中小企业创新水平提供法律保障

新修订的《中小企业促进法》在延续原法律框架的基础上，立足于当前创新发展形势，对于中小企业创新支持的内容进行了大幅度的增加和修订，为支持中小企业创新发展提供了坚实的法律基础。新修订的《中小企业促进法》实施以来，我国中小企业创新水平不断提升。

一是我国中小企业发展质量不断提升，新业态新模式大量涌现。随着全球新一轮科技革命和产业变革深入发展，我国大量新技术、新产业、新业态、新模式都源自中小企业，2021年我国"四新经济"新设企业383.8万户，占新设企业总量的42.5%。

二是我国中小企业创新投入和产出占比不断提高，作用日益凸显。中小企业的创新投入和成果在总体上超过大型企业，有力地促进了我国的创新及创新效率的提升。国家统计局数据显示，2020年我国规模以上工业企业中，有研发活动的小微企业占全部有研发活动企业的比重达到了81.1%；中小企业的研发机构数量占全部规上工业企业比重从2012年的83.9%上升至2020年的92.9%；中小企业研发人员占全部规上工业企业比重在2014年首次超过50%，并逐年攀升，在2020年达到64.7%。此外，根据科技部高新技术企业专利数据，我国中小高新技术企业专利授权数量占全部高新技术企业的比重已从2017年的67.53%提升到2019年的72.44%。

三是我国"专精特新"等优质中小企业群体不断发展壮大，核心竞争优势明显。我国优质中小企业梯度培育体系已初步建立，2019—2022年，已培育省级"专精特新"企业4万多户，国家级专精特新"小巨人"企业8997户。专精特新"小巨人"企业中超六成属于工业基础领域，超七成深耕行业十年以上，超八成进入了战略性新兴产业链，超九成是国内外知名大企业的配套专家，在强链、补链、稳链中发挥着不可或缺的重要作用。"小巨人"企业创新能力表现好，创新产出提升快，企业平均研发强度达到9%，平均持有有效发明专利15.7项，平均建设1.25个研发机构，平均制定1.5项标准，第四批"小巨人"企业人均专利密度约6%。

四是我国中小企业数字化水平不断提升，助力数字经济和实体经济深度融合。中小企业数字化转型是发展数字经济的主战场，对培育经济发展新动能、构建现代化产业体系具有重要作用。近年来，我国中小企业数字化智能化（简称"两化"）水平不断提升，数字化转型加速推进。"两化"融合公共服务平台监测显示，我国中型企业和小型企业"两化"融合水平分别从2017年的49.2%和38.1%，提升到2021年的55.7%和51.9%。

（七）单设"融资促进"一章，破解融资难题

新修订的《中小企业促进法》单设"融资促进"一章，从宏观调控、金融监管、普惠金融、融资方式等层面多措并举，全方位优化中小企业的融资环境。

在金融监管层面，国务院银行业监督管理机构对金融机构开展小型微型企业金融服务应当制定差异化监管政策。

在普惠金融层面，明确了"推进和支持普惠金融体系建设，推动中小银行、非存款类放贷机构和互联网金融有序健康发展，引导银行业金融机构向县域和乡镇等小型微型企业金融服务薄弱地区延伸网点和业务"。

在融资方式层面，提出"健全多层次资本市场体系，多渠道推动股权融资，发展并规范债券市场，促进中小企业利用多种方式直接融资"。完善担保融资制度，支持金融机构为中小企业提供以应收账款、知识产权、存货、机器设备等为担保品的担保融资。

除此之外，本法还明确提出，中国人民银行应当综合运用货币政策工具，鼓励和引导金融机构加大对小型微型企业的信贷支持，改善小型微型企业融资环境。

（八）为中小企业营造公平竞争的市场环境

第一，完善市场体系。本法明确规定："国家完善市场体系，实行统一的市场准入和市场监管制度，反对垄断和不正当竞争。"

第二，关于政府采购的优惠政策。本法规定，国务院有关部门应当制定中小企业政府采购的相关优惠政策，提高中小企业在政府采购中的份额。

第三，开拓国际市场。一是经济技术合作交流。本法提出县级以上人民政府有关部门应当在法律咨询、知识产权保护、技术性贸易措施、产品认证等方面为中小企业产品和服务出口提供指导和帮助。二是金融支持。本法明确指出国家有关政策性金融机构应当通过开展进出口信贷、出口信用保险等业务，支持中小企业开拓境外市场。三是便利化。本法要求县级以上人民政府有关部门应当为中小企业提供用汇、人员出入境等方面的便利，支持中小企业到境外投资，开拓国际市场。

三 常见法律问题

（一）什么是中小企业？如何解决规模认定中存在的争议？

《中小企业促进法》第二条规定："本法所称中小企业，是指在中华人民共和国境内依法设立的，人员规模、经营规模相对较小的企业，包括中型企业、小型企业和微型企业。中型企业、小型企业和微型企业划分标准由国务院负责中小企业促进工作综合管理的部门会同国务院有关部门，根据企业从业人员、营业收入、资产总额等指标，结合行业特点制定，报国务院批准。"

对于中小企业规模类型的认定争议，《保障中小企业款项支付条例》明确了几种解决方式。首先，如果对中小企业的规模类型有争议时，可以向主张为中小企业一方所在地的县级以上地方人民政府负责中小企业促进工作综合管理的部门申请认定。此外，在监督检查、投诉处理中对中小企业规模类型有争议的，有关部门也可以向有争议的企业登记所在地同级负责中小企业促进工作综合管理。

2021年工业和信息化部中小企业局就《中小企业划型标准规定（修订征求意见稿）》公开征求社会各界意见，其中增加了中小企业规模类型自我声明及认定内容。具体来说，企业需要对自我声明的内容负责，一旦出现争议，有关部门可向相关企业登记所在地同级负责中小企业促进工作综合管理部门书面提请认定。

这些措施旨在提高中小企业规模类型认定的准确性和公正性，从而帮助各类企业获得更公平的待遇和发展机会。

（二）《中小企业促进法》对中小企业创新提出哪几个方面鼓励？

本法对支持创新的总要求是：国家鼓励中小企业按照市场需求，推进技术、产品、管理模式、商业模式等创新。具体包括六个方面：鼓励中小企业参与产业关键共性技术研究开发和利用财政资金设立的科研项目实施；鼓励中小企业研究开发拥有自主知识产权的技术和产品；鼓励中小企业投保知识产权保险；鼓励各类创新服务机构为中小企业提供创新服务；鼓励科研机构、高等学校和大型企业等创造条件与中小企业开展技术研发与合作；鼓励科研机构、高等学校支持本单位的科技人员到中小企业从事产学研合作和科技成果转化活动。

《中小企业促进法》在创新支持方面体现了以下特点。

一是进一步拓展了中小企业创新内涵。新修订的《中小企业促进法》第三十二条在原法鼓励中小企业技术和产品创新的基础上，增加了管理模式和商业模式创新等，使创新的内涵更加丰富。

二是进一步降低中小企业创新成本。为提高中小企业技术创新投入的回报，国家明确将中小企业固定资产折旧政策和中小企业研究开发费用加计扣除政策纳入新修订的《中小企业促进法》第三十二条，为中小企业营造普惠的创新法律环境。

三是进一步突出新一代信息技术在创新中的重要作用。新修订的《中小企业促进法》第三十三条规定："国家支持中小企业在研发设计、生产制造、运营管理等环节应用互联网、云计算、大数据、人工智能等现代技术手段，创新生产方式，提高生产经营效率。"中小企业是新兴产业的重要推动力量和应用新技术的主力军，利用互联网和信息通信技术的优势，提高中小企业信息化应用水平，是提高中小企业全要素生产率、管理水平和市场竞争力的重要手段。

四是进一步鼓励中小企业参与共性技术研发。新修订的《中小企业促进法》第三十四条明确鼓励中小企业参与科研项目实施、国防科研和生产活动、标准制定，既有利于体现环境公平，也有利于充分利用科研院所、大中小企业、军民融合等各类资源，提高资源使用效率，降低创新成本和风险，加快创新速度，构建共生共荣的和谐生态系统。

五是进一步强调知识产权对中小企业创新的重要作用。不少中小企业存在知识产权意识淡薄、侵权行为时有发生、维权难等问题，迫切需要采取切实有效的知识产权帮扶措施来促进中小企业健康持续发展。为此，新修订的《中小企业促进法》第三十五条规定："国家鼓励中小企业研究开发拥有自主知识产权的技术和产品，规范内部知识产权管理，提升保护和运用知识产权的能力；鼓励中小企业投保知识产权保险；减轻中小企业申请和维持知识产权的费用等负担。"

六是进一步鼓励各类创新服务机构提供服务。鼓励发展各类创新服务机构、鼓励各类创新服务机构为中小企业提供多层次、多样化的创新服务，是帮助中小企业快速导入外部创新资源、提升创新能力的有效途径。为此，新修订的《中小企业促进法》第三十六条规定："县级以上人民政府有关部门应当在规划、用地、财政等方面提供支持，推动建立和发展各类创新服务机构。国家鼓励各类创新服务机构为中小企业提供技术信息、研发设计与应用、质量标准、实验试验、检验检测、技术转让、技术培训等服务，促进科技成果转化，推动企业技术、产品升级。"

七是进一步鼓励产学研合作促进中小企业创新发展。中小企业技术创新、转型升级、管理提升等离不开高素质人才的支撑，中小企业对高校毕业生需求旺盛。因此，新修订的《中小企业促进法》规定，各级人民政府有关部门要加强协调，采取措施，引导毕业生到中小企业就业。此外，加快推进科研设施与仪器设备向社会开放，进一步提高科技资源利用效率，为科技成果转移转化提供服务支撑。同时，鼓励科技人员到中小企业从事科技成果转化活动等。

（三）如何保障中小企业在市场竞争中的权益？

由于中小企业在市场竞争中处于不平等的弱势地位，权益保障成为《中小企业促进法》关注的一个重点。维护中小企业合法权益，需要借助各方面的力量。要充分发挥各级促进中小企业发展协调机构的作用，加强与各级优化办、减负办等机构和相关职能部门的联动，确保中小企业权益保障的相关条款落到实处。

一是减轻税费负担。国家实行有利于小型微型企业发展的税收政策，对符合条件的小型微型企业按照规定实行缓征、减征、免征企业所得税、增值税等措施；国家对小型微型企业行政事业性收费实行减免等优惠政策。例如，《中小企业促进法》第十一条规定："国家实行有利于小型微型企业发展的税收政策，对符合条件的小型微型企业按照规定实行缓征、减征、免征企业所得税、增值税等措施，简化税收征管程序，减轻小型微型企业税收负担。"

二是约束政府行政行为。地方各级人民政府应当依法实施行政许可，依法开展管理工作，对中小企业实施监督检查应当依法进行，建立随机抽查机制。不得实施没有法律法规依据的检查，不得强制或者变相强制中小企业参加考核、评比、表彰、培训等活动，不得违反法律法规向中小企业收取费用，不得实施没有法律法规依据的罚款，不得向中小企业摊派财物。

三是不得以强欺弱、以大欺小。国家机关、事业单位和大型企业不得违约拖欠中小企业的货物、工程、服务款项。《中小企业促进法》第五十三条规定："国家机关、事业单位和大型企业不得违约拖欠中小企业的货物、工程、服务款项。中小企业有权要求拖欠方支付拖欠款并要求对拖欠造成的损失进行赔偿。"相关规定创建了一个公平、公正的市场环境，使中小企业能够在健康、有序的环境中发展。

（四）除了《中小企业促进法》，国家还出台了哪些重要的配套措施支持中小企业发展？

我国形成了"1+1+1+1+N"的法律政策体系。前四个一分别是指："一法"，即《中华人民共和国中小企业促进法》，这是我国第一部关于中小企业的专门法律，也是促进中小企业发展工作的根本法律依据和指引；"一条例"，即《保障中小企业款项支付条例》，这是依法预防和化解拖欠中小企业款项问题的重要制度保证，是维护中小企业合法权益的重要抓手；"一标准"，即《中小企业划型标准规定》，这是研究和实施中小企业政策的基础，有利于对中小企业工作进行宏观指导、分类管理和科学决策；"一规划"，即《"十四五"促进中小企业发展规划》，这是促进"十四五"时期中小企业高质量发展的工作指南。最后一个N是指近年来出台的各项综合性政策文件，包括中共中央办公厅、国务院办公厅《关于促进中小企业健康发展的指导意见》，17个部门《关于健全支持中小企业发展制度的若干意见》，国务院促进中小企业发展工作领导小组办公室《关于提升中小企业竞争力若干措施的通知》等。围绕落实以上"1+1+1+1+N"的顶层制度体系，各部门各地区出台了许多支持中小企业发展的政策。

2020年以来，为应对复杂的国内外环境和新冠疫情的不利影响，国家和地方层面出台了多项助企纾困政策。在综合性纾困方面，包括《国务院关于印发扎实稳住经济一揽子政策措施的通知》《国务院办公厅关于进一步加大对中小企业纾困帮扶力度的通知》以及国务院促进中小企业发展工作领导小组办公室《关于印发加力帮扶中小微企业纾困解难若干措施的通知》等文件密集出台。在具体政策举措方面，包括增值税所得税减免、房屋租金减免、延期还本付息、社保费公积金缓缴、水电气费缓缴、上网和宽带费用降低、稳岗返还和留工补助、稳投资促消费等政策力度空前。据不完全统计，仅2022年1—8月，国家层面出台了各类政策措施达33项，各省区市出台配套政策文件达120余个。这些政策在帮助中小企业纾困解难方面发挥了重要作用，以减税降费为例，2022年上半年，中小微企业享受新增减税降费及退税缓税缓费近1.8万亿元。

（五）《中小企业促进法》如何响应"走出去"战略，助力中小企业国际化市场拓展？

国际化是中小企业转型升级的战略选择，新修订的《中小企业促进法》注重市场开拓，助力中小企业通过对外贸易和"走出去"实现国际化发展。随着经济全球化不断发展和我国对外开放不断深入，企业"走出去"步伐明显加快，对外投资遍布全球160余个国家和地区，对外投资额占全球的比重由2000年的不足0.1%上升至2016年的13.5%，我国也首次成为世界第二大对外投资国。中小企业作为市场化主体中较为活跃的创新群体，具有制度灵活、反应敏锐、产品丰富、"船小好调头"等独特优势，日益成为深化国际经贸合作关系、拓展合作空间和合作领域的主力军。随着"一带一路"建设、自贸区建设、金砖国家合作、国际产能合作等不断推进，我国中小企业迎来了在更深层次、更宽领域、更高水平上参与国际经济竞争与合作的新机遇，有利于更好地利用两种资源、开拓两个市场，实现互利共赢。据商务部统计，2016年，我国企业对"一带一路"沿线国家直接投资达145.3亿美元，对外承包工程新签合同额占同期我国对外承包工程新签合同额的51.6%，完成营业额占同期总额的47.7%。2022年，中国对东盟的直接投资流量为186.5亿美元，比上年下降5.5%，占当年流量总额的11.4%，占对亚洲投资流量的15%；年末存量为1546.6亿美元，占存量总额的5.6%，对亚洲投资存量的8.4%。

大力实施"走出去"战略，既顺应经济全球化发展趋势和符合世界经济发展规律，也有利于加快培育国际经济合作和竞争新优势。但中小企业自身的特点决定了其实现国际化发展的能力有限，加之政府层面存在金融市场建设滞后、扶持政策不到位、市场准入歧视和低效的服务等外在驱动不足问题，需要多方力量特别是政府助力其"走出去"。

市场开拓是中小企业实现国际化发展的必经过程，新修订的《中小企业促进法》在市场准入、市场监管、市场竞争等方面有明确规定，进一步完善现代市场体系、营造公平公正的市场环境，有利于中小企业以市场化、法治化方式参与国际合作与竞争。2017年，德勤公司的一项调查显示，获取资金和风险管控是企业"走出去"的两个主要障碍。①《中小企业促进法》不仅强化对中小企业的融资促进，允许中小企业发展基金用于支持中小企业开拓国际市场，还鼓励政策性金融机构通过提供进出口信贷、出口信用保险等，加强对中小企业开拓境外市场的支持力度。这既有利于解决中小企业"走出去"过程中的资金短缺难题，又有利于加强风险管理和保险保障。当前，涉外专业服务已经成为制约中小企业"走出去"的最大短板。为帮助中小企业克服"水土不服"问题，助推产品和服务走出国门、走进国际市场，《中小企业促进法》要求相关政府部门为中小企业出口产品和服务提供法律咨询、知识产权保护、技术性贸易措施、产品认证等方面的指导和帮助。为保证中小企业"走得出、走得稳"，加大境外投资力度，加强国际交流合作，《中小企业促进法》要求政府部门"为中小企业提供用汇、人员出入境等方面的便利"。

---

① 德勤《2016—2017年全球CIO调查报告》。

企业国有资产法

第十讲 CHAPTER 10

CHAPTER 10

第十讲　企业国有资产法

扫码查阅法律

- 法律概述
  - 立法背景和过程
  - 立法目的和任务
    - 维护国家基本经济制度
    - 促进社会主义市场经济发展
    - 力堵国有企业资产流失的"黑洞"
  - 立法结构

- 法律知识要点
  - 基本概念
    - 企业国有资产
    - 企业国有资产出资人
    - 国家出资企业
  - 基本原则
    - 国家所有原则
    - 出资人代表原则
    - 职能分开原则
    - 国有资产不可侵害原则
  - 主要内容
    - 履行出资人职责机构的职权和责任
    - 企业的财产权及其对出资人的相关责任
    - 企业管理者的选择与考核相关规则
    - 涉及国有资产出资人权益的重大事项
    - 预算制度及国有资产监督

- 常见法律问题
  - 《企业国有资产法》的出台,是否会造成政府对企业管制过多,影响企业的自主经营,最终影响企业的发展?
  - 企业国有资产流失有哪几种主要表现?《企业国有资产法》分别作出了什么规定进行防范?
  - 《企业国有资产法》对防止国企高管腐败作出了什么规定?
  - 履行出资人职责的机构委派的股东代表未按照委派机构的指示履行职责,造成国有资产损失的,应承担何种法律责任?

- 典型案例

一 法律概述

（一）立法背景和过程

基于自然的传承、历史的积累、文化的沉淀、政权的更迭以及改革开放以来国有经济及国有资本的飞速发展，我国已积累起数额巨大的国有资产。据不完全统计，至2007年末，全国仅国有及国有控股的非金融类企业的总资产和净资产就分别达35.48万亿元和14.8万亿元，这是全国人民的共同财富，是我国社会主义制度存在和发展的重要物质基础。因此，确保国有资产的安全和增值，使国有经济在社会主义市场经济中发挥主导作用，对于增强我国的经济实力、国防实力和民族凝聚力等具有十分重要的意义。国有企业是我国国民经济的支柱，是国有资产的主要来源。然而在当时，国有资产通过各种渠道流失的情况十分严重，随意处置国有资产的现象普遍存在，有些私人侵吞国有资产、化公为私的行为令人触目惊心，因此，为维护全民的利益，维护社会公正，防止国有资产流失，必须推进国有资产管理体制改革，以法律手段加强对国有资产的监管。

另外，在改革开放中，国有企业和国有资产管理体制改革成为我国改革的一项重要内容，事关政府职能的转变、管理体制和人事制度的改革、企业经营机制的转换以及各方面利益的调整，问题复杂，难度很大，仅靠行政手段、经济手段难以解决问题，必须通过立法加以保障和推进。2003年国资委的成立，为我国国有企业真正意义上的国有股股东和公司治理结构的完善奠定了基础，随后出台的《企业国有资产监督管理暂行条例》又大大强化了国资委的权力。按照该条例的规定，国资委既承担着出资人的责任，又承担着政府的监督职责，它的影响力已经远远超出了国企改革的范围，出现在了涉及国有资产的各个方面，是一个在与监管企业博弈过程中具有绝对话语权的强大组织，但由于其缺乏正式的法律地位而在当时饱受争议。《企业国有资产法》的出台，无疑为国资委行使出资人职能提供了法律依据，也为我国国有企业资产的正确使用指明了方向。

2007年10月1日开始实施的《物权法》对于企业国有资产法的立法进程也起到了极大的推动作用。在《物权法》的制定过程中，对于国有资产如何保护的问题曾引起过巨大争议。《物权法》坚持对国家、集体和私人的物权实行平等保护原则，但由于其旨在对财产进行一般性确认和保护，不能在如何加强对国有财产的保护这方面作更加细致的规定，因此需要对国有财产投资经营进行专门的立法规制，并对《物权法》不能具体规定和调整的相关国有物权关系进行调整。

《企业国有资产法》起草于1993年，并先后形成了一些内部讨论稿。全国人大对于国有资产立法高度重视，于2003年重新成立了起草小组，经过激烈的讨论与争议，在广泛听取政府各部门、地方人大、各类国有企业及社会各界意见的基础上，由起草小组、全国人大财经委及法工委共同提出了《国有资产法（草案）》审议稿，并在2007年12月第十届全国人大常委会第三十一次会议进行了一审，2008年6月进行了二审，2008年10月28日在第十一届全国人大常委会第五次会议上进行了三审并获得通过，自2009年5月1日起施行。

（二）立法目的和任务

1. 维护国家基本经济制度

《企业国有资产法》要维护国家基本经济制度，巩固和发展国有经济，发挥国有经济在国民经济中的主导作用。《宪法》规定，国有经济，即社会主义全民所有制经济，是国民经济中的主导力量。国家保障国有经济的巩固和发展。改革开放后，我国经历了有计划的商品经济和市场经济改革阶段。随着市场经济体制、国有企业改革和现代企业制度的建立，逐步形成了对国有资产的新认识。《企业国有资产法》规定了国有资本的主要进入领域，即向关系国民经济命脉和国家安全的重要行业和关键领域集中。国家将依法对国有经济实施战略性调整，继续实行有进有退，有所为、有所不为的方针，通过调整国有经济布局和结构，增强国有经济的活力、控制力和影响力，发挥国有经济的主导作用。

2. 促进社会主义市场经济发展

《企业国有资产法》要促进社会主义市场经济发展，推动国有企业建立和完善现代企业制度。社会主义市场经济体制是与社会主义基本制度结合在一起的。国有企业改革，从放权让利、给企业更多经营自主权，到提出建立现代企业制度是公有制与市场经济相结合的有效途径，是国有企业改革的方向。《企业国有资产法》体现了企业改革的总体思路，一是确立了国有资产的所有权及其行使主体，二是建立了以资本为纽带的国有资产出资人制度，三是确立了履行出资人职责的机构。此外，还强调了履行出资人职责的机构仅具有出资人身份，享有资产收益和出资人权利，但不得干预企业的经营活动。《企业国有资产法》所确立的国有资产管理体制是与社会主义市场经济体制的改革目标和国有企业改革的方向相一致的，其颁布施行，必会对社会主义市场经济的发展、深化国有企业改革发挥巨大的促进作用。

3. 力堵国有资产流失的"黑洞"

《企业国有资产法》要力堵国有资产流失的"黑洞"，制止国有资产流失的案例层出不穷的现象，保障国有资产保值增值。参与制定该法的李曙光教授指出：在实践中，国家出资企业的合并、分立、改制、增减资本、发行债券、重大投资、为他人提供担保、国有资产转让以及大额捐赠、利润分配、申请破产等事项是发生国有资产流失的主要环节。另外，在国企改革中，国有资产流失一直呈上升趋势。据有关学者统计，仅从1982年到1992年，由于各种原因造成的国有资产流失、损失高达5000多亿元。这个数字大约相当于1992年全国国有资产总量26000多亿元的五分之一，比1992年财政总收入4185亿元还多800多亿元。[①]国有企业改革进程中，某些地区和一些国有企业出现了将国有资产以低价进行折股、低价出售，甚至无偿分给个人，或者采取其他方式和手段侵犯国有资产的权益，从而导致国有资产流失的情况。因此，每年都有许多全国人大代表提出尽快制定国有资产法的议案，建议必须采取切实措施加强对国有资产的管理，让企业国有资产在市场经济体制下发挥应有的主导作用。

（三）立法结构

《企业国有资产法》共9章77条，为规范企业国有资产的管理提供

---

① 郭超：《我国国有企业资产流失及治理对策研究》，载《经济视角（下）》2010年第11期。

了法律保障。本法明确规定了企业国有资产的所有权归国家所有，由国务院和各级地方政府代表国家履行出资人职责。同时，本法还对国家出资企业的设立、变更、终止等事项作出了明确规定，并要求国家出资企业管理者必须履行诚信义务。针对关系国有资产出资人权益的重大事项，如资产评估、转让、担保等，《企业国有资产法》也作出了详细规定。此外，本法还对国有资本经营预算的编制、执行和监督等进行了规范，以确保国有资本的有效利用。在法律责任方面，《企业国有资产法》明确对违反本法规定的单位和个人应当承担的法律责任。对于造成国有资产损失的，将依法追究相关人员的责任。

二 法律知识要点

（一）基本概念

1. 企业国有资产

《企业国有资产法》第二条规定：本法所称企业国有资产（以下称国有资产），是指国家对企业各种形式的出资所形成的权益。从这条规定来看，企业国有资产具有两个特征。第一，企业国有资产是国家以各种形式对企业的出资形成的。这里有三个要素：首先出资人是国家，只有国家向企业的出资所形成的法律关系才是本法的调整对象。其次，这种出资是以资本的形式向企业进行投资。资本通过经营，取得盈利，实现资本的增值。最后是出资表现为多种形式。由于我国国有企业改革的发展阶段不同，国家向企业的出资方式存在着很多种情形。除货币出资外，还包括用实物、知识产权、土地使用权等可以用货币估价并可以依法转让的非货币财产作价出资，都属于国家对企业的投资。第二，企业国有资产是国家作为出资人对出资企业所享有的一种权益。要将本法规定的国有资产与企业的法人财产加以区别。出资人将其财产投入到企业后，这部分财产就成为企业的法人财产，企业对自己的法人财产具有占有、使用、收益和处分的权利，出资人不再对其出资的具体财产拥有所有权，而是其出资财产已转化为权益，并且对企业享有的是出资人权利。这些权益主要体现在资产收益、参与重要决策以及选择合适的管理者等方面。

2. 企业国有资产出资人

从《企业国有资产法》第四条可以看出国务院和地方人民政府分别代表国家对国家出资企业履行出资人职责，并享有出资人权益。第四条明确规定了两个主体各自适用的具体范围。国务院作为出资人，其出资范围为其确定的关系国民经济命脉和国家安全的大型国家出资企业，重要基础设施和重要自然资源等领域的国家出资企业；地方人民政府在其他的国家出资企业的范围内，负责履行出资人的各项职责。同时《企业国有资产法》在第二章专章规定了履行出资人职责的机构。根据第十一条的规定，国务院国有资产监督管理机构和地方人民政府按照国务院的规定设立的国有资产监督管理机构，根据本级人民政府的授权，代表本级人民政府对国家出资企业履行出资人职责。另外国务院和地方人民政府根据需要，可以授权其他部门、机构代表本级人民政府对国家出资企业履行出资人职责。

3. 国家出资企业

根据《企业国有资产法》第五条规定，国家出资企业包括国家出资的国有独资企业、国有独资公司，以及国有资本控股公司、国有资本参股公司。

国有独资企业是指企业全部资产归国家所有，国家依照所有权和经营权分离的原则授予企业经营管理，国有独资企业依法取得法人资格，实行自主经营、自负盈亏、独立核算，以国家授予其经营管理的财产承担民事责任。国有独资企业依照《全民所有制工业企业法》设立，按照其规定，企业财产属于全民所有，企业在经营管理过程中必须遵守所有权和经营权互不干扰的原则，企业对国家授予其经营管理的财产享有占有、使用和依法处分的权利。全民所有制企业内部的治理结构与公司制企业不同：企业内部的高级管理人员由政府或者履行出资人职责的机构直接任命；政府通过向企业派出监事组成监事会，对企业的财务活动及企业负责人的经营管理行为进行监督。

国有独资公司是指依照《公司法》设立的企业全部注册资本均为国有资本的公司制企业。《公司法》对国有独资公司作了专门规定：国有独资公司是国家单独出资、由国务院或者地方人民政府授权本级人民政府国有资产监督管理机构履行出资人职责的有限责任公司。国有独资公司不设股东会，由国有资产监督管理机构行使股东会职权，也可以授权公司董事会行使部分股东会的职权；国有独资公司的公司章程由国有资产监督管理机构制定或由董事会制定，报国有资产监督管理机构批准；董事会成员、监事会成员，都由国有资产监督管理机构委派。公司的合并、分立、解散、增加或者减少注册资本、发行债券等重大事项都由国有资产监督管理机构批准。

国有资本控股公司是按照《公司法》成立的国有资本具有控股地位的公司，包括有限责任公司和股份有限公司。这里所称的国有资本控股与《公司法》规定的控股是一致的。我国《公司法》对"控股股东"有明确的界定,是指其出资额占有限责任公司总额50%以上的股东,或是出资额或持有股份的比例虽然不足50%,但依其出资额或持有的股份享有的表决权已足以对股东会、股东大会的决议产生重大影响的股东。针对此类公司,《企业国有资产法》也进行了严格的制约。

国有资本参股公司即公司注册资本包含部分国有资本,且国有资本没有控股地位的股份公司。相比于上述三类国家出资企业,《企业国有资产法》中对于国有资本参股公司的规定明显偏少,这也恰恰体现了国家对其自主经营管理权的保护。

(二)基本原则

1. 国家所有原则

在法律上,国家所有是指国家是国有资产的唯一所有者,其他任何单位、社会组织和个人都不是国有资产的所有权主体。国有资产在国家所有制中占据着重要的地位。作为公有资产中最重要的一部分,国有资产的所有权必须由国家来掌握。这是因为国有资产往往关系到国家的经济命脉和国家的整体发展。只有国家真正掌握这些重要的资源,并发挥其在国民经济中的主导作用,才能充分体现全民的性质,真正掌握国家经济命脉,发挥其在国民经济中的主导作用。同时有助于保障国家的经济安全和稳定,也能促进社会的公平和公正。

2. 出资人代表原则

出资人代表原则是指国务院代表国家行使国有资产所有权,各级人民政府依法代表国家对国家出资企业履行出资人职责。由于我国幅员辽阔、资源丰富,国务院无法对所有的国有资产实行直接管理,因此它授权各地方政府对其辖区内的国有资产履行出资人职责并进行管理，从而充分调动地方政府的积极性。但是，国务院与地方人民政府对国有资产享有的权利不同。国务院享有对国有资产管理的立法权、资产划拨权、财产处置的决定权、收益权和监督权；而地方各级人民政府仅对其直接管辖的国有资产行使有限制的占有权、使用权、收益权和处分权。

3. 职能分开原则

这里面包括国家的社会经济管理职能与国有资产所有者职能分开，以及国有资产的所有权与经营权相分离。国家的社会经济管理职能与国有资产所有者职能分开，是指国家以社会管理者的身份行使的职能与国家以财产所有者的身份行使的职能相分离。之所以将其分开，主要是因为这两种职能产生的依据及性质不同。国家以政治权力为基础进行社会经济管理，而以财产权利为基础行使作为国有资产所有者的职能。坚持两者的分离，既可以克服长期以来由于计划经济体制而产生的种种弊端，又有利于实现国有资产的保值增值。国有资产的所有权与经营权相分离，是指国有资产的占有者和使用者，在不改变国有资产国家所有的前提下，依法对国家赋予其经营和管理的财产享有经营权。

4. 国有资产不可侵害原则

国有资产不可侵害原则，即国有资产受法律保护，任何单位和个人不得侵害。它是对国有资产的一种普遍适用原则，在市场经济条件下，随着我国经济的迅速发展和人民生活水平的不断提高，一些不规范的行为逐渐增多，给国家财产带来了很大损失。因此，必须坚持这一原则，使国有资产受到有效保障。

（三）主要内容

1. 履行出资人职责机构的职权和责任

上文已提到，履行出资人职责的机构为国务院国有资产监督管理机构和地方人民政府设立的国有资产监督管理机构。根据《企业国有资产法》第十二至十五条的规定，履行出资人职责的机构对国家出资企业依法享有资产收益、参与重大决策和选择管理者等出资人权利，有权依照法律、行政法规的规定，制定或者参与制定国家出资企业的章程，委派股东代表参加国有资本控股公司、国有资本参股公司召开的股东（大会）会议等。同时，国有资产监督管理机构应当对本级人民政府负责，保障出资人权益，对国有资产保值增值负责，防止国有资产流失，维护企业作为市场主体依法享有的权利，除依法履行出资人职责外，不得干预企业经营活动。另外，履行出资人职责的机构应当定期向本级人民政府报告有关国有资产总量、结构、变动、收益等汇总分析的情况。

2. 企业的财产权及其对出资人的相关责任

根据《企业国有资产法》第三章的规定，国家出资企业对其动产、不动产和其他财产依照法律、行政法规以及企业章程享有占有、使用、收益和处分的权利，其依法享有的经营自主权和其他合法权益。同时，国家出资企业应当接受政府及政府有关部门、机构依法实施的监督管理，接受社会公众的监督，承担社会责任，对出资人负责。国家出资企业应当建立和完善法人治理结构，建立健全内部监督管理和风险控制制度，依照法律、行政法规和国务院财政部门的规定，建立健全财务、会计制度，设置会计账簿，进行会计核算，依照法律、行政法规以及企业章程的规定向出资人提供真实、完整的财务、会计信息。国家出资企业依照法律规定，通过职工代表大会或者其他形式，实行民主管理。

值得注意的是，在设立监事会方面，法律对于不同类型的国家出资企业的要求有所区别。根据《企业国有资产法》第十九条规定，国有独资公司、国有资本控股公司和国有资本参股公司依照《公司法》的规定设立监事会，但国有独资企业不属于《公司法》的调整对象，因此由履行出资人职责的机构按照国务院的规定委派监事组成监事会。

3. 企业管理者的选择与考核相关规则

选择并考核国家出资企业的管理者，是履行出资人职责的机构的重要职权。在《公司法》等法律规定的基础上，《企业国有资产法》明确了履行出资人职责的机构依法任免或者建议任免的企业管理者的范围，并从其品行、任职能力、身体条件等方面对其任职条件、程序、职责等作出了原则性的规定。具体来说，履行出资人职责的机构要任免国有独资企业的经理、副经理、财务负责人和其他高级管理人员，任免国有独资公司的董事长、副董事长、董事、监事会主席和监事，以及向国有资本控股公司、国有资本参股公司的股东会、股东大会提出董事、监事人选。同时，为了保证和督促国有企业经营者尽到自己的职责、履行忠实勤勉的义务，《企业国有资产法》对管理者兼职问题进行了限制，并对其作出了评估、奖励和惩罚等方面的规定。

4. 涉及国有资产出资人权益的重大事项

《企业国有资产法》立足于维护国有资产出资人权益的立场，要求国家出资企业发生合并、分立、改制、上市，增加或者减少注册资本，发行债券，进行重大投资，为他人提供大额担保，转让重大财产，进行大额捐赠，分配利润，以及解散、申请破产等事项时，应当遵守法律、行政法规以及企业章程的规定，不得损害出资人和债权人的权益。特别要提到，在国有独资企业、国有独资公司准备进行合并、分立，增加或者减少注册资本，发行债券，分配利润，以及解散、申请破产等以上八项事宜时，由履行出资人职责的机构决定。重要的国有独资企业、国有独资公司、国有资本控股公司的合并、分立、解散、申请破产等重大事宜，必须报请本级人民政府批准。

另外，《企业国有资产法》第三十九条规定，企业改制包括：（1）国有独资企业改为国有独资公司；（2）国有独资企业、国有独资公司改为国有资本控股公司或者非国有资本控股公司；（3）国有资本控股公司改为非国有资本控股公司。企业改制的决定权与上述的重大事项的决定权的规定相同。本法还分别就与关联方交易、资产评估、国有资产转让等重点问题作出具体规定，对于保护国有资产出资人利益提供了完善的法律依据。

5. 预算制度及国有资产监督

为充分保障国有资产出资人的收益权，《企业国有资产法》要求国家建立健全国有资本经营预算制度，对取得的国有资本收入及其支出实行预算管理。国有资本经营预算支出按照当年预算收入规模安排，不列赤字。同时，还就编列预算的收支项目、预算编制方法等作出原则性规定，授权国务院规定国有资本经营预算管理的具体办法和实施步骤，报全国人民代表大会常务委员会备案。

企业国有资产属于全民所有，强化国有资产监督管理是保障全民利益的根本措施。《企业国有资产法》明确规定了各级人民代表大会常务委员会通过听取和审议本级人民政府履行出资人职责的情况和国有资产监督管理情况的专项工作报告，组织对本法实施情况的执法检查等，依法行使监督职权。国务院和地方人民政府及其审计机关依法对国有资产相关工作进行监督。企业国有资产状况和国有资产监管工作还应接受社会公众的监督。

三 常见法律问题

（一）《企业国有资产法》的出台，是否会造成政府对企业管制过多，影响企业的自主经营，最终影响企业的发展？

不会。《企业国有资产法》界定了国资委作为出资人的法律地位。根据党的十六大提出的"国家要制定法律法规，建立中央政府和地方政府分别代表国家履行出资人职责"的国有资产管理体制的要求，并总结近几年改革的实践经验，《企业国有资产法》对履行出资人职责的机构作了专章规定，按照国有独资、控股、参股的不同企业类型，规定了政府授权的机构履行出资人职责的主要内容、方式和责任等，从法律制度上解决国有资产出资人代表到位，行使国有资产出资人权益，承担维护出资人权益责任的问题。本法还特别明确：履行出资人职责的机构应当依照法律、行政法规以及企业章程履行出资人职责，保障出资人权益，防止国有资产损失。除依法履行出资人职责外，履行出资人职责的机构不得干预企业经营活动。也就是说，履行出资人职责的机构必须在法律、行政法规框架内进行履职，不允许擅自作出行为。

（二）企业国有资产流失有哪几种主要表现？《企业国有资产法》分别作出了什么规定进行防范？

企业国有资产流失的主要表现：（1）在国有企业改制和国有资产转让过程中，没有进行国有资产评估、虚假评估或者用账面价值代替实际价值贱卖国有资产，或者国有资产转让程序不公正、不公开、不透明、不竞价，有意排斥潜在交易人甚至泄露转让标的及有关情况；（2）在经营过程中违规投资、违规贷款，擅自使用企业国有资产为他人提供担保；（3）收受贿赂；（4）公然侵吞国有资产等。

《企业国有资产法》规定，企业改制应当按照规定进行清产核资、财务审计、资产评估，准确界定和核实资产，客观公正地确定资产的价值。企业董事、监事、高级管理人员应当向资产评估机构如实提供有关情况和资料，不得与资产评估机构串通评估作价。涉及以企业实物、知识产权、土地使用权等非货币财产的，应当按照规定对折价财产进行评估，不得将财产低价折股或者有其他损害出资人权益的行为。

在国有资产转让时，应当遵循等价有偿和公开、公平、公正的原则，如实披露有关信息，除直接协议转让的以外，转让应当在依法设立的产权交易场所采用公开竞价的交易方式进行。此外，国家出资企业发行债券、投资等事项，有关法律、行政法规规定应当报经人民政府或者人民政府有关部门和机构批准、核准或者备案的，依照其规定。国家出资企业投资应当符合产业政策，并按照国家规定进行可行性研究，与他人交易应当公开、有偿，取得合理对价。未经履行出资人职责的机构同意，国有独资企业、国有独资公司不得与关联方订立财产转让、借款协议；不得为关联方提供担保；不得与关联方共同出资设立企业或者向董事、监事、高级管理人员或者近亲属所有或实际控制的企业投资。

（三）《企业国有资产法》对防止国企高管腐败作出了什么规定？

《企业国有资产法》规定，国家出资企业的董事、监事、高级管理人员，应当遵守法律、行政法规以及企业章程，对企业负有忠实义务和勤勉义务，做到"四不"：不得利用职权收受贿赂或者取得其他非法收入和不当利益；不得侵占、挪用企业资产；不得超越职权或者违反程序决定企业重大事项；不得有其他侵害国有资产出资人权益的行为。同时还规定，主要负责人应当依法接受任期经济责任审计。

《企业国有资产法》要求国企高管不得随意进行兼职：未经履行出资人职责的机构同意，国有独资企业、国有独资公司的董事、高级管理人员不得在其他企业兼职；未经股东会、股东大会同意，国有资本控股公司、国有资本参股公司的董事、高级管理人员不得在经营同类业务的其他企业兼职；未经履行出资人职责的机构同意，国有独资公司的董事长不得兼任经理；未经股东会、股东大会同意，国有资本控股公司的董事长不得兼任经理；董事、高级管理人员不得兼任监事。这些措施对防止国企高管腐败起到了有效制衡和监督作用。此外，法律还明文规定了国企高管造成国有资产流失应承担的法律责任。

（四）履行出资人职责的机构委派的股东代表未按照委派机构的指示履行职责，造成国有资产损失的，应承担何种法律责任？

股东代表与委派机构之间属于委托合同关系的，股东代表不按照委派机构的指示履行职责，造成国有资产损失的行为，构成了合同义务的违反，损害了委托机构的利益，应依据《民法典》有关规定对委托机构承担违约责任，赔偿委托机构的损失。《民法典》第九百二十九条明确规定，有偿的委托合同，因受托人的过错造成委托人损失的，委托人可以请求赔偿损失。无偿的委托合同，因受托人的故意或者重大过失造成委托人损失的，委托人可以请求赔偿损失。受托人超越权限造成委托人损失的，应当赔偿损失。

股东代表属于国家工作人员的，依法给予处分。国家工作人员，是指国家机关中从事公务的人员以及其他依照法律规定从事公务的人员。实践中的股东代表主要有两种类型：一种是履行出资人职责的机构的工作人员，依据履行出资人职责的机构的委派，担任股东代表；另一种是履行出资人职责的机构委派其他机构、企业的有关人员担任股东代表。而前一种股东代表多数属于国家工作人员。如果股东代表有上述违法行为，且属于国家工作人员的，应依法给予警告、记过、记大过、降级、撤职、开除等处分。

【典型案例】

1999年11月30日，S市某国有企业总经理李某在没有报经主管部门和当地国有资产管理局审批同意的情况下，与当地某运输公司签订了买卖合同，将土地使用权、旧设备、旧房屋等国有资产擅自以30万元的低价转让。2000年10月20日，当地人民检察院接到群众举报后，委托S市咨信资产评估事务所，对上述转让财产进行了评估，总价为

480多万元,共造成国有资产流失450多万元。

为保护国有资产不受侵犯,S市国有资产管理局诉至法院,请求判令该国有企业和运输公司两被告的买卖协议无效。法院经审理认为,两被告的买卖协议违法,遂作出了确认其买卖合同无效的判决。

问题:该案中两被告的哪些行为违反了《企业国有资产法》?

答:首先,该企业和运输公司转让的国有资产未进行评估和备案。根据该法第四十七条规定,国有独资企业、国有独资公司和国有资本控股公司合并、分立、改制,转让重大财产,以非货币财产对外投资,清算或者有法律、行政法规以及企业章程规定应当进行资产评估的其他情形的,应当按照规定对有关资产进行评估。对国有资产的评估,需在评估完成后报有关机构核准或备案。一般来讲,除各级政府批准的重大经济事项的资产评估需要核准外,绝大多数的资产评估事项只需要备案即可,备案管理单位原则上不会低于一级企业集团。对于不同类型国有资产占有单位,因为适用的资产评估相关规定不同,核准或备案的要求也会略有差异。以国资委监管的企业为例,经各级人民政府批准经济行为的事项涉及的资产评估项目,分别由对应的国资委负责核准。需经国务院国资委批准经济行为的事项涉及的资产评估项目,由国务院国资委负责备案;需经国务院国资委所出资企业及其各级子企业批准经济行为的事项涉及的资产评估项目,由国务院国资委所出资企业负责备案。

其次,李某的转让行为也不符合《企业国有资产法》要求。该法第五十四条规定:"国有资产转让应当遵循等价有偿和公开、公平、公正的原则。除按照国家规定可以直接协议转让的以外,国有资产转让应当在依法设立的产权交易场所公开进行。转让方应当如实披露有关信息，征集受让方；征集产生的受让方为两个以上的，转让应当采用公开竞价的交易方式。"在本案中，一方面，李某以30万元的低价将估值超过480万元的国有资产转让给当地运输公司，显然违反了等价有偿和公开公平公正原则；另一方面，转让场所、转让方式、受让对象等也不符合法律规定。

科学技术进步法

第十一讲 CHAPTER 11

CHAPTER 11

第十一讲 科学技术进步法

扫码查阅法律

```
                    ┌── 立法（修法）背景和过程
                    │
                    │                    ┌── 通过法律的方式进一步促进科学技术进步
                    ├── 立法目的和任务 ──┤
                    │                    └── 建立健全科技人才培养机制，为国家科技发展提供人才支持
── 法律概述 ────────┤
                    │                    ┌── 以市场为导向、以政府为引导原则
                    ├── 立法基本原则 ────┼── 效益原则
                    │                    └── 协调原则
                    │
                    └── 立法结构与内在逻辑

                    ┌── 各级政府在科技工作中的作用
                    ├── 科技人员的管理制度
── 法律知识要点 ────┤
                    ├── 科研活动的监督管理体系
                    └── 科技管理中的法律责任

                    ┌── 美国的《2022年芯片与科学法案》能否助力其实现科技霸权主义？
                    ├── 《科学技术进步法》如何平衡科技创新与知识产权保护之间的关系？
                    ├── 科技人员的法律地位如何，权益如何保障？
── 常见法律问题 ────┤
                    ├── 企业是自主创新的主体，国家鼓励企业开展哪些创新活动？
                    ├── 国家禁止哪些科学研究活动？
                    └── 如何贯彻实施《科学技术进步法》？
```

一 法律概述

科学技术是第一生产力，科技兴则民族兴，科技强则国家强。2021年12月24日，第十三届全国人大常委会第三十二次会议表决通过修订后的《科学技术进步法》，自2022年1月1日起施行。此次修订通过健全科技创新保障措施，完善国家创新体系，破除自主创新障碍因素等，为走中国特色自主创新道路，促进实现高水平科技自立自强提供法治保障。

（一）立法（修法）背景和过程

1. 修法背景：为科技自立自强提供法治保障

科技创新现已成为国与国之间博弈与竞争的主战场。科技创新是实现中华民族伟大复兴的关键因素之一，是国家战略发展的迫切需求，是影响国际竞争力和社会生产力的核心因素，它牵动着一国经济、教育、医疗、交通、环保等领域的发展命脉。当今世界，国际经济格局变幻莫测，尤其是大国之间科技创新的较量与博弈使得国际社会力量一再洗牌，从而导致国际竞争环境极其不稳定。中国的科技产业长期被国际高端竞争市场边缘化，难以融入国际科技市场的核心竞争圈，甚至由于缺乏"卡脖子"技术傍身，遭到国外势力的无端打压和排挤。在国际竞争市场上，中国企业因创新竞争力不够强势，时常受到外国力量的牵制和挑衅；中国技术和中国品牌因缺乏自主创新能力，使得"中国制造"难以摆脱"低端"和"山寨"的国际歧视和刻板印象；中国产品因科技含量普遍不高，导致产品同质化竞争严重、可替代性强、对外来核心技术依赖度高。企业、高等学校、科研机构等科技创新主体单纯依靠自身的资金能力、发展理念、研发条件难以实现科技创新的重大突破，也很难紧扣最前沿的发展动向。眼下，我国亟待脱离科技发展的瓶颈期，需要率先找到新的发展点，重新发掘和整合优势资源，对未来的科技创新战略和路径进行相应的调整，利用创新竞争力争夺国际社会上更多的话语权。

自2020年以来，美国政府在评估美国半导体产业现状和供应链风险后，围绕促进美国半导体技术和产业发展、增强其本土半导体供应链弹性以及应对中国竞争等方面密集开展行动，有针对性地出台了一系列政策举措。中国很多半导体企业在"先进制程"上的扩张将在短期内受阻，并且也难以通过跨国并购的方式获取相应人才和技术资源，这在很大程度上影响着中国芯片国产化进程，使得相关核心技术壁垒在短期内无法取得大的突破。面对上述愈发趋严且复杂的形势，政府及企业基于不同的角色予以应对——修订后的《科学技术进步法》贯彻落实习近平总书记关于科技创新重要指示批示精神，强化国家战略科技力量，充分体现我国科技领域改革发展经验成果，进一步激发科技创新活力，破解中美经贸摩擦困局。

纵观国外科技相关立法，各国均出台相关法律政策以推动科技创新和促进经济社会发展。例如，2022年8月，美国总统签署了《2022年芯片与科学法案》，旨在提供高达2800亿美元的财政补贴，主要用于芯片研发、芯片制造和劳动力发展，以推动芯片产业链回流（与中国脱钩）和关键技术领域的科研与创新。此外，美国还出台了《国家科学基金会法》《科技评价法》等科技立法。

```
美国参议院民主党    Chuck Schumer提议    美国众议院对法案进行    《2022年美国竞争法案》    拜登总统签署一项
领袖Chuck         拨款520亿美元用于    更新并命名为《2022年   中的《2022年芯片与       旨在实施《2022年
Schumer提出《无    研发和生产半导体    美国竞争法案》          科学法案》已经通过了     芯片与科学法案》
尽的前沿法案》      以与中国抗衡                              众议院和参议院的表决     的行政命令

2020年5月27日      2021年5月18日       2022年1月25日         2022年7月28日         2022年8月26日
```

2021年4月21日   2021年6月8日   2022年3月28日   2022年8月9日

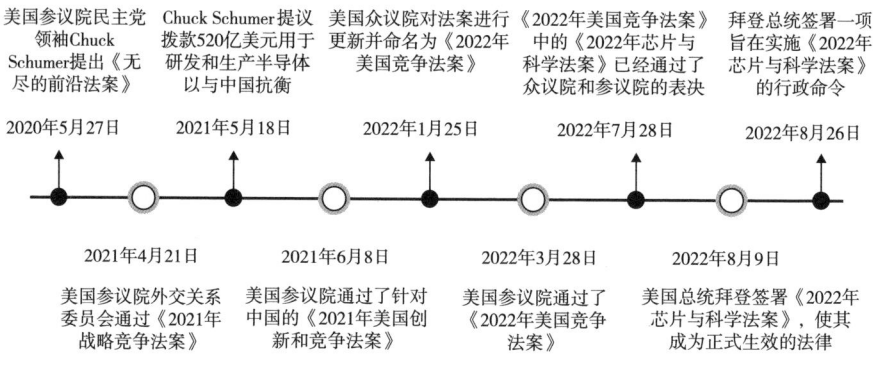

美国参议院外交关系   美国参议院通过了针对   美国参议院通过了   美国总统拜登签署《2022年
委员会通过《2021年   中国的《2021年美国创   《2022年美国竞争   芯片与科学法案》，使其
战略竞争法案》   新和竞争法案》   法案》   成为正式生效的法律

图 11-1 美国政府出台的一系列举措

日本也出台了许多科技法律，以推动科技创新和促进经济社会发展。例如，《科学技术基本法》于1995年颁布，该法明确提出将"科学技术创造立国"作为基本国策，标志着日本开始注重基础理论和基础技术的研究开发，用具有创造性的科学技术持续推动经济发展。此外，日本还每五年制定一期《科学技术创新基本计划》，以落实《科学技术基本法》中的各项政策和措施。

德国的科技法律主要体现在对科研机构和科研活动的监管上。德国学术组织和研究机构制定了较为完善的规章制度。此外，德国还特别关注AI和数据伦理，于2018年成立了数据伦理委员会，负责为联邦政府制定数字社会的道德标准和具体指引。同时，德国政府也在持续加大科研资金的投入，推动科技创新发展。例如，2023年2月，德国舒尔茨政府出台《未来研究与创新战略》，作为德国联邦政府最新的科技创新顶层战略规划。

中国的科技法律主要体现为《科学技术进步法》，该法作为我国科技领域综合性基本法，针对健全社会主义市场经济条件下新型举国体制、强化国家战略科技力量、集中力量攻克"卡脖子"技术瓶颈等问题作出了新的制度安排和规定。对比国外的科技法律，例如德国，中国和德国的科技法律都非常重视科研活动和科技创新的规范与引导，同时也注重从国家层面出发，通过制定相关法律保障科技创新和发展。然而，具体的侧重点和立法内容有所不同，这反映出各国在科技创新方面的不同需求和策略。

2. 修法过程：适应新发展阶段，时隔14年开启第二次修订

《科学技术进步法》于1993年颁布施行，曾于2007年进行修订。作为我国科技领域具有基本法性质的法律，《科学技术进步法》对促进科技事业长足进步、推动科技为经济社会发展服务发挥了重要作用。适应新发展阶段，我国时隔14年后再次为科技进步修法。全国人大教育科学文化卫生委员会牵头起草了《科学技术进步法（修订草案）》，2021年8月17日，在第十三届全国人大常委会第三十次会议上，时任全国人大教育科学文化卫生委员会主任委员李学勇作了关于《科学技术进步法（修订草案）》的说明。修订草案从完善立法宗旨、加强基础研究、强化国家战略科技力量、完善国家创新体系、推动关键核心技术攻关、优化区域创新布局、扩大科技开放合作等方面作了修改完善。在提请常委会会议初次审议之后，修订草案在中国人大网公布并征求社会公众意见。

在广泛征求意见、深入开展立法调研后，对修订草案进行修改完善，形成修订草案二审稿。2021年12月20日，《科学技术进步法（修订草案）》二审稿提请第十三届全国人大常委会第三十二次会议审议。全国人大宪法和法律委员会副主任委员丛斌在作草案审议结果的报告时指出，草案二审稿在提升对科技人员激励水平、减轻科技人员事务性负担、加快战略人才力量建设等方面，吸收采纳14项主要修改意见，增加一系列规定，进一步激发科技人员创新创造活力。

当前，我国已经开启全面建设社会主义现代化国家新征程，科技创新在党和国家发展全局中具有十分重要的地位和作用。此次修法奠定了我国加快实现高水平科技自立自强、建设世界科技强国的法律制度基础，充分体现了在实现中华民族伟大复兴的历史机遇期，党和国家对科技事业发展的高度重视。在法治护航下，中国科技创新旋律必将越来越激昂，中国科技创新成果必将越来越丰硕，科技事业发展必将大有可为。

（二）立法目的和任务

《科学技术进步法》第一条规定："为了全面促进科学技术进步，发挥科学技术第一生产力、创新第一动力、人才第一资源的作用，促进科技成果向现实生产力转化，推动科技创新支撑和引领经济社会发展，全面建设社会主义现代化国家，根据宪法，制定本法。"

此次修订《科学技术进步法》具有重要意义，是贯彻落实习近平总书记关于科技创新重要论述和党中央有关决策部署的重要举措；是全面建设社会主义现代化国家，实现中华民族伟大复兴的客观需要；是应对世界百年变局，加快实现高水平科技自立自强的迫切要求；是完善中国特色社会主义法治体系，推进科技创新治理体系和治理能力现代化的有力支撑。

1. 通过法律的方式进一步促进科学技术进步

从国家层面的立法来看，《科学技术进步法》在科技创新法律规范中无疑处于"基本法"的地位。从该法的名称来看，《科学技术进步法》即规范科技研发转化活动、促进科技创新的法律规范；其他法律规范，如《促进科技成果转化法》《科学技术进步奖励条例》等，无一不是在

《科学技术进步法》的框架内对特定科技研发转化活动进行规范的法律条文。《科学技术进步法》在科技创新法体系中的"基本法"地位体现在三个方面：一是立法顺序上的基础性，二是体系上的基础性，三是内容上的基础性。

2. 建立健全科技人才培养机制，为国家科技发展提供人才支持

《科学技术进步法》对人才的培养和利用有明确的规定。首先，该法强调了科学技术人员的权利和义务，包括依法组织或者参加学术活动，按照国家有关规定自主确定科学技术研究开发方向和项目，自主决定经费使用、机构设置、绩效考核及薪酬分配、职称评审、科技成果转化及收益分配、岗位设置、人员聘用及合理流动等内部管理事务。此外，《科学技术进步法》也对企业科技人员创设了一系列新的规则。其中包括为企业科技人员提供更好的创新保障措施，完善国家创新体系，着力破除自主创新障碍因素。这些规定旨在提升科技人才队伍的整体素质和创新能力，进一步推动科技事业长足进步、推动科技为经济社会发展服务。此次修订的《科学技术进步法》再次凸显了科学技术是第一生产力、创新是第一动力、人才是第一资源的理念，通过建立健全科技人才培养机制，为国家科技发展提供人才支持。

（三）立法基本原则

1. 以市场为导向、以政府为引导原则

第一，以市场为导向促进科技创新。一方面，市场对科技创新资源配置起决定性作用。从党的十四大报告到十九大报告中，可以发现党和国家从广度和深度上逐步提升市场的地位，不断推进各类要素的市场化改革；同时，不能完全忽略和割裂政府作为"守夜人"的作用，要求政府在资源配置中既不缺位也不越位。随着社会主义市场经济的快速发展，市场对于资源配置的决定性作用日益凸显。科技创新资源是一种稀缺性资源，实现科技创新资源的有效配置能够更为精准集中地推动目标领域的科技创新发展，以及更能取得科技效能最大化。科技创新资源的市场化配置，改变了过去依靠计划手段和行政命令配置资源的封闭性和刻板性，提高了科技创新资源的配置效率，促进了科技创新要素的快速流动与有效整合。另一方面，市场声誉体现对科技创新的评价和选择。市场声誉反映出社会对于科技创新的评价和选择，影响着科技创新的发展方向，也促使更多的科技创新资源流向市场取向的产业。同时，市场声誉亦是以市场为导向配置科技创新资源的结果呈现，体现了科技创新供需两端的真实关系。充分发挥市场声誉机制的作用，将促进社会整体的长效创新、优质创新，还将进一步推动科技创新高标准要素市场体系的建设。

第二，以政府为引导促进科技创新。一方面，政府促进科技创新不可越位。政府作为科技创新的促进主体，其尊重市场规律，就是尊重以市场经济为基础的创新自由和科研自由。政府对于科技创新只能有限度地干预，这也是发展社会主义市场经济的重要要求之一。科技创新发展应该充分利用好市场机制，找到促进科技创新的关键点和落脚点，通过市场利益的驱动力激发科技创新主体的内生动力。另一方面，政府促进科技创新不可缺位。政府要充分发挥科技创新促进职能的效用，需要在两个方面增进和把握引导功效：其一，找准科技创新发展的前沿主攻方向，明确科技创新的战略导向和产业布局，扫清妨碍科技创新发展的体制机制障碍，在对市场经济规律进行深刻分析的基础上推动科技创新事业不断前进。其二,调动社会力量开展科技创新活动的积极性,支持科技创新主体参与科技创新决策,实现科技创新事业的共治与共进。从立法现状和行政实务来看,法律和政府对于促进科技创新事业作出突出贡献的个人和单位,将予以奖励和表彰;同时,还越来越强调科技协会、企业、科研机构、高等学校、科技中介组织等主体的决策咨询作用。这些举措从一定程度上,将减轻科技协会等非政府主体关于促进科技创新的"义务感""社会责任感"引发的被动心理,进而激发为促进科技创新贡献力量的动力。

2. 效益原则

第一,促进科技创新的经济效益实现。经济效益是衡量一切经济活动的最终的综合指标。企业、市场化的科研机构等主体既是科技创新活动的参与者,也是市场竞争的参与者。它们所产生的经济效益不仅是衡量其科技创新活动价值的重要维度,还关乎在市场中的生存之道。同时,越来越多的高等院校附属研究所、公办科研院所等科技创新主体正面临市场化转型,"体制内"不再是市场竞争优胜劣汰的豁免盾牌。在市场经济中,经济效益对于大部分科技创新主体而言是驱动创新的长效动力。《科学技术进步法》要从促进经济利益提升的角度出发,激发社会主体的创新积极性。其一,评价经济效益最直观的两大因素即成本与产出。通过科技创新资源配置倾斜,进一步扩大经济效益。其二,通过奖励、补贴、税收优惠、授予资格等措施,让科技创新主体收获经济利益。

第二,促进科技创新的社会效益实现。《科学技术进步法》是中国特色社会主义法律体系的有机组成部分,其核心立法目的即通过促进科技创新不断造福人民和改善民生、不断增进社会福祉。促进科技创新,将大幅改善社会成员的生产生活条件,有力推进社会生产力整体飞跃,越级提升国家综合国力,并在保护生态环境、升级基础教育、维护国家安全、防治自然灾害和疾病、应对突发性公共事件等多方面发挥积极作用。《科学技术进步法》作为促进科技创新的规则载体,将通过倡导、鼓励、奖励等方式对促进科技创新过程中所产生的社会关系进行符合社会发展规律和满足社会总体需求的方向上调整,逐步在社会中形成创新成风的氛围,推动社会成员践行科技创新行为规范并树立自主创新价值观,调动社会各方力量为实现社会稳定发展而投身到科技创新活动中去。

第三,促进科技创新的法律效益实现。一方面,与促进科技创新的政策手段相比,《科技技术进步法》应更凸显全局性、权威性,否则在一般情况下便不具备转化为法律手段的资格。许多促进科技创新的法律制度,是由相关政策演变而来的,只有在高频次实证考察与反复论证的基础上分析该政策在推进科技创新方面产生的实际效益,才有可能让其中部分促进手段从"政策"身份转变为"法律"身份。在此情况下,"促进科技创新"便从政府意志上升为社会意志、国家意志,不仅仅是政府的任务目标,而应成为各行各业发展的优先选择,并应被推崇为一种推动社会经济飞速发展的共识。另一方面,《科学技术进步法》需要具备成为科技创新领域促进型法律的实然价值与应然价值,其应是我国法律体系中关于促进科技创新这一事项的专门法律依据,是选取促进方案措施、解决相关问题的首要且最优的法律手段。

3. 协调原则

第一,超前性与现实性之间的协调。看待《科学技术进步法》的超前性与现实性之间的协调问题既不能脱离现实制定"假大空"的超前计划，否则将导致科技创造力和生产力情况与法律规划不相匹配，科研实情严重偏离法律预设轨道等情况出现；同时，也不能固步自封，法律的稳定性、持续性、滞后性特点与科技创新带来的重重变革之间本来就存在一定的衔接难点，立法眼光若只瞄准当下，不仅无法适应社会和经济发展的快速变化，也将造成国家承担更多不必要的法律立、改、废成本。

第二，热门领域与冷门领域之间的协调。热点研究与优势学科所产生的社会效益、经济效益明显，且由于已经形成较为成熟的研究生态，其获得成果的速度相对较快，其成果经过成功转化后在市场上也能迅速投入流通。然而，小众研究、薄弱学科中的创新价值同样也是无法估量的，科技立法和国家科技创新规划要走在世界前面对这些研究展开创新布局，支持科技人员深入探索新领域，抢占科技的研究先机，争取利用创新成果发展为新的"卡脖子"利器。在立法中必须处理好热点研究与小众研究、优势学科与薄弱学科之间的财政资金规划、科研设施建设、科技计划导向等方面的协调问题，正视小众研究、薄弱学科的"无用之用"。

第三，中央政府与地方政府之间的协调。随着科技创新重要性的普及，中央和各地方政府逐步意识到，只有明确分工、协同推进、集成攻关、统筹协调，才能真正推动科技创新。中央政府要发挥主导作用，做好统筹工作和总体设计，进一步扩大地方政府的事权财权，对当前不尽合理、落后的分权观念及时调整或清理，对科技创新促进工作确有困难的地区提供财政等方面的倾斜照顾，以及从法律上确定其为国家级的帮扶地区；地方政府要充分发挥积极性，正确执行中央政府的决定和部署工作，积极主动地融入跨地区的科技创新合作，充分体现科技工作系统的组织优势，优化对科技创新主体的服务，不断激发地区的创新发展活力。

第四，政产学研用协调创新发展。一方面，破解科技创新"孤岛效应"的桎梏。为了促进科技创新的各个环节实现协同融通创新，促使各类科技创新要素在流动中充分发挥效用，稳固"国家创新体系"建设的根基，防止各种资源闭环阻碍创新合力的生成，需要借助法律协调手段消除阻碍协同创新的体制机制问题，谨防科技创新环节中出现闭塞倾向。另一方面，以协同创新驱动科技创新发展。在政产学研用一体的创新网络中，政府以其独有的组织、引导能力促成创新合作，用户以其普遍需求催生新的科技突破。深入推进政产学研用五位一体的协同创新体系建设，需要在推进科技创新的法治化过程中，紧紧围绕产业链部署创新链，丰富科技创新因素整合的形式，为政产学研用协同创新工作的推进提供明确的法律适用规则。以日本为例，"官产学"一体是日本政府为了推动国家经济发展而采取的一种合作模式，将政府、企业和学术界紧密联系在一起，共同推进技术创新和产业发展。在这种模式下，日本政府通过制定政策和提供资金支持，促进企业与学术界的合作，加速技术研发和创新，在光刻机领域发挥重要作用——尽管尼康在初代光刻机上遇到了许多技术问题，但在日本国内企业和政府的共同支持下，他们成功攻克了这些难题。这使得尼康在1982年能够向美国出售高性能的光刻机，其产品的稳定性和自动化程度甚至超过了当时的竞争对手美国地球物理公司（GCA）。

（四）立法结构与内在逻辑

修订后的《科学技术进步法》共12章117条，包括总则、基础研究、应用研究与成果转化、企业科技创新、科学技术研究开发机构、科学技术人员、区域科技创新、国际科学技术合作等章节。梳理此次修法，极具亮点的是"建立健全以国家实验室为引领、全国重点实验室为支撑的实验室体系""鼓励科学技术研发开发机构、高等学校、企业等采取股权、期权、分红等方式激励科学技术人员""国家支持发展新型研究开发机构等新型创新主体""探索赋予科学技术人员职务科技成果所有权或者长期使用权制度"，以及减少事务性负担，保障科研时间等，积极回应各方面关切。

1. 贯彻落实习近平总书记关于科技创新重要指示批示精神，强化国家战略科技力量

为进一步贯彻落实习近平总书记关于科技创新重要指示批示、党中央有关文件和会议精神，修订后的《科学技术进步法》在以下八个方面进行了修改完善：一是为科学技术人员提供宽松的科研环境，保护科学技术人员自由探索；二是鼓励科学技术研究开发，支撑实现碳达峰碳中和目标；三是国务院制定中长期科学和技术发展规划、科技创新规划，相关规划应当明确指导方针，发挥战略导向作用，引导和统筹科技发展布局、资源配置和政策制定；四是国家培育具有影响力和竞争力的科技领军企业，充分发挥科技领军企业的创新带动作用；五是建立健全以国家实验室为引领、全国重点实验室为支撑的实验室体系；六是国家加快战略人才力量建设，优化科学技术人才队伍结构，完善战略科学家、科技领军人才等创新人才和团队培养等机制，实施相关配套政策；七是国家坚持人才引领发展的战略地位，深化人才发展体制机制改革，充分发挥人才第一资源的作用，为科学技术人员潜心科研创造良好环境和条件；八是加强科技伦理治理，要求科研单位

履行科技伦理管理主体责任，建立健全科技伦理审查机制。

2. 充分体现我国科技领域改革发展经验成果，进一步激发科技创新活力

修订后的《科学技术进步法》在六个方面充分体现我国科技领域改革发展经验成果：一是在法律中明确国家最高科学技术奖等奖项；二是强调基础研究是科技创新的源头，明确国家支持高等学校加强基础研究学科建设和基础研究人才培养，增强基础研究自主布局能力，推动高等学校基础研究高质量发展；三是根据职务科技成果权属改革有关情况，规定推进知识产权归属和权益分配机制改革，探索赋予科学技术人员职务科技成果所有权或者长期使用权制度；四是体现激发科学技术人员创新活力方面的有益经验做法，规定鼓励科研单位采取股权、期权、分红等方式激励科学技术人员；五是总结地方探索经验，强化区域科技创新；六是规定建立健全科学技术统计调查制度、国家创新调查制度和科技报告制度，为科技决策提供依据。

另外，修订后的《科学技术进步法》对区域创新布局进行了优化，规定国家重大战略区域可以依托区域创新平台，构建利益分享机制，促进科技创新要素自由流动，推动科学仪器设备等资源开放共享；鼓励地方积极探索区域科技创新模式，尊重区域科技创新集聚规律，因地制宜选择具有区域特色的科技创新发展路径。

3. 全面反映促进科技创新的实践需求，推进体制改革减轻事务性负担

促进科技进步，体制机制和涉及高校、企业、地方等各方面法治完善都不能缺位。为深入推进科技体制改革，破除体制机制障碍，激发科技作为第一生产力所蕴藏的巨大潜能，修订后的《科学技术进步

法》规定，国家支持发展新型研究开发机构等新型创新主体，完善投入主体多元化、管理制度现代化、运行机制市场化、用人机制灵活化的发展模式。

人才是推动科技创新的关键力量，全国广大科技工作者正按照习近平总书记提出的"四个面向"要求，面向世界科技前沿、面向经济主战场、面向国家重大需求、面向人民生命健康，坚定创新自信，紧抓创新机遇，勇攀科技高峰，破解发展难题。但现实中，一些无谓的迎来送往活动、不必要的评审评价活动，以及形式主义、官僚主义等问题，占据科研人员的大量时间，使他们无法把主要精力投入科技创新和研发活动中。修订后的《科学技术进步法》使科研人员专注科研、聚焦主业的期盼在法律层面得到了保障。

《科学技术进步法》针对科研人员事务性负担较重的问题，规定完善科学技术人员管理制度，增强服务意识和保障能力，简化管理流程，避免重复性检查和评估，减轻科学技术人员项目申报等方面的负担，保障科学技术人员科研时间。规定科学技术人员应当信守工作承诺，履行岗位责任，完成职务或者职称相应工作。同时法律还完善相关法律责任，规定利用职权打压、排挤、刁难科学技术人员的，对直接负责的主管人员和其他直接责任人员依法给予处分。

为加大科研投入力度，修订后的《科学技术进步法》规定，国家鼓励有条件的地方人民政府合理确定基础研究财政投入，加强对基础研究的支持；国家引导企业加大基础研究投入，鼓励社会力量多渠道投入基础研究；有条件的地方人民政府可以设立自然科学基金，支持基础研究。

"四个面向"是科技创新的战略方向，修订后的《科学技术进步法》

在相关领域基础研究、应用研究与成果转化方面增加相关规定。

为解决科技型企业融资难题，本法规定国家完善科技型企业上市融资制度，畅通科技型企业国内上市融资渠道，发挥资本市场服务科技创新的融资功能。

与此同时，此次修订中一系列暖心的制度设计，有助于切实解决科研人员工作、生活中的诸多问题，也让修法增添了人情味。法律规定各级人民政府和企业事业单位应当完善女性科学技术人员培养、评价和激励机制，关心孕哺期女性科学技术人员，鼓励和支持女性科学技术人员在科学技术进步中发挥更大作用。

二 法律知识要点

（一）各级政府在科技工作中的作用

各级政府在科技工作中的作用至关重要，《科学技术进步法》明确规定"更好发挥政府作用"。落实到职责履行方面，在县级以上人民政府内，科学技术行政部门负责本区域的科学技术进步工作，其他有关部门则在各自职责范围内负责有关科学技术进步工作。

《科学技术进步法》要求地方政府为科研工作提供一定的便利条件，这主要体现在经费保障、组织保障、成果转化、技术交流和公平竞争五个方面。第一，在科研经费来源方面，政府应当鼓励合理确定基础研究财政投入，设立自然科学基金支持基础研究；第二，在科研平台组织保障方面，政府应当根据国家发展战略和地方发展需要，建设重大科技创新基地与平台；第三，在科研成果转化方面，政府应当为促进科技成果转化创造条件，对于公益性科学技术研究所探索的农业新品种、新技术应当加以应用和推广，对于首次投放市场的科技创新产品、服务，政府应当率先购买；第四，在科学技术交流方面，政府应当发展同外国政府、国际组织之间的科学技术合作与交流；第五，在企业技术进步方面，政府应当创造公平竞争的市场环境，制定相应政策，促使企业设备、工艺进步，淘汰落后设备、工艺，不断进行技术改造和设备更新。

（二）科技人员的管理制度

围绕着科技人员管理体系，《科学技术进步法》进一步完善，具体表现为科技成果的权属、科研时间保障、特殊人员支持和免责事由四点。

第一，科技成果的权属上，国家实行以增加知识价值为导向的分配政策，推进知识产权归属和权益分配机制改革。其中，《科学技术进步法》明确探索赋予科学技术人员职务科技成果所有权或者长期使用权制度，规定科学技术研发开发机构、高等学校、企业等可以采取"股权、期权、分红"等方式激励科学技术人员。这一条文进一步保障了科学技术人员的优厚待遇与社会尊重，通过物质奖励激励科学技术人员开展科研活动，产出科研成果。

第二，在保障科学技术人员科研时间方面。我国存在着部分科研人员事务性负担较重的问题，具体体现在项目申报、材料报送、经费报销等方面存在一定的负担，经常出现重复性检验和评估。针对以上情况，《科学技术进步法》明确规定要简化管理流程，保障科学技术人员科研时间。

第三，对特殊科学技术人员提供专门支持和保障。从科研人员岗位分布来看，存在在艰苦、边远地区或者恶劣、危险环境中工作的情形，《科学技术进步法》明确规定为相关人员提供补贴，提供相应的职业健康卫生保护和安全保障，以及为其接受继续教育、业务培训等提供便利条件。从科研人员本身来看，存在青年科学技术人员、老年科学技术人员、少数民族科学技术人员、女性科学技术人员，为此，需要针对不同人群特点进行支持和保障：保障青年科学技术人员在竞聘专业技术职务、参与科学技术评价、承担科学技术研究开发项目、接收继续教育等方面享有平等权利，不因年龄过低而受到一定的歧视，积极鼓励青年科学技术人员勇于探索、勇于尝试；鼓励老年科学技术人员在科学技术进步中发挥积极作用；保障少数民族科学技术人员的平等权利；关心孕哺期女性科学技术人员，鼓励支持女性科学技术人员在科学技术进步中发挥更大作用。

第四，科学技术人员的免责事由。国家鼓励科学技术人员开展科研活动，但是部分科研活动存在一定的风险。为了营造鼓励创新、宽容失败的良好氛围，《科学技术进步法》明确了在探索性强、风险高的科学技术活动中科学技术人员的免责情况。如原始记录足以证明科学技术人员尽到了勤勉尽责义务，但仍不能完成项目的，予以免责。

（三）科研活动的监督管理体系

在科学技术研究活动中，国家从科研诚信与科技伦理两个层面进行监督。科研诚信层面，规定企事业单位和社会组织应当履行科研诚信管理的主体责任，并禁止虚构、伪造科研成果的行为；科技伦理层面，科技伦理委员会承担着加强科技伦理教育和研究的义务，科学技术研究开发机构、高等学校、企事业单位也应当履行科技伦理管理的主体责任，对科学技术活动开展科技伦理审查活动。

在科学技术计划项目上，由评审专家库中选取评审专家，并建立评审专家的遴选、回避、保密、问责制度；在科研资金使用方面，由科学技术行政等有关部门负责，监督对利用财政性资金设立的科学技术计划的事实情况，对科研项目资金承担协调、评估、监管的义务；在科学技术资源公开方面，国家及时向社会公布科学技术资源的分布、使用情况。

（四）科技管理中的法律责任

《科学技术进步法》规定了科学技术管理中的法律责任。滥用职权、玩忽职守、徇私舞弊的工作人员，以及阻挠、限制、压制科学技术研究开发活动或打压科学技术人员的行为，将直接对负责的主管人员和其他直接责任人员依法给予处分。虚构、伪造科研成果，发布、传播虚假科研成果，或者从事学术论文及其实验研究数据、科学技术计划项目申报验收材料等的买卖、代写、代投服务的，相应主管部门可以处以罚款，没收违法所得，吊销许可证件。在经费使用的过程中，虚报、冒领、贪污、挪用、截留有关科学技术进步的财政性资金或者社会捐赠资金的，有关主管部门责令改正，并追回财政性资金，责令退还捐赠资金，并可以给予处分，暂停拨款，终止或者撤销其相关科学技术活动。

三 常见法律问题

（一）美国的《2022年芯片与科学法案》能否助力其实现科技霸权主义？

近年来，美国政府打着维护国家安全的幌子，接连出台对华限制措施，在科技领域打压中国。美方多次声称，"小院高墙"不是为了实现更广泛的"脱钩"，"小院"之外的领域会对华开放，但其管制措施的范围却在不断扩大，管制程度在不断收紧。动用国家力量推出所谓《2022年芯片与科学法案》，拼凑所谓"半导体产业联盟""芯片四方联盟"，发布对外投资审查行政令……美方一再升级遏制打压，迄今已将1300多个中国企业、机构和个人列入各类制裁清单，甚至连中国社交媒体应用程序都不放过。美方的真实目的，就是通过"科技脱钩"封堵中国科技上升路径，阻滞中国发展进步。

美方这种做法悖逆科技开放合作大势，既高估了自己的能力，也低估了中国实现科技创新的决心。回顾历史，中国的发展始终建立在自身力量的基点上，从"两弹一星"到载人航天、量子通信、北斗导航，再到在芯片领域攻坚克难，无数事实早已证明，限制打压阻挡不了中国的发展，只会增强中国自立自强、科技创新的决心和能力。

《科学技术进步法》第二条第二款规定："国家坚持新发展理念，坚持科技创新在国家现代化建设全局中的核心地位，把科技自立自强作为国家发展的战略支撑，实施科教兴国战略、人才强国战略和创新驱动发展战略，走中国特色自主创新道路，建设科技强国。"当前，中国自主创新能力大幅增强，新兴前沿科技成果不断涌现，新能源、人工智能等新产业新业态蓬勃发展。面对封锁打压，中国不搞自我封闭、自我隔绝，而是全方位加强国际科技创新合作，更加主动地融入全球创新网络，在开放合作中提升自身科技创新能力，"脱钩"逆流无法阻挡中国创新驱动步伐。

（二）《科学技术进步法》如何平衡科技创新与知识产权保护之间的关系？

科技创新和知识产权保护之间的关系是微妙且复杂的。科技创新作为推动经济发展的重要动力，其成果需要得到合适的保护，才能激励更多的人投入到创新活动中来。知识产权保护则是保障创新成果的重要手段。

我国已经构建了一套日臻完善的科技创新法律制度，包括《科学技术进步法》《专利法》等专门性法律，以及《促进科技成果转化法》《科学技术普及法》等，这些法律规则涵盖了经济、政治、文化、社会、生态文明建设等各个领域的科技创新方面。此外，我们还要看到，知识产权保护工作关系着国家治理体系和治理能力的现代化，影响着高质量发展和人民生活幸福，关系着国家对外开放大局和国家安全。因此，我们必须从国家战略高度出发，全面加强知识产权保护工作，以激发全社会的创新活力。

《科学技术进步法》第十三条规定："国家制定和实施知识产权战略，建立和完善知识产权制度，营造尊重知识产权的社会环境，保护知识产权，激励自主创新。企业事业单位、社会组织和科学技术人员应当增强知识产权意识，增强自主创新能力，提高创造、运用、保护、管理和服务知识产权的能力，提高知识产权质量。"在实现科技创新与知识产权保护之间的平衡上，我们需要健全"双轮驱动"体制机制，坚持中国共产党对科学技术事业的全面领导，将科技创新支撑和引领经济社会发展作为核心任务。同时，我们也应看到，科学奖励制度并不是对科学发现权提供有效保护的最佳选择，需要从知识产权保护的角度对科学发现权进行规范调整。总的来说，通过完善立法、强化执法、提高司法公正、优化服务等手段，我们可以在保护知识产权的同时，也鼓励和支持科技创新的发展。

（三）科技人员的法律地位如何，权益如何保障？

科技人员的法律地位和权益保障是科技法领域的重要问题。科技人员是科技创新的主体，他们的权益保障对于激发科技创新活力至关重要。为了实现这一目标，我国采取了一系列措施来提高科技人员的社会地位，培养和造就专门的科技人才，并鼓励他们投入科技创新和研究开发活动。

《科学技术进步法》第十条规定："科学技术人员是社会主义现代化建设事业的重要人才力量，应当受到全社会的尊重。国家坚持人才引领发展的战略地位，深化人才发展体制机制改革，全方位培养、引进、用好人才，营造符合科技创新规律和人才成长规律的环境，充分发挥人才第一资源作用。"国家采取多种措施，旨在提高科学技术人员的社会地位，培养和造就专门的科学技术人才，并鼓励他们投入科技创新和研究开发活动。《科学技术进步法》规定：完善创新人才教育培养机制，加强完善战略性科学技术人才储备；实行科学技术人员分类评价制度，突出创新价值、能力、贡献导向；促进科学技术人员的合理畅通有序流动；为青年科学技术人员成长创造环境和条件；鼓励老年科学技术人员在科学技术进步中发挥积极作用。这也有助于构建一个公平、公正、有序的科技创新环境，进一步推动我国科技创新事业的发展。

（四）企业是自主创新的主体，国家鼓励企业开展哪些创新活动？

《科学技术进步法》第四十条规定："国家鼓励企业开展下列活动：（一）设立内部科学技术研究开发机构；（二）同其他企业或者科学技术研究开发机构、高等学校开展合作研究，联合建立科学技术研究开发机构和平台，设立科技企业孵化机构和创新创业平台，或者以委托等方式开展科学技术研究开发；（三）培养、吸引和使用科学技术人员；（四）同科学技术研究开发机构、高等学校、职业院校或者培训机构联合培养专业技术人才和高技能人才，吸引高等学校毕业生到企业工作；（五）设立博士后工作站或者流动站；（六）结合技术创新和职工技能培训，开展科学技术普及活动，设立向公众开放的普及科学技术的场馆或者设施。"

国家也鼓励培养、吸引和使用科学技术人员，同科学技术研究开发机构、高等学校、职业院校或者培训机构联合培养专业技术人才和高技能人才，吸引高等学校毕业生到企业工作。国家还支持企业设立博士后工作站或者流动站，结合技术创新和职工技能培训，开展科学技术普及活动，设立向公众开放的普及科学技术的场馆或者设施。在产业应用目标明确的国家科技计划项目中，国家鼓励并引导企业牵头组织实施，探索政府和社会资本合作开展关键核心技术攻关。同时，支持数字经济、平台经济企业加强硬科技创新。

除此之外，国家还鼓励企业加强原始创新，开展技术合作与交流，增加研究开发和技术创新的投入，自主确立研究开发课题，开展技术创新活动。为了适应小型化、智能化、专业化的产业组织新特征，推动分布式、网络化的创新，国家也鼓励企业开展商业模式创新，引导社会资本参与建设面向小微企业的社会化技术创新。

（五）国家禁止哪些科学研究活动？

《科学技术进步法》第十章对禁止行为作了详细阐述。例如："任何组织和个人不得虚报、冒领、贪污、挪用、截留财政性科学技术资金。""科学技术资源的管理单位不得侵犯科学技术资源使用者的知识产权，并应当按照国家有关规定确定收费标准。管理单位和使用者之间的其他权利义务关系由双方约定。""任何组织和个人不得虚构、伪造科研成果，不得发布、传播虚假科研成果，不得从事学术论文及其实验研究数据、科学技术计划项目申报验收材料等的买卖、代写、代投服务。"具体而言，《科学技术进步法》第一百零七条规定："禁止危害国家安全、损害社会公共利益、危害人体健康、违背科研诚信和科技伦理的科学技术研究开发和应用活动。从事科学技术活动，应当遵守科学技术活动管理规范。对严重违反科学技术活动管理规范的组织和个人，由科学技术行政等有关部门记入科研诚信严重失信行为数据库。"

要强调的是，随着科学技术的快速发展，科技伦理的挑战日益增多。因此，必须遵循科技伦理的价值理念和行为规范，以促进科技事业的健康发展。

（六）如何贯彻实施《科学技术进步法》?

一是履行新增法定职责。科学技术协会和科学技术社会团体、社会组织要有效履行、切实履行新增法定职责，如推动科技创新、加强知识产权能力建设、落实收入激励改革、承担诚信主体责任。

二是用足新增创新政策支撑创新发展。科学技术协会和科学技术社会团体、社会组织要用好用足新增鼓励政策，实现更高水平的创新发展。具体体现在创新生态、科技普及、成果转化、标准制定、国际合作、人才聘用六个方面。

三是创新《科学技术进步法》守法普法宣传。科学技术协会、社会组织可以创新《科学技术进步法》的守法普法宣传，围绕科技人员关心的热点和重点，阐释《科学技术进步法》的新规定、新精神，指导科技人员准确理解法律，更好地保护自己的合法权益，更好地发展科学研究事业。同时，针对法律实施中出现的新问题，及时开展专题专项研究，并及时反馈给国家立法机关。

环境保护法

第十二讲 CHAPTER 12

CHAPTER 12

第十二讲 环境保护法

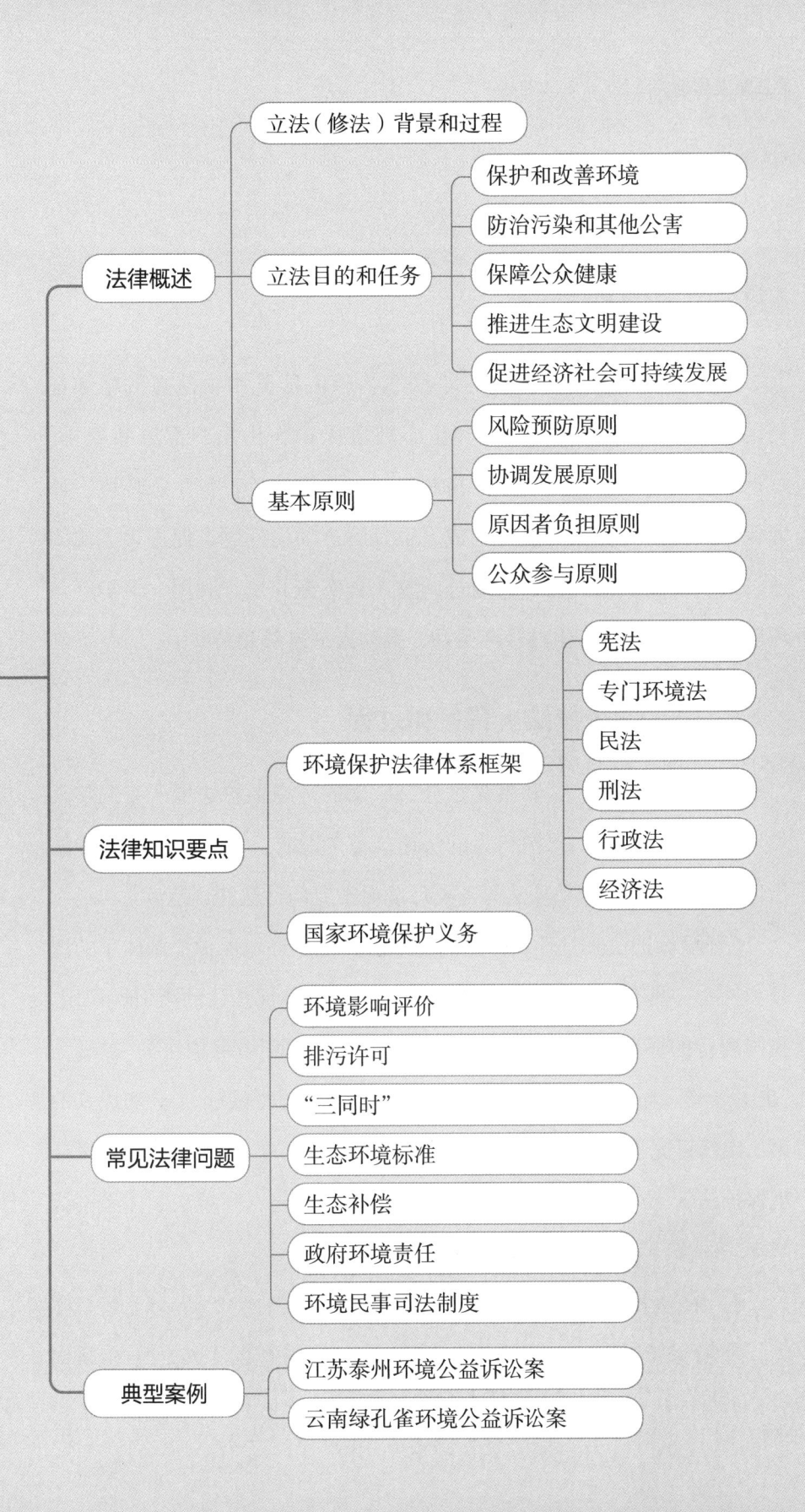

- 法律概述
  - 立法（修法）背景和过程
  - 立法目的和任务
    - 保护和改善环境
    - 防治污染和其他公害
    - 保障公众健康
    - 推进生态文明建设
    - 促进经济社会可持续发展
  - 基本原则
    - 风险预防原则
    - 协调发展原则
    - 原因者负担原则
    - 公众参与原则
- 法律知识要点
  - 环境保护法律体系框架
    - 宪法
    - 专门环境法
    - 民法
    - 刑法
    - 行政法
    - 经济法
  - 国家环境保护义务
- 常见法律问题
  - 环境影响评价
  - 排污许可
  - "三同时"
  - 生态环境标准
  - 生态补偿
  - 政府环境责任
  - 环境民事司法制度
- 典型案例
  - 江苏泰州环境公益诉讼案
  - 云南绿孔雀环境公益诉讼案

一 法律概述

党的十八大以来，以习近平同志为核心的党中央站在战略和全局的高度，对生态文明建设和生态环境保护作出系列部署和安排。习近平总书记指出，要用最严格制度、最严密法治保护生态环境。环境保护法是法治体系的重要构成，也是解决环境问题、促进生态文明建设最主要的法律武器，它通过调整人类实施开发、利用、保护等与环境相关行为中所产生的社会关系，推动人与自然和谐共生。

（一）立法（修法）背景和过程

环境保护法有广义和狭义之分，广义的环境保护法指所有调整人类环境开发、利用、保护行为的法律规范的总称，狭义的环境保护法指环境保护基本法、单项法等各类环境保护专门性法律规范。

《环境保护法》是环境保护的基本法，也是环境保护法制体系的统领和核心，具有国家政策法的地位和对其他环境保护法的指引性作用。我国现行的环境保护基本法是2014年修订的《环境保护法》，被誉为"史上最严"环保法，这是自1979年《环境保护法（试行）》公布以来的第二次修订完善。从1979年《环境保护法（试行）》到"史上最严"《环境保护法》，立足于不同时代背景和法制基础完善，环境法制体系围绕基本法的修订完善不断向前发展。

1. 初步探索时期

环境保护及其立法一直是党和政府十分重视的工作。早在新中国成立之前，解放区就颁布了一些环境保护的法规，例如1939年《晋察冀边区保护公私林木办法》、1941年《陕甘宁边区森林保护条例》等。抗日战争和解放战争胜利之后，新中国百废待兴，三大改造、五年计划大大提高了工业发展水平，但也带来了局部的污染问题。随后"大跃进"背景下"大办钢铁""以粮为纲"，肆意砍伐植被和炼钢带来的工业废气，对环境和自然资源造成了大规模的破坏。这一时期的法制建设包括宪法确立的自然资源所有权和《水土保持暂行纲要》(1957年)、《关于积极保护和合理利用野生动物资源的指示》(1961年)、《矿产资源保护试行条例》(1965年)等。20世纪70年代后，大中城市和工业区空气污染、江河湖泊污染、地下水污染等问题严重。国家先后颁布《关于保护和改善环境的若干规定（试行草案）》(1973年)、《工业"三废"排放标准（试行）》(1973年)、《防止沿海水域污染暂行规定》(1974年)等法规，其中《关于保护和改善环境的若干规定（试行草案）》是第一部环境保护的综合性规定，被誉为中国环境法的雏形。[①] 在此基础上，各种单行和综合性规定的探索为基本法的出台积累了一定实践经验。1978年党的十一届三中全会提出"集中力量制定各种必要的法律"，环境保护法位列其中，同年中共中央批准了国务院环境保护领导小组的《环境保护工作汇报要点》，指示"要制定消除污染、保护环境的法规"。1979年9月，《环境保护法（试行）》颁布，这是我国现代意义上第一部环境保护基本法。

---

① 徐祥民：《中国环境法的雏形——〈关于保护和改善环境的若干规定（试行草案）〉的历史地位》，载徐祥民主编《中国环境法学评论》（第13卷），社会科学文献出版社2023年版，第1页。

2. 加速发展时期

《环境保护法（试行）》颁布之后，基于保障立法高效落实的目标，中央不断完善环境执法行政组织建设。1982年国务院机构改革设立城乡建设环境保护部，下设环境保护局。1983年，环境保护成为基本国策，环境保护局的地位不断攀升，1984年环境保护局升格为部门归口管理的国家环境保护局，1988年再一次升格为副部级的国务院直属局。组织机构的不断完善和地位提升为环境保护执法提供了坚实的力量依靠。执法赋予法制以实践的活力，法制为执法提供依据和后盾，保障执法有序进行。以《环境保护法（试行）》为基础和指引，各类单行环境保护法规加紧制定：1984年《水污染防治法》、1987年《大气污染防治法》等相继出台。在国内环境法制欣欣向荣的同时，我国也积极参与环境保护合作，1980年签署了《濒危野生动物种国际贸易公约》，1985年签署了《保护世界文化和自然遗产公约》等。这一时期，环境法制快速发展，1989年第七届全国人大常委会第十一次会议正式颁布《环境保护法》，结束了我国环境保护基本法长期试行的局面。

3. 调整提升时期

党的十一届三中全会之后，我国经济体制面临转轨，由计划经济到有计划的商品经济，再到全面实行社会主义市场经济的过程中，经济发展被置于空前高涨的地位。经济发展初期科技的有限性往往较为明显，工业生产带来的污染随着经济发展水平的提高而加重。同时，为适应经济转轨带来的管理体制问题和制度完善需要，亟须对环境法制进行调整。这一时期单行法不断完善，1989年《水污染防治法实施细则》、1991年《水土保持法》、1992年《城市绿化条例》、1996年《环境噪声污染防治法》、2001年《防沙治沙法》、2010年《全国主体功能区规划》等相继出台。政府管理体制需要环境行政作出回应，1998年国务院将国家环境保护局升格为国家环境保护总局，2008年全国人大通过国务院机构改革方案，以环境保护部取代国家环境保护总局，不断扩大环保行政职能，加强环境保护管理。2018年，根据全国人大通过的国务院机构改革方案，组建生态环境部，进一步整合了生态环境保护职能。《环境保护法》作为环境领域的基础性、综合性法律，面对不断加剧的环境污染、有法不依、执法不严等问题，修法思路由"有限修改"到"全面修改"，在经过多次审议和征求意见后，2014年《环境保护法》修订公布。

4. 全面发展时期

2014年《环境保护法》被誉为"史上最严"环保法，这是对实践需求的法制回应，更是党的十八大以来党和国家高度重视生态文明建设的法制体现。在党和国家大力支持、基本法不断完善的背景下，环境立法进入全面发展时期。2015年，中共中央、国务院发布《生态文明体制改革总体方案》，全面部署了生态文明建设的重大改革任务，在此基础上，全国人大常委会对大气污染防治、水污染防治、土壤污染防治、野生动物保护等领域进行立法完善，《民法典》在总则部分首次引入绿色原则，[1]侵权编规定了环境侵权惩罚性赔偿制度。2018年《宪法》修改，"生态文明"写入宪法序言。同年，习近平总书记在全国生态环境保护大会上阐述了生态文明建设思想，标志着习近平生态文明

---

[1] 《民法典》第九条规定："民事主体从事民事活动，应当有利于节约资源、保护生态环境。"

思想正式形成，成为新时代生态文明建设的根本遵循和行动指南。党的二十大报告指出，新时代十年来，我国"生态文明制度体系更加健全"，"生态环境保护发生历史性、转折性、全局性变化"，从现在起要继续"推动绿色发展，促进人与自然和谐共生"，"站在人与自然和谐共生的高度谋划发展"。

（二）立法目的和任务

根据《环境保护法》第一条规定，环境保护法的任务是保护和改善环境，防治污染和其他公害，目的是保障公众健康，推进生态文明建设，促进经济社会可持续发展。

（三）基本原则

基本原则是环境保护法区别于其他法律部门的，在环境保护法领域普遍适用的，具有高度概括性、抽象性特征的根本准则。[①] 基本原则指导环境立法、执法和守法，对环境保护法制和生态文明建设具有全局性意义。

1. 风险预防原则

风险预防原则是指国家在环境保护工作中采取各种预防措施，防止环境问题产生和恶化，或者把环境污染和破坏控制在能够维持生态平衡，保护人体健康，保障社会物质财富及经济社会可持续发展的限度之内，并对已造成的环境污染和破坏进行积极治理的原则。在生态环境的整体性、系统性特征之下，环境损害具有隐蔽性、潜

---

① 韩德培主编《环境保护法教程》，法律出版社2018年版，第54页。

伏性特征，损害一旦造成，修复往往比较困难，修复费用较高，甚至不可修复。风险预防通过事前措施，尽可能避免损害的发生，这是一种低成本的治理方式。风险预防原则重在防范未知的环境损害，即在科学和经验无法确定环境损害的条件下，基于已有的技术和知识进行事前预测，最大限度避免开发决策可能造成的环境损害。风险预防原则贯彻我国环境法制建设，《环境保护法》第五条规定，环境保护坚持预防为主的原则。第三十九条规定，"国家采取措施预防和控制与环境污染有关的疾病"。第四章专章规定"防治污染和其他公害"，此外，清洁生产制度、排污收费制度等都体现了风险预防原则。

2. 协调发展原则

协调发展原则是指经济建设和社会发展的规模和速度要充分考虑环境与资源的长期承载能力，使环境和资源既能满足经济建设和社会发展目标的需要，又能够使环境保持在满足当代人和后代人环境质量要求的水平上，使经济建设、社会发展与环境保护相互促进，共同发展。协调发展的重点是平衡好环境保护和经济发展的关系，这就要求对发展所涉及的环境利益、经济利益和社会利益均衡考虑，协调发展的本质即在于利益平衡，当然不同时期基于现实情况对于利益平衡存在不同侧重，但总体来看不能顾此失彼。生态环境是人类生存和发展的载体，各国环境保护的实践表明，不能为了经济发展牺牲环境，"先污染，后治理"的"发展"路径往往得不偿失。《环境保护法》第四条第二款规定，"国家采取有利于节约和循环利用资源、保护和改善环境、促进人与自然和谐的经济、技术政策和措施，使经济社会发展与环境保护相协调"。第五条规定"环境保护坚持保护优先"。

3. 原因者负担原则

原因者负担原则也称为污染者负担、环境责任原则，是指开发利用环境资源或者排放污染物并对环境造成不利影响和危害的主体，应当支付并治理由其活动造成的环境利益损失和污染破坏。不同于经济利益，环境利益的非排他性、共享性使得环境的价值常常被人们忽视，而出现"公地悲剧"。传统上环境污染问题多由国家出资治理，这就往往造成"企业污染、百姓受害、政府埋单"的不公平现象。原因者负担原则旨在扭转这种不公平局面，建立污染者付费、利用者补偿、开发者保护、破坏者恢复的责任自负机制。《环境保护法》第五条规定了损害担责原则，排污收费制度、资源补偿费和资源税等制度也体现了原因者负担原则。

4. 公众参与原则

公众参与原则是指鼓励公众通过各种法定的形式和途径了解国家有关的环境信息，积极参与环境保护的决策，对污染和破坏环境的行为依法进行监督，并有权要求国家有关机关对自己的环境权益予以保护。《环境保护法》第六条规定："一切单位和个人都有保护环境的义务，并有权对污染和破坏环境的单位和个人进行检举和控告。"此外，《环境影响评价法》第十一条、第二十一条规定，专项规划和建设项目如果可能对环境造成不良影响或者产生重大影响并涉及公众利益，规划和建设项目的环境影响评价报告的编制单位应当召开听证会，征求公众的意见。这些规定从制度上保障了公众参与环境保护。

二 法律知识要点

（一）环境保护法律体系框架

环境保护法律体系是调整人类实施与环境相关行为过程中所产生社会关系的全部法律规范所组成的统一整体，这是广义的环境保护法律体系，主要包括宪法、专门环境法、民法、刑法、行政法、经济法等法律规范。

1. 宪法

宪法是国家的根本大法，也是环境立法的基础和依据。宪法关于环境保护的内容在环境法律体系中具有至高的地位和权威，1982年《宪法》将保护环境确立为基本国策，宪法呈现绿色化趋势。现行宪法关于环境保护的规定主要体现在三个方面。一是自然资源保护利用方面，《宪法》第九条第二款规定："国家保障自然资源的合理利用，保护珍贵的动物和植物。禁止任何组织或者个人用任何手段侵占或者破坏自然资源。"二是土地资源保护方面，第十条第五款规定，"一切使用土地的组织和个人必须合理地利用土地"。三是生态环境保护方面，第二十六条规定，"国家保护和改善生活环境和生态环境，防治污染和其他公害。国家组织和鼓励植树造林，保护林木"。除正文外，2018年宪法修正案将"生态文明"纳入宪法序言，意味着生态环境保护方面的国家根本行为准则得以确立，生态文明建设有了最高的法治保障。

2. 专门环境法

专门环境法是建设生态文明的主要法律武器，包含1部基本法、多部专门法和4部特殊区域法律，即"1+N+4"的生态环境立法格局。所谓"1"，是指1部基本保护法，即《环境保护法》。所谓"N"，是指多部专门环境资源立法，包括三个重点领域：污染防治、资源利用和环境保护、生态保护。污染防治方面的立法主要有《水污染防治法》《大气污染防治法》《噪声污染防治法》《固体废物污染环境防治法》《放射性污染防治法》《海洋环境保护法》《清洁生产促进法》等。资源利用和环境保护方面的立法主要包括《土地管理法》《水法》《矿产资源法》《节约能源法》《可再生能源法》等。生态保护方面的立法主要包括《野生动物保护法》《野生植物保护条例》《自然保护区条例》《水土保持法》《防沙治沙法》《退耕还林条例》等。所谓"4"，是指4部特殊区域立法，即针对长江、黄河、黑土地和青藏高原的立法，包括《长江保护法》《黄河保护法》《黑土地保护法》《青藏高原生态保护法》。

3. 民法

民法是市场经济的基本法，现代民法的绿色化、生态化趋势日益显著，为生态文明建设提供了重要的法律保障。2020年《民法典》出台，关于环境保护和生态文明建设的法制体现主要在总则编、物权编、合同编和侵权责任编。总则第九条规定了绿色原则，物权编第二百五十条规定森林、山岭、草原、荒地、滩涂等自然资源的国家所有权，为促进资源合理利用奠定了产权基础。第二百八十六条业主、三百二十六条用益物权人、三百四十六条建设用地使用权人等规定了在行使权利时应合理利用资源、保护生态环境。合同编强化了合同履行过程中的生态环境保护，第五百零九条第三款规定，"当事人在履行合同过程中，应当避免浪费资源、污染环境和破坏生态"；第六百一十九条规定，合同双方当事人对包装约定不明且没有通用方式的，"应当采取足以保护标的物且有利于节约资源、保护生态环境的包装方式"。侵权责任编强化了生态环境保护力度，第一千二百三十二条新增环境侵权惩罚性赔偿制度，第一千二百三十四条新增生态修复费用赔偿制度。

4. 刑法

刑法是生态环境保护最严厉的法制保障。现行《刑法》第六章第六节"破坏环境资源保护罪"规定了污染环境罪、非法采矿罪、破坏性采矿罪等内容。第九章"渎职罪"第四百零八条规定了环境监管失职罪等。此外，针对环境污染问题最高人民法院、最高人民检察院也出台了司法解释，例如《最高人民法院、最高人民检察院关于办理破坏野生动物资源刑事案件适用法律若干问题的解释》（2022年）、《最高人民法院、最高人民检察院关于办理环境污染刑事案件适用法律若干问题的解释》（2023年）。

5. 行政法

政府是环境保护的主要实施者，对环境利用者具有监督管理的权力，政府本身也负有监管义务，包括管理性义务、服务性义务和接受监督的义务，[①]其本身违法失职行为也应受到追究。行政法明确政府环境保护、资源管理的职权和行权程序，通过采取行政许可、行政强制、行政处罚等措施以及行权程序，提升政府履职效能。例如《行

---

① 吕忠梅主编《环境法学概要》，法律出版社2016年版，第118页。

政许可法》第十一条规定设立行政许可应当有利于促进经济、社会和生态环境协调发展;《行政处罚法》第十八条规定,国家在生态环境领域推行建立综合行政执法制度,相对集中行政处罚权。此外,环境保护行政法规还具有细化、解释环境法律,推动环境法制实施的作用,如《防治船舶污染海洋环境管理条例》《环境保护税法实施条例》等。

6. 经济法

经济法是调整国家经济管理关系的法律。当前,国家的经济管理活动及其法治也呈现出明显的绿色化、生态化趋势。经济法的相关法律制度,如市场准入规则、企业公司法、产品质量法、财政税收法、金融法等,都有相关环境保护方面的规定和要求。如:2016年《环境保护税法》第一条开宗明义指出立法目的是"保护和改善环境,减少污染物排放,推进生态文明建设";2022年修正的《反垄断法》第二十条第一款规定,为实现节约能源、保护环境所达成的协议可适用垄断协议豁免。

(二)国家环境保护义务

环境保护法旨在治理环境问题,环境问题来源于超越环境承载能力的人类活动,治理环境问题必须限制、规范人类活动边界,即对个人、组织和国家施以义务。国家是环境保护义务的主要承担者,肩负环保主责,这来源于《宪法》第二十六条第一款:"国家保护和改善生活环境和生态环境,防治污染和其他公害"。国家的环境保护义务主要通过立法、行政和司法等活动实现。在立法上,《宪法》第九条第二款规定:"国家保障自然资源的合理利用,保护珍贵的动物和植物。禁止任何组织或者个人用任何手段侵占或者破坏自然资源。"《环境保护法》第四条第一款明确"保护环境是国家的基本国策"。在执法上，政府代表国家具体履行环境保护义务，一方面政府在行使公权力的过程中应当遵守环境保护相关法规，不得污染环境或破坏生态；另一方面，政府负有监管和治理义务，环境行政是政府的基本职能。[①] 监管是指对环境利用者从事可能造成环境损害的行为进行监督，只要在国家干预的范围内，政府就应当排除危害和预防风险。治理是指对环境利用者行为所造成的环境损害进行救济和修复，政府应当保证最低限度内维护生存和发展的环境义务的履行，并在此基础上不断提升义务履行成效。

政府作为国家环保义务的具体履行者，应从两个方面具体把握。一是处理好经济发展和环境保护的关系。环境是经济发展的载体，也是制约因素，政府在履行环境保护义务的过程中应当处理好经济发展和环境保护的关系，遵循二者协调可持续发展的基本原则履行职责，既要摒弃"先污染后治理"的发展路径，也不能"唯环境论"。二是转变治理理念，依法充分履职尽责。环境保护是政府的义务和职责，也是政府作为公共物品供给者向社会提供的一种基本服务，现阶段我国全面深化改革已进入深水区，只有加快转变政府职能，摒弃过去的环境"管理"理念，吸纳社会多元参与环境共治，才能高效实现环境保护，在这个过程中，政府应当充分实现信息公开，这是确保其依法尽责治理的关键。

---

① 汪劲：《环境法学》(第四版)，北京大学出版社2018年版，第87页。

三 常见法律问题

（一）环境影响评价

1. 制度概述

环境影响评价是指对规划和建设项目实施后可能造成的环境影响进行分析、预测和评估，提出预防或者减轻不良环境影响的对策和措施，并进行跟踪监测的方法与制度。环境影响评价制度最早于1978年中共中央在转批国务院关于《环境保护工作汇报要点》的报告中提出，1979年《环境保护法（试行）》正式确立环境影响评价制度，经过对环境保护基本法和《环境影响评价法》等专门法进行立修法，环境影响评价制度逐渐完善细化。

环境影响评价的对象包括规划和建设项目。从1979年以来，我国进行的环境影响评价只限于建设项目，为了预防因规划等战略对环境造成的影响，《环境影响评价法》将规划（包括指导性规划和专项规划）规定为环境影响评价的对象。规划环境影响评价的具体范围，由国务院环境主管部门会同国务院有关部门拟定，报国务院批准后执行。建设项目环境影响评价和规划环境影响评价的要求不同，规划的环境影响评价比较简单，其中，指导性规划只需要编写有关环境影响的篇章或者说明，不需要编制专门的环境影响报告书；专项规划虽然需要编制专门的环境影响评价报告书，但是内容要求较为简单。

建设项目环境影响评价是《环境影响评价法》的重点内容，国家根据对环境的影响程度对其实行分类管理。对于可能造成重大环境影响的，应当编制环境影响报告书，对产生的环境影响进行全面评价；对于可能造成轻度环境影响的，应当编制环境影响报告表，对产生的环境影响进行分析或者专项评价；对环境影响很小，不需要进行环境影响评价的，应当填报环境影响登记表。建设项目的环境影响报告书应当包括下列内容：建设项目概况，建设项目周围环境现状，建设项目对环境可能造成影响的分析、预测和评估，建设项目环境保护措施及其技术、经济论证，建设项目对环境影响的经济损益分析，对建设项目实施环境监测的建议，环境影响评价的结论。除国家规定需要保密的情形外，对环境可能造成重大影响、应当编制环境影响报告书的建设项目，建设单位应当在报批建设项目环境影响报告书之前，举行论证会、听证会，或者采取其他形式，征求有关单位、专家和公众的意见。建设项目的环境影响评价文件，由建设单位按照国务院的规定报有审批权的环境保护行政主管部门审批；建设项目的环境影响评价文件未经法律规定的审批部门审查或者审查后未予批准的，该项目审批部门不得批准其建设，建设单位不得开工建设。建设单位未依法报批环境影响评价文件，或者建设项目环境影响评价文件未经批准而擅自开工建设的，审批该项目环境影响评价文件的环境保护行政主管部门有权责令其停止建设，限期补办手续。逾期不补办手续的，可以处以罚款，对建设单位直接负责的主管人员和其他直接责任人员，依法给予行政处分。

2. 公众参与在环境影响评价中的重要性和完善路径

规划和建设项目多涉及公众切身利益，处理不当容易引发群体性事件。实践中有一些对公众有利的项目设施遭到周边群众反对或抵制，很重要的原因在于缺乏公众参与。《环境影响评价法》第四条规定，环境影响评价应当坚持客观、公开、公正原则，除保密情形外，评价活动及有关情况应当及时向社会公开和征求意见，吸收公众参与。公众参与是体现公开性，提升客观性、公正性的重要方式，有效的公众参与可以保证公众从决策体系或决定过程中尽可能早地、清晰地注意和了解到对自身有影响的信息，有机会和途径通过参与使自己的意见被决策者知晓，[1]有助于规避公益性建设项目中的邻避效应。2018年我国颁布的《环境影响评价公众参与办法》，充实了公民参与权的内容，包括知情权、统治权、批评建议权等，明确了公众参与的形式和效力；第二十一条规定建设单位向生态环境主管部门报批环境影响报告时，应当附具公众参与说明。当前关于公众参与的有效性方面，立法和行政都有待完善。一方面，《环境影响评价公众参与办法》虽然规定了公众参与的形式包括论证会和听证会，但是在具体程序上未作说明，这需要各地方制定具体实施细则；另一方面，论证会和听证会程序设置完善后，应重点关注如何平衡专家参与和普通民众参与。实践中，普通民众参与过轻的问题较为突出，甚至有些地方以公告和问卷的形式代替听证，虽然专家和普通民众同属于立法规定的公众参与，但二者不能互相替代，尤其在现阶段普通民众参与过低的情形下，应通过多种途径加强公众参与时限、强化司法救济，提升普通民众的参与度。

---

[1] 蔡定剑：《欧洲的公众参与的理论与实践——从城市规划的视角》，载蔡定剑主编《公众参与：欧洲的制度和经验》，法律出版社2009年版，第19页。

（二）排污许可

1. 制度概述

排污许可制度是政府对企事业单位和其他生产经营者排污行为进行监督和管理的一种制度，目的在于控制污染物排放，保护和改善生态环境。2008年8月《水污染防治法》第二十条首次在国家层面规定排污许可制度；2014年4月《环境保护法》第四十五条再次明确我国实行排污许可管理制度，未取得排污许可证的不得实施排污行为，第六十三条规定无证排污且拒不改正的法律责任；2021年1月《排污许可管理条例》公布，这是我国首部排污许可专门法。《排污许可管理条例》在总结改革实践，借鉴国外经验的基础上，按照制度运行流程编章，进一步提升了排污许可制度的法治化、规范化。

排污许可制度的运行包括四个步骤：首先是排污单位申请，具有排污需求的企事业向当地环保部门提交排污申请和相关材料；其次是环保部门审核，包括排污单位的生产工艺、污染治理设施等情况，在此基础上确定企业是否符合排污许可要求；再次是发放排污许可证，明确排污单位的污染物排放种类、浓度、排放量等许可事项；最后是监督管理，排污许可证发放给排污单位之后，当地环保部门应当定期对排污情况进行监测，确保其合法排污。根据申请单位的污染物产生量、排放量、对环境的影响程度等因素，排污许可制度实行分类管理，包括重点管理、简化管理和登记管理，不同管理模式在申请便利度、监管力度、频次等方面存在差异。

2. 排污许可与环境影响评价的衔接

生态环境保护需要在制度的衔接和联动中逐步实现。2022年4月，生态环境部印发《"十四五"环境影响评价与排污许可工作实施方案》，指出要促进环评与排污许可信息衔接、业务协同有效推进；选取具备条件的地方，开展污染影响类项目环评与排污许可深度衔接改革试点；推动生态环境管理制度全联动，研究建立与排污许可核心制度相适应的污染影响类项目环评管理体系，推动环评与排污许可在管理对象、管理内容和管理机制等方面的衔接。作为生态环境保护的两个重要环节，排污许可以环评为前置程序，有利于提升排污的科学性和环保性。实践中，环境影响评价结果一般会对评价项目的排放指标、浓度、方式等进行详细说明和风险把控，排污许可以环评结果为审核依据和监管标准，能够提高审批、监管的合理性、合法性，优化行政资源配置，提升环保行政效率；同时，制度衔接将环评过程中的公众参与因素引入排污许可，也有利于提升相关决策的透明性和公正性。应当注意的是，制度衔接的前提是具有统一的"度量衡"，即统一的技术核算标准。当前，在推进环评和排污许可衔接的过程中，要注意对环评与排污许可排放量的核算方式和标准进行统一，环保部门要对两种制度的技术标准进行重新梳理整合与规范，统一口径提升制度衔接的科学性、合理性。

（三）"三同时"

1. 制度概述

"三同时"是指建设项目需要配套建设的环境保护设施，必须与主体工程同时设计、同时施工、同时投产使用的制度。1979年《环境保护法（试行）》第六条即规定了新建、改建、扩建工程中的"三同时"制度，2014年《环境保护法》第四十一条再次明确"建设项目中防治污染的设施，应当与主体工程同时设计、同时施工、同时投产使用"。经过实践检验反馈和法制调整完善，"三同时"制度在生态环境保护法律体系中逐渐展开，2017年《建设项目环境保护管理条例》第十五条、2020年《固体废物污染环境防治法》第十八条、2021年《安全生产法》第三十一条、2023年《海洋环境保护法》第六十二条等条文分别规定了不同领域的"三同时"制度。

2."三同时"在不同建设阶段的要求

设计阶段，建设单位在委托设计单位时，应将环境保护设施一并委托设计。承担设计任务的单位必须依照有关规定，将环境保护设施与主体工程同时进行设计，并在设计过程中充分考虑建设项目对周围环境的影响。设计阶段的环境保护由建设单位负责落实，建设项目的主管部门负责预审和监督，环保部门负责审查。

施工阶段，建设单位在向施工单位委托施工任务时，应同时委托环境保护设施的施工任务。施工单位在接受建设项目的施工任务时，应同时接受环境保护设施的施工任务，否则不得承担施工任务。施工阶段的重点是建设单位在主体施工的同时应当严格落实环保要求。

投产阶段，建设单位必须把环境保护设施与主体工程同时投入运转。投产阶段建设项目必须经验收合格并发放相关合格证，才能正式投产使用。投产使用后，环境保护部门对环保设施的验收和使用情况进行监督。

（四）生态环境标准

1. 制度概述

生态环境标准，是指国家为了维护生态环境质量、控制污染，保护人民生命、健康和财产安全以及维持生态平衡，依照法定程序制定的各种技术规范的总称。生态环境标准具有规范性、程序性、强制性等特征，按照适用范围可分为国家生态环境标准和地方生态环境标准。国家生态环境标准由国务院环境保护主管部门制定，地方标准由省、自治区、直辖市人民政府制定，对于国家标准未作规定的项目，地方可以制定相应标准；已作规定的项目，可以制定严于国家标准的地方标准，地方标准应当报国务院环境保护主管部门备案。根据《生态环境标准管理办法》第四条第二款规定，按照内容分类，国家生态环境标准包括国家生态环境质量标准、国家生态环境风险管控标准、国家污染物排放标准、国家生态环境监测标准、国家生态环境基础标准和国家生态环境管理技术规范，地方生态环境标准包括地方生态环境质量标准、地方生态环境风险管控标准、地方污染物排放标准和地方其他生态环境标准。按照效力分类，生态环境标准可分为强制性标准和推荐性标准，《生态环境标准管理办法》第五条规定，国家和地方生态环境质量标准、生态环境风险管控标准、污染物排放标准和法律法规规定强制执行的其他生态环境标准，以强制性标准的形式发布。法律法规未规定强制执行的国家和地方生态环境标准，以推荐性标准的形式发布。强制性标准必须执行，推荐性标准的法律约束力较弱，但是如果被强制性生态环境标准或者规章、行政规范性文件引用，并赋予其强制执行效力的，被引用的内容必须执行，推荐性生态环境标准本身的法律效力不变。

2. 生态环境标准和环境法治体系的关系界定

生态环境标准既属于标准体系，也属于我国环境法治体系的重要组成部分。环境法治体系以保护和改善生态环境为任务，生态环境即自然具有规律性，这种规律性人类无法完全获知，只能在科学和经验的基础上进行探索式、预防性的保护和治理。生态环境标准作为一种技术规范，天然地具有科学性、经验性基因，这种基因属性与环境法治体系的需求相吻合。实践中，生态环境标准在环境保护规范、环境损害鉴定、环境修复等方面发挥了重要作用。生态环境标准属于环境法治体系，具有法律规范效力，但这种规范效力来源于法律规定，而不是标准本身。法律的规范效力主要通过权利义务的配置来实现，《生态环境标准管理办法》第八条第一款规定，制定生态环境标准，不得增加法律法规规定之外的行政权力事项或者减少法定职责，不得违法减损公民、法人和其他组织的合法权益或者增加其义务，由此可见生态环境标准并不直接涉及权利义务配置，标准本身不等同于法律规范。只有经过法律规定，生态环境标准才能具有法律效力。[①]例如《环境保护法》第三十四条规定，向海洋排放污染物、倾倒废弃物，进行海岸工程和海洋工程建设，应当符合法律法规规定和有关标准，防止和减少对海洋环境的污染损害；第四十九条第二款规定，禁止将不符合农用标准和环境保护标准的固体废物、废水施入农田；第六十条规定，企业事业单位和其他生产经营者超过污染物排放标准或者超过重点污染物排放总量控制指标排放污染物的，县级以上人民政府环境保护主管部门可以责令其采取限制生产、停产整治等措施，情节严重的，报经有批准权的人民政府批准，责令停业、关闭。

[①] 李雪怡：《浅议对生态环境标准法律性质的反思》，载《中国标准化》2022年第23期。

（五）生态补偿

1. 制度概述

生态补偿制度是指为维护、恢复或改善生态系统服务功能，调整相关利益者的环境利益及其经济利益分配关系，以内化相关活动产生的外部成本为原则的一种具有经济激励特征的制度。[①]我国的生态补偿制度是在政策和法律相互衔接、共同推动下逐步完善的，20世纪50年代的林业基金制度是生态补偿制度的雏形，1981年国务院印发《关于保护森林发展林业若干问题的决定》，1993年国务院再发《关于进一步加强造林绿化工作的通知》，在政策的调整和基奠下，2005年国务院发布的《关于落实科学发展观 加强环境保护的决定》指出，要尽快建立生态补偿机制。随后，立法上对生态环境补偿制度进行回应，体现在《水污染防治法》（2008年）、《森林法》（2009年）等。2014年修订的《环境保护法》第三十一条第一款规定："国家建立、健全生态保护补偿制度。"2024年4月，国务院颁布《生态保护补偿条例》（自2024年6月1日施行），这是我国首部生态补偿专门立法，确立了生态保护补偿基本制度和规制体系。《生态保护补偿条例》将生态补偿机制分为财政纵向补偿、地区间横向补偿、市场机制补偿等类型。

生态补偿制度坚持开发者保护、受益者补偿、损害者修复的基本原则，由开发者、受益者、损害者对生态环境的保护者、恢复者、受损者进行补偿。补偿的方式包括纵向和横向补偿，纵向补偿是我国生态补偿实践的主要方式，横向补偿是针对特殊地域实行的补偿方式，

---

① 《环境学科大辞典》（修订版），中国环境科学出版社2008年版，第566页。

包括生态受益区对生态保护区的补偿、河流上下游之间的补偿等。

2. 生态补偿标准的确定因素

补偿标准直接关系生态补偿制度效用，标准的制定应当立足经济社会实践，遵循公平公正和可持续发展理念，在具体制定时，应当考虑以下因素：一是环境行为的性质和程度，二是生态环境所在的区域，三是生态环境受影响的范围和程度，四是生态环境恢复的难易程度。[①]要在充分考虑各项费用和成本的基础上确定补偿标准。

（六）政府环境责任

1. 责任概述

政府环境责任是指法律规定政府基于公权力应履行的环境保护职责和违反环境保护法律规定行使权力应承担的不利后果，前者是一种积极责任，后者是一种消极责任。积极责任要求政府切实履行生态环境保护职能，制定和落实环境保护政策，预防环境问题，积极修复受损环境。政府肩负生态环境保护主责，《环境保护法》规定，地方各级人民政府对本行政区域的环境质量负责，应当将环境保护工作纳入国民经济和社会发展规划，在监督管理、保护和改善环境、防治污染和其他公害等方面，政府是主要责任人，同时有责任保障公民、法人和其他组织获取环境信息、参与和监督环境保护的权利。消极责任要求政府对未履行环保职能或者其他不当行为造成的损害承担责任，《环境保护法》第六十七条规定上级政府及其环境保护主管部门应当加强对下级政府及其有关部门的监督，第六十八条明确了政府不履行环境保

---

① 韩德培主编《环境保护法教程》，法律出版社2018年版，第91页。

护职责的九种表现形式和五种责任承担方式。

2. 中央环保督察制度的设立原因和法制发展历程

环保督察制度是强化政府环境责任，促进生态环境治理的重大制度创新。中央环保督察是指经党中央和国务院授权，由生态环境部门牵头组织，设立专职机构，对地方各级党委和政府、国务院有关部门、有关央企履行环境保护职责，执行国家环境保护政策部署的情况进行监督和检察，纠正和追责督察中发现的问题，推动相关主体切实承担环保责任。中央环保督察制度的设立是为了转变长期以来重经济、轻环保的发展理念，促进地方环境治理，改善地方环境质量。改革开放后，我国长期坚持"以经济建设为中心"的发展理念，各地为了实现经济发展，往往采取"先发展、后治理"的粗放式经济发展模式，这种模式虽然在短期内实现了经济高速发展，但也使生态环境严重恶化。为了扭转这种局面，中央环保督察制度应运而生，中央环保督察由党中央国务院授权，对地方或国务院部门进行督察，督察者较为独立，能够超脱于地方经济利益的局限，且督察具有高位推动、党政同责的鲜明特征，党委在生态环境保护中与政府各自承担责任，这种制度设置能够应对长期以来地方生态环境严重恶化的问题。从实施情况来看，中央环保督察制度确实落地成效显著。

中央环保督察制度的建立最早始于2015年，中央全面深化改革领导小组第十四次会议审议通过《环境保护督察方案（试行）》，首次提出在中央层面建立环保督察工作机制，要求全面落实"党政同责、一岗双责"的主体责任，将环保督察结果作为领导干部考核评价任免的重要依据。督察工作由中共中央、国务院设立的中央环保督察小组负责，小组组长一般由省部级官员担任。自建立时起，国家层面相继出台了《中央生态环境保护督察工作规定》《生态环境保护专项督察办法》等法规,《中央生态环境保护督察工作规定》以党内法规的形式对督察工作的程序、权限、责任等内容进行明确,体现出党中央对环保督察工作的高度重视;地方层面,各省(自治区、直辖市)根据本地工作的实际情况出台法规,如2020年发布的《北京市贯彻〈中央生态环境保护督察工作规定〉实施办法》《湖南省生态环境保护督察工作实施办法》,2021年发布的《海南省生态环境保护督察工作实施办法》《宁夏回族自治区生态环境保护督察工作实施办法》等,在中央规定的基础上,对本省(自治区、直辖市)督察工作的职责、方式、纪律等进行细化和补充。在法律法规的指引下,中央环保督察机制不断完善,督察准备、督察进驻、形成督察报告、督察反馈、移交移送问题线索、整改落实、立卷归档等督察环节不断优化,督察、交办、巡查、约谈、走访、专项督察等方式不断健全。整体来看,督察机制的制度化、规范化程度明显提升。

(七)环境民事司法制度

1. 环境民事公益诉讼

环境民事公益诉讼是指特定的国家机关、社会组织以及公民针对可能或已经损害环境公共利益的侵权行为,根据法律规定,以污染或破坏环境行为的实施主体为被告,向法院提起诉讼,要求其承担民事赔偿责任的诉讼。公益诉讼能够广泛调动社会积极性,引导社会力量参与生态环境保护,弥补行政力量在生态环境领域的缺失,同时多主体参与还能够起到监督行政权力运行的作用。2015年《最高人民法院关于审理环境民事公益诉讼案件适用法律若干问题的解释》对社会组织可提起环境民事公益诉讼、环境民事公益诉讼案件可跨行政区划管辖、同一污染环境行为的私益诉讼可搭公益诉讼"便车"、减轻原告诉讼费用负担等方面的内容作出了规定，进一步完善了环境公益诉讼制度的司法规则。2020年《最高人民法院关于审理环境民事公益诉讼案件适用法律若干问题的解释》出台，结合《民法典》最新内容对原有司法解释进行修订，明确"修复生态环境"的责任承担方式，生态环境修复费用除制定、实施修复方案的费用，修复期间的监测、监管费用外，新增"修复完成后的验收费用、修复效果后评估费用等"。

2. 生态环境损害赔偿诉讼

生态环境损害赔偿诉讼是指由政府对造成生态环境损害的自然人、法人或者其他组织提起的诉讼。长期以来，我国生态环境保护遭受"企业污染、群众受害、政府埋单"的问题困扰，生态环境损害赔偿诉讼要求造成生态环境损害的责任者承担赔偿责任，是对《环境保护法》第五条"损害担责原则"的制度落实。诉讼由政府发起，以磋商为前提，一方面弥补矿藏、水流、城市土地、国家所有的森林、山岭、草原、荒地、滩涂等自然资源受到损害后，现有制度因缺乏索赔主体而造成的救济不足；另一方面，由政府进行磋商、诉讼是其履行生态环境保护、管理职责的体现。《民法典》第一千二百三十五条规定了生态环境损害赔偿的范围，包括生态环境受到损害至修复完成期间服务功能丧失导致的损失，生态环境功能永久性损害造成的损失，生态环境损害调查、鉴定评估等费用，清除污染、修复生态环境费用，防止损害的发生和扩大所支出的合理费用。2021年《最高人民法院关于审理生态环境损害赔偿案件的若干规定（试行）》修订公布，第一条明确了生态环境损害赔偿诉讼适用的三种情形：第一种情形是发生较大、重大、特别重大突发环境事件的;第二种情形是在国家和省级主体功能区规划中划定的重点生态功能区、禁止开发区发生环境污染、生态破坏事件的;第三种情形是发生其他严重影响生态环境后果的。起诉主体是省级、市地级人民政府及其指定的相关部门、机构,或者受国务院委托行使全民所有自然资源资产所有权的部门。起诉要履行前置程序,即与造成生态环境损害的自然人、法人或者其他组织进行磋商。

3. 惩罚性赔偿制度

惩罚性赔偿是在一般损害赔偿制度之外发展出的一种意在制裁的赔偿制度。《民法典》第一千二百三十二条确立了环境侵权领域的惩罚性赔偿制度,规定"侵权人违反法律规定故意污染环境、破坏生态造成严重后果的,被侵权人有权请求相应的惩罚性赔偿"。2022年《最高人民法院关于审理生态环境侵权纠纷案件适用惩罚性赔偿的解释》(以下简称《惩罚性赔偿解释》)公布,主要从两个方面对《民法典》惩罚性赔偿制度进行细化和解释。第一,明确故意的认定范围,惩罚性赔偿适用以侵权人故意为前提,主观意志通过客观行为来体现,《惩罚性赔偿解释》第七条规定了故意的十种情形。第二,明确惩罚性赔偿金数额的计算基数,《惩罚性赔偿解释》第九条第一款、第十条第一款明确,惩罚性赔偿的计算基数包括环境污染、生态破坏造成的人身损害赔偿金、财产损失数额,在确定具体数额时,应综合考虑侵权人的恶意程度、侵权后果的严重程度、侵权人因污染环境、破坏生态行为所获得的利益或者侵权人所采取的修复措施及其效果等因素,但一般不超过人身损害赔偿金、财产损失数额的二倍。

【典型案例】

（一）江苏泰州环境公益诉讼案

1. 简要案情

2011—2013年，泰州市六家化工企业将废酸委托给无危废处理资质的皮包公司处理，后者用改装的船舶将2万多吨废酸偷偷倒入长江中，造成了严重的环境污染。2014年9月10日，泰州市环保联合会向法院提起了公益诉讼，泰州市检察院支持起诉，要求六家化工企业赔偿环境修复费用。经过公开审理，一审法院判决六家企业共同承担1.6亿余元的环境修复资金，宣判后，其中四家企业不服判决，提起了上诉。2014年12月30日，江苏省高级人民法院二审宣判，维持一审判决。

2. 案件焦点

本案焦点是如何计算修复生态环境费用。修复生态环境费用是生态环境损害赔偿的组成部分，生态环境损害赔偿包括生态环境受到损害至修复完成期间服务功能丧失导致的损失，生态环境功能永久性损害造成的损失，生态环境损害调查、鉴定评估等费用，清除污染、修复生态环境费用，防止损害的发生和扩大所支出的合理费用。二审法院认为由于被污染河流水体处于流动状态，且被告实施的排污行为持续时间长，排污量大，水体流动中污染处于扩散状态，环境损害难以量化，修复生态环境费用应当采用虚拟治理成本法计算。虚拟治理成本法是环境价值评估方法之一，不同于受损环境恢复费用，虚拟治理成本法计算的是按照现行的治理技术和水平治理排放污染物所需要的支出。二审法院认为，原审法院根据生态环境部《环境污染损害数额计算推荐方法》所规定的Ⅲ类水体环境修复费用计算标准，以评估报告确定的虚拟治理成本为基数，乘以4.5～6倍的下限4.5倍，判决六家公司合计承担1.6亿元并无不当。

（二）云南绿孔雀环境公益诉讼案

1. 简要案情

2017年3月，环保组织"野性中国"在云南恐龙河自然保护区附近进行野外调查时发现绿孔雀，其栖息地恰好位于新平公司正在建设的一级水电站的淹没区。为挽救濒危物种绿孔雀最后一片完整的栖息地，环保组织"自然之友"、"山水自然保护中心"和"野性中国"向原环保部发出紧急建议函，建议暂停该水电项目。2017年7月，原环保部责令水电站项目建设公司开展环境影响后评价，此前不得蓄水发电。同时，环境公益组织"自然之友"向云南省昆明市中级人民法院提起公益诉讼，要求停止水电站建设。

2. 案件焦点

本案焦点是如何认定并未真实发生、损害情形尚不明确的重大风险。原告向法院提供了政府文件、视频、专家意见、证人证言等，证明被告水电项目所在地生物多样性丰富，项目实施不仅对绿孔雀关键性栖息地具有重大环境损害风险，还可能对苏铁、千果榄仁等国家二级保护植物，以及黑颈长尾雉、褐渔鸮等国家二级保护动物的栖息地造成严重破坏，造成无法估量的生物多样性损失。被告项目的环评报告并未对相关内容进行全面调查和客观评价。昆明市中级人民法院经审理认为，原告已举证证明案涉水电站的淹没区构成绿孔雀在生物学上的栖息地，一旦淹没，很可能对绿孔雀的生存造成严重损害，因此，判决建设方在现有环境影响评价下，立即停止涉案水电站项目建设，不得截流蓄水，不得对该水电站淹没区内植被进行砍伐。一审宣判后，原告、被告均提起上诉，云南省高级人民法院经二审审理后维持一审判决，保住了绿孔雀赖以生存的最后家园。

绿孔雀案是我国第一例珍稀野生动植物保护的预防性环境公益诉讼案件，突破了传统"有损害才有救济"的固有理念，向全社会传递了生态环境保护的重要性，彰显了司法在生态环境保护中的重要价值和功能。

乡村振兴促进法

第十三讲
CHAPTER 13

CHAPTER 13

第十三讲 乡村振兴促进法

扫码查阅法律

- 法律概述
  - 立法背景和过程
  - 立法目的和任务
    - 实现农业农村现代化
    - 实现城乡融合发展
  - 立法原则
    - 坚持党的领导
    - 坚持农业农村优先发展
    - 坚持农民主体地位
    - 坚持人与自然和谐共生
    - 坚持改革创新
    - 坚持因地制宜、规划先行、循序渐进
  - 立法结构与内在逻辑
- 法律知识要点
  - 《乡村振兴促进法》的法律定位
  - 乡村的定义
  - 法律责任
    - 对各级人民政府及其有关部门在乡村振兴促进工作中不履行或者不正确履行职责行为的认定
    - 《乡村振兴促进法》第七十三条第二款的适用范围界定
    - 法律责任形式
    - 禁止性规定
- 常见法律问题
  - 如何按照《乡村振兴促进法》的要求完善我国农村集体产权制度？
  - 在村庄撤并问题中，如何把握村民意愿？

一 法律概述

（一）立法背景和过程

1. 立法背景

农业农村农民问题一直是我国发展所面临的重点问题，"三农"问题的解决也是我国实现共同富裕的重要保障。

自新中国成立以来，逐步建立了以《农业法》为核心的，推动农业发展的法律体系。但随着城镇化和农业现代化进程的加快，现有法律无法解决乡村发展的本土问题，亟须制定新的法律规定全面促进新时代乡村振兴事业发展。

2017年10月18日，习近平总书记在党的十九大报告中明确指出要实施乡村振兴战略，并强调农业农村农民问题是关系国计民生的根本性问题，必须始终把解决好"三农"问题作为全党工作的重中之重。党的十九大报告指出，实施乡村振兴战略，要按照产业兴旺、生态宜居、乡风文明、治理有效、生活富裕的总要求。根据党的十九大报告的要求，2018年1月，中共中央、国务院发布了《关于实施乡村振兴战略的意见》，明确了要抓紧制定乡村振兴法的有关工作，将行之有效的乡村振兴政策法定化，及时修改和废止不适应的法律法规。

2. 立法过程

根据2018年出台的《关于实施乡村振兴战略的意见》的要求，我国开始了《乡村振兴促进法》的制定工作。2018年9月，全国人大常委会在《十三届全国人大常委会立法规划》中，将《乡村振兴促进法》划为第二类项目：需要抓紧工作、条件成熟时提请审议的法律草案。2019年1月，《乡村振兴促进法》由全国人大农业与农村委员会牵头，经过调研、听取意见、向社会征求意见、专家论证和修改完善等程序，形成了《乡村振兴促进法（草案）》。2020年，第十三届全国人大常委会第十九次会议审议了《乡村振兴促进法（草案）》，并于6月向社会公众征求意见；第十三届全国人大常委会于第二十四次会议审议了《乡村振兴促进法（草案二次审议稿）》，并于12月向社会公众征求意见。最终，《乡村振兴促进法》于2021年4月29日正式通过，并于2021年6月1日起施行。《乡村振兴促进法》经过漫长的立法过程，正式在我国确立。

（二）立法目的和任务

我国城乡发展的现状是城镇化进程和农业现代化加快。城镇化和农业现代化加快的结果就是大量的农村人口转移到城镇，在城农民的利益无法保障，现有的农业现代化缺乏相应的人、财、物的支撑，等等。如何解决"三农"问题，进而实现共同富裕是《乡村振兴促进法》出台的一大目的。

根据《乡村振兴促进法》第一条的规定，《乡村振兴促进法》的立法目的为：为了全面实施乡村振兴战略，促进农业全面升级、农村全面进步、农民全面发展，加快农业农村现代化，全面建设社会主义现代化国家。

2019年4月15日，中共中央、国务院出台了《关于建立健全城乡融合发展体制机制和政策体系的意见》，提出建设城乡融合发展体制机制的主要目标是：到2022年，城乡融合发展体制机制初步建立。城乡要素自由流动制度性通道基本打通，城市落户限制逐步消除，城乡统一建设用地市场基本建成，金融服务乡村振兴的能力明显提升，农村产权保护交易制度框架基本形成，基本公共服务均等化水平稳步提高，乡村治理体系不断健全。到2035年，城乡融合发展体制机制更加完善。城镇化进入成熟期，城乡发展差距和居民生活水平差距显著缩小，城乡有序流动的人口迁徙制度基本建立，城乡统一建设用地市场全面形成，城乡普惠金融服务体系全面建成，基本公共服务均等化基本实现，乡村治理体系更加完善，农业农村现代化基本实现。到本世纪中叶，城乡融合发展体制机制成熟定型。城乡全面融合，乡村全面振兴，全体人民共同富裕基本实现。

时任全国人大农业与农村委员会主任委员陈锡文于2020年6月18日在第十三届全国人大常委会第十九次会议上作《关于〈中华人民共和国乡村振兴促进法（草案）〉的说明》时指出：起草乡村振兴促进法的着力点是，把党中央关于乡村振兴的重大决策部署，包括乡村振兴的任务、目标、要求和原则等，转化为法律规范，确保乡村振兴战略部署得到落实，确保各地不松懈、不变调、不走样，持之以恒、久久为功促进乡村振兴；把党中央、国务院确定的促进乡村振兴的政策措施，特别是坚持农业农村优先发展、健全城乡融合发展的体制机制、建立新型城乡关系方面的政策，通过立法确定下来。①

故《乡村振兴促进法》的立法目的在于通过法律的形式，将促进乡村振兴、实现共同富裕的目标予以落实。具体包括两大目标：实现农业农村现代化和城乡融合发展。

---

① 陈锡文：《关于〈中华人民共和国乡村振兴促进法（草案）〉的说明》（2020年6月18日），中国农村专业技术协会网站，https：//www.nongjixie.org/cms/arcview/661。

（三）立法原则

乡村振兴战略是党的十九大正式确立的一大重要战略，是实现共同富裕的必要途径，而《乡村振兴促进法》是将党的这一战略纳入法治化道路的重要表现。

《乡村振兴促进法》的立法原则主要表现在以下几个方面：

1. 坚持党的领导

在《乡村振兴促进法》中，坚持党的领导是必须坚持的重要原则。《乡村振兴促进法》第四十一条和第四十二条突出强调了党的领导：第四十一条在规定建立健全现代乡村社会治理体制和治理体系时强调了党委领导。第四十二条规定，中国共产党农村基层组织，要按照中国共产党章程和有关规定发挥全面领导作用。村民委员会、农村集体经济组织等应当在乡镇党委和村党组织的领导下，实行村民自治，发展集体所有制经济，维护农民合法权益，并应当接受村民监督。

2. 坚持农业农村优先发展

《乡村振兴促进法》强调在农业农村发展过程中要坚持四个优先：在干部配备上优先考虑，在要素配置上优先满足，在资金投入上优先保障，在公共服务上优先安排。在干部配备上，《乡村振兴促进法》第四十三条规定，国家建立健全农业农村工作干部队伍的培养、配备、使用、管理机制，选拔优秀干部充实到农业农村工作干部队伍。在要素配置上，本法提到了两大要素：在城乡融合发展过程中的城乡要素和乡村产业深度融合中的生产要素。在资金投入上，本法提到了两种方式，包括财政投入和金融机构支持的贷款资金。在公共服务上，《乡村振兴促进法》第五十三条规定，国家发展农村社会事业，促进公共教育、医疗卫生、社会保障等资源向农村倾斜，提升乡村基本公共服务水平，推进城乡基本公共服务均等化。

3. 坚持农民主体地位

《乡村振兴促进法》规定，坚持农民主体地位表现在充分尊重农民意愿，保障农民民主权利和其他合法权益，调动农民的积极性、主动性、创造性，维护农民根本利益。具体表现在产业发展、村民自治和城乡融合上。在人才的培养上，《乡村振兴促进法》区分了两种人才，一是从城市引入乡村的人才，二是乡村本土人才。针对这两种不同的人才，《乡村振兴促进法》规定了不同的培养和引导方式。

对城市人才的引入，县级以上人民政府及其教育行政部门应当支持高校设置与农业相关的专业，鼓励高校毕业生去农村就业创业。同时鼓励城市人才向乡村流动，建立健全城乡、区域、校地之间人才培养合作与交流机制。县级以上人民政府应当建立相应的服务平台，支持各类人才通过各种方式服务乡村振兴。乡级人民政府和村民委员会、农村集体经济组织应当提供必要的生产生活服务，农村集体经济组织可以根据实际需要，为返乡入乡人员和人才提供相关的福利待遇。

对乡村本土人才的培养，要区分两种情形：一种是乡村本土在校学生的培养；另一种是乡村既有人才的培养。对于在校学生，各级人民政府要加强农村教育工作的开展，改善农村办校能力。对于既有人才，一方面通过对长期在乡村任教的教师在职称评定等方面给予优待，保障和改善乡村教师待遇等措施，在乡村留住人才；另一方面通过职业教育和继续教育的加强，培养高素质农民和农村实用人才、创新创业带头人。

《乡村振兴促进法》加强了对农村留守儿童、妇女和老年人以及残疾人、困境儿童的关爱服务。农民的权益不仅表现在农民在农村的权益，还包括其在城市发展中相应的权益。《乡村振兴促进法》第五十五条规定，县级以上地方人民政府不得以退出土地承包经营权、宅基地使用权、集体收益分配权等作为农民进城落户的条件。第五十六条规定，要在保障农民主体地位的基础上健全联农带农激励机制等。

4. 坚持人与自然和谐共生

人与自然和谐共生表现为统筹山水林田湖草沙系统治理，推动绿色发展，推进生态文明建设。《乡村振兴促进法》第五章"生态保护"就是人与自然和谐共生原则在乡村振兴中的重要表现。《乡村振兴促进法》第三十四条规定，国家健全重要生态系统保护制度和生态保护补偿机制，实施重要生态系统保护和修复工程，加强乡村生态保护和环境治理，绿化美化乡村环境，建设美丽乡村。人与自然和谐共生涉及农村产业发展、生态宜居和农民生活等众多方面。

5. 坚持改革创新

在乡村振兴过程中，要充分发挥市场在资源配置中的决定性作用，更好发挥政府作用，推进农业供给侧结构性改革和高质量发展，不断解放和发展乡村社会生产力，激发农村发展活力。具体表现为：利用科技推动农村产业发展，实现农业现代化。

6. 坚持因地制宜、规划先行、循序渐进

在乡村振兴过程中，要顺应村庄发展规律，根据乡村的历史文化、发展现状、区位条件、资源禀赋、产业基础分类推进。因地制宜、规划先行、循序渐进原则是指根据农村实际情况，推动农村产业发展，实现农村现代化。

（四）立法结构与内在逻辑

我国实现乡村振兴的法律法规有以《宪法》《民法典》《农业法》《乡村振兴促进法》等为主的综合性法律，也有《农村土地承包法》《城乡规划法》《村民委员会组织法》等涉及乡村振兴具体方面的法律。①

《乡村振兴促进法》包含两个方面重要内容：一是实现农业农村现代化；二是实现城乡融合发展。实现乡村振兴，离不开人、财、物的支撑。《乡村振兴促进法》从保障人才培养、财力支持和基础设施建设方面实现乡村振兴。

《乡村振兴促进法》共10章74条，包含产业发展、人才支撑、文化繁荣、生态保护、组织建设、城乡融合、扶持措施和监督检查等内容。《乡村振兴促进法》第一章为总则，对《乡村振兴促进法》的立法目的、适用范围、要求、原则、目标等一般性内容进行规定。随后五章依照乡村"五大振兴"的内容展开，即产业发展、人才支撑、文化繁荣、生态保护和组织建设。乡村振兴的核心是解决"三农"问题，实现"三农"振兴。第二章至第六章的内容与"三农"振兴一一对应：农业问题对应产业发展，农村问题对应文化繁荣和生态保护，农民问题对应人才支撑和组织建设。②第七章的内容属于实现城乡融合发展的具体规定。第八章的内容属于国家对乡村振兴的扶持措施。第九章即监督检查，规定了县级以上各级政府在乡村振兴过程中应当承担的法律责任。

农民的发展离不开土地，《乡村振兴促进法》通过保障农民集体产

---

① 翟欢：《乡村振兴背景下农民主体地位的法制保障》，载《理论前沿》2023年第5期。

② 杨毅斌、刘庆德：《〈中华人民共和国乡村振兴促进法〉保障共同富裕实现的问题研究》，载《中共银川市委党校学报》2023年第5期。

权制度和建设用地权益，推动产业发展，实现农村农业的现代化。与此同时，《乡村振兴促进法》也强调在实现乡村振兴的过程中，要坚持生态保护，不能一味发展经济，要实现可持续发展。乡村作为村民自治的重要场所，人才在其中发挥着不可或缺的作用。人才支撑章节为促进农业农村人才队伍建设提供了法律依据。组织建设章节为实现现代乡村社会治理体系提供了相应的要求。另外，《乡村振兴促进法》强调在乡村振兴的过程中，要注重农村精神文明建设，丰富农民的精神文化生活。

二 法律知识要点

《乡村振兴促进法》作为乡村振兴的法律依据，是通过法律的手段来实现乡村振兴。《乡村振兴促进法》不仅具有乡村振兴的重要作用，同时也具有法律的鲜明特点。它以权利和义务为主要内容，法律责任为主要保障，明确各方主体在乡村振兴中的应有作用。[①]在实现乡村振兴的过程中，各级干部应对以下内容予以掌握。

（一）《乡村振兴促进法》的法律定位

《乡村振兴促进法》是全国人大常委会通过的法律，从法律层级上看，它属于法律，高于行政法规、地方性法规和其他规范性文件。立法机关通过立法程序将乡村振兴战略上升至法律层面，强化了乡村振兴的正当性。通过法律的形式，将乡村振兴战略的重要作用在法律层

---

① 荆月新：《乡村振兴的法治之维及其展开》，载《东岳论丛》2023年第8期。

面形成了共识。

从法律类型上看,《乡村振兴促进法》与一般的法律内容并不完全相同。《乡村振兴促进法》属于促进型法。所谓促进型法,是指以特定行为指引或目标规划为主要内容,不依靠强制力为主要手段的法律类型。[①]促进型法不同于一般法律规范的特点在于,它并不以强制性规范作为约束手段,而是以一种非强制性的、激励性的规范作为主要手段。促进型法的首要功能就是促进,《乡村振兴促进法》作为促进农业全面升级、农村全面进步、农民全面发展的法律,具有典型的促进型法特点。因此,本法的具体操作性不强,各级人民政府及其有关部门应当将《乡村振兴促进法》的立法目的和立法原则作为解决实际问题的重要依据。促进型法以非强制性的、激励性的规范为主要手段,而非唯一手段,也就意味着《乡村振兴促进法》中虽然有大量的非强制性规范,但其也有违反法律的责任条款。如《乡村振兴促进法》第七十三条规定,各级人民政府及其有关部门在乡村振兴促进工作中不履行或者不正确履行职责的,将依照有关法律法规和国家规定追究责任。

从内容上看,《乡村振兴促进法》的立法目的是实现乡村振兴,和一般与农业相关的法律相比,其突出的是"振兴"。其他与农业有关的法律,如《农业法》可以作为《乡村振兴促进法》的基础,在具体制度的构建中,为其提供具体规范性依据。

(二)乡村的定义

《乡村振兴促进法》首次对乡村进行定义,明确乡村是指城市建成

[①] 李洋:《促进型法的概念证成》,载《西部法学评论》2021年第6期。

区以外具有自然、社会、经济特征和生产、生活、生态、文化等多重功能的地域综合体，包括乡镇和村庄等。

首先，需要注意的是，我国对于乡村的定义并无统一标准。上述定义只是《乡村振兴促进法》对乡村的界定，并不代表是普遍适用的定义，也并不代表其他法律中的乡村定义是错误的。上述定义并不构成我国对乡村概念的统一，在其他乡村工作认定过程中，仅构成对乡村范围界定的借鉴。

其次，根据上述定义，我们需要对两个概念进行辨析。一是"城中村"的概念；二是"农村"的概念。《乡村振兴促进法》中的乡村是我国需要实现乡村振兴，即需要实现农业农村现代化和城乡融合的范围。因此实践中存在较多争议的"城中村"并不属于本法的调整范围。"城中村"一般在城市建成区以内，不属于本法所指的乡村范围，故而其也并不以实现农业农村现代化为目标，而应以城镇化为发展目标。本法并未采用"农村"的概念，而采用"乡村"的概念，是要将乡村振兴与农村振兴相区分。乡村振兴不仅要解决农村问题，还要解决农业和农民的问题，即以解决"三农"问题为核心。根据法律规定，乡村应当具有自然、社会、经济特征，还应当具有生产、生活、生态、文化等多重功能。因此，我国在解决"三农"问题的过程中，既要重点解决农业的生产问题，也要注重农民的生活和文化活动以及农村的生态保护问题。这也与乡村"五大振兴"的目标一致。

（三）法律责任

《乡村振兴促进法》第七十三条规定，各级人民政府及其有关部门在乡村振兴促进工作中不履行或者不正确履行职责的，依照法律法规和国家有关规定追究责任，对直接负责的主管人员和其他直接责任人员依法给予处分。违反有关农产品质量安全、生态环境保护、土地管理等法律法规的，由有关主管部门依法予以处罚；构成犯罪的，依法追究刑事责任。

针对该条规定，有以下几点需要注意：

1. 对各级人民政府及其有关部门在乡村振兴促进工作中不履行或者不正确履行职责行为的认定

就行政机关的职责来看，其属于行政机关违反其积极作为义务而应当承担责任，但是行政机关除积极作为义务外，还有消极的不作为义务。如果仅从文义解释上看，对于该部分的行为，《乡村振兴促进法》第七十三条第一款并未规定。那么在各级地方政府出现违反消极不作为义务时，如当各级地方政府违反了《反垄断法》的有关规定，出现行政性垄断行为时，不能依据《乡村振兴促进法》第七十三条第一款对地方各级人民政府追究法律责任。若根据第七十三条第二款的规定，违反法律法规时，由有关主管部门依法予以处罚。从追责主体上看，行政机关对违法行为的追责，属于行政责任，并不能涵盖全部应承担的法律责任。故如果仅将各级地方政府及其部门不履行或不正确履行理解为违反积极作为义务的话，将无法涵盖地方各级人民政府及其部门的全部行为，基于此，应当对不履行或不正确履行职责的行为作扩大解释，不正确履行包括对消极不作为义务的履行。由此，可将各级地方政府及其部门在乡村振兴中的全部行为纳入《乡村振兴促进法》第七十三条第一款的管理范围内。根据现有法律的规定，地方各级政府及其部门出现不履行或不正确履行职责时，可依据《行政复议法》《公务员法》《监察法》《公职人员政务处分法》等法律，对不履行或不正确履行职责的工作人员依法作出警告、记过、记大过、降级、撤职、开除等政务处分决定；也可由申请人申请复议，由上级机关责令下级机关在一定期限内履行；对于情节严重的公务员可以依照《公务员法》予以辞退；等等。

2.《乡村振兴促进法》第七十三条第二款的适用范围界定

在对《乡村振兴促进法》七十三条第一款范围进行确定后，我们可以认定第二款规定所针对的主体是指除各级人民政府及其部门工作人员外的其他人员。综观整个《乡村振兴促进法》，其规范的主体是国家、各级人民政府及其部门、金融机构和生产机构等。因此，第七十三条第二款主要是有关主管部门对各级人民政府及其部门、金融机构、生产机构等主体违法行为的追责。

3. 法律责任形式

《乡村振兴促进法》作为促进型法，在内容上规定了国家、各级地方政府及其部门和金融机构等主体对促进乡村振兴的支持。故而在法律责任的认定上，不同于一般的民事责任、行政责任，它更多是通过党的领导、行政管理和人民代表大会监督等手段来保障法律的实施。《乡村振兴促进法》规定了相应的考核评价制度、评估制度、报告制度、监督制度和追责制度。如《乡村振兴促进法》第六十八条规定，上级人民政府应当对下级人民政府实施乡村振兴战略的目标完成情况等进行考核，考核结果作为地方人民政府及其负责人综合考核评价的重要内容。《乡村振兴促进法》第六十九条规定，县级以上地方人民政府应当对本行政区域内乡村振兴战略实施情况进行评估。《乡村振兴促进法》第七十条规定，县级以上各级人民政府应当向本级人民代表大会或者其常务委员会报告乡村振兴促进工作情况。乡镇人民政府应当向本级人民代表大会报告乡村振兴促进工作情况。

4. 禁止性规定

除了大量的引导性规定外,《乡村振兴促进法》还有三条禁止性规定。第三十八条规定,禁止违法占用耕地建房。第三十九条规定,农产品生产经营者不得使用国家禁用的农药、兽药或者其他有毒有害物质,不得违反农产品质量安全标准和国家有关规定超剂量、超范围使用农药兽药、肥料、饲料添加剂等农业投入品。第四十条规定,禁止违法将污染环境、破坏生态的产业、企业向农村转移;禁止违法将城镇垃圾、工业固体废物、未经达标处理的城镇污水等向农业农村转移;禁止向农用地排放重金属或者其他有毒有害物质含量超标的污水、污泥,以及可能造成土壤污染的清淤底泥、尾矿、矿渣等,禁止将有毒有害废物用作肥料或者用于造田和土地复垦。这三条禁止性规定与《乡村振兴促进法》第七十三条第二款提到的农产品质量安全、生态环境保护、土地管理问题相对应。以上禁止性规定是各级领导干部在工作中需重点注意的内容,避免出现以上禁止性行为。

三 常见法律问题

(一)如何按照《乡村振兴促进法》的要求完善我国农村集体产权制度?

2016年12月26日,中共中央、国务院出台了《关于稳步推进农村集体产权制度改革的意见》,提出农村集体产权制度改革,主要包括以下三个方面的内容。一是全面加强农村集体资产管理,包括开展集体资产清产核资、明确集体资产所有权和强化农村集体资产财务管理;二是由点及面开展集体经营性资产产权制度改革,包括有序推进经营性资产股份合作制改革、确认农村集体经济组织成员身份和保障农民集体资产股份权利;三是因地制宜探索农村集体经济有效实现形式,包括发挥农村集体经济组织功能作用、维护农村集体经济组织合法权利、多种形式发展集体经济和引导农村产权规范流转和交易。其中,集体经济组织成员身份的界定、农村集体收益的分配规则和土地承包合同效力问题的认定是比较复杂的问题,因此在实践中产生了许多纠纷。

以集体经济组织成员身份界定为例。根据2018年新修订的《农村土地承包法》第六十九条规定"确认农村集体经济组织成员身份的原则、程序等,由法律法规规定",但是目前尚无法律法规对集体经济组织成员身份的认定原则、程序予以明文规定。最高人民法院依据广东省委农办、省妇联、省信访局发布的《关于切实维护农村妇女土地承包和集体收益分配权益的意见》规定,在(2017)最高法行申5157号行政裁定书认定:"离婚并非农村集体经济组织成员资格丧失的法定条件,离婚后户口未迁出,仍然在夫家所在地的,并不丧失所在村村集体组织成员的资格,只要继续尽村民的义务,就应当享有与该村村民同等的权利。村民集体经济组织制定的村规民约、规章制度、财产分配方案等,不得违反法律法规以及有效规章和行政规范性文件规定的男女平等、村民平权等基本原则。"

在未有法律法规对集体经济组织成员认定标准进行规定的情况下,政府机关及其有关部门应当充分发挥村民自治组织的作用。村民是否具有集体产权的分配权,应当尊重村民依据正当程序确定的结果。广西壮族自治区高级人民法院在(2021)桂民申7212号民事裁定书中指出:"南宁市城区、县作为农村集体产权制度改革地区,根据国务院、自治区党委政府有关规定,制定了行政机关参与村民资格确认争议解决规则,对集体成员身份确认有异议的,由农村集体经济组织成员大会或者代表大会民主讨论决定,确认成员身份要在一定范围内张榜公示,在成员身份确认后,编制集体经济组织成员名册并存档,报乡镇人民政府(街道办事处)和县级农村经营管理部门备案等程序。"故法院在案件审理过程中,对村民自治组织依据正当程序作出了村民资格的确认否认。

(二)在村庄撤并问题中,如何把握村民意愿?

2023年4月23日,自然资源部办公厅出台了《关于严守底线规范开展全域土地综合整治试点工作有关要求的通知》,该文件指出,只有三类情形可以撤并村庄:因环境条件差、生态脆弱、自然灾害频发等原因确需搬迁撤并村庄的,应当按照党中央、国务院对村庄撤并制定的有关要求执行。《乡村振兴促进法》第五十一条提出,村庄撤并严禁违背农民意愿、违反法定程序。首先,根据自然资源部办公厅出台的文件,需要撤并村庄的,一般都是出现影响村民居住生活条件,或为了生态保护的情况。因此在村庄撤并的过程中,要尊重村民当地的生活习俗,不违反公序良俗。而对于农民意愿这种主观因素,各级地方政府可以充分发挥村民自治组织的作用,通过村民委员会协调农民权益,听取村民的意见,推动村庄撤并工作的展开。

在实践中,也出现了一些村民滥用"违背村民意愿"的现象。大量土地承包合同和拆迁补偿合同纠纷最后因村民以"未经合法程序"或"违背村民意愿"为由，起诉至法院。法院一般通过审查合同已经生效的时间，以及当时签订合同的程序等方面考察村民真实意愿。政府机关及其工作人员也可以据此展开村庄撤并工作。一方面要尊重农民的意愿，另一方面要通过合法程序，形成尊重农民意愿的决议，体现在其工作的流程中。

在实践中因乡村振兴出现的各种执法、守法问题频发，以上分析仅涉及《乡村振兴促进法》实施中可能出现的部分问题。各级政府及其部门的领导干部，需要将《乡村振兴促进法》中的各项原则规定和要求充分运用到实际工作中，促进乡村振兴，实现共同富裕的目标。

优化营商环境条例

第十四讲
CHAPTER 14

CHAPTER 14

第十四讲 **优化营商环境条例**

扫码查阅法律

```
                    ┌─ 立法背景
                    ├─ 立法定位
                    │              ┌─ 贯彻落实习近平法治思想和习近平经济思想
         ┌─ 立法概述 ┤              ├─ 促进有效市场和有为政府发挥作用
         │          ├─ 立法意义 ────┼─ 降低市场主体制度性交易成本
         │          │              ├─ 提升营商环境法治化水平
         │          │              └─ 打造高水平对外开放格局
         │          └─ 立法结构
         │
         │                         ┌─ 市场化原则
         │          ┌─ 主要原则 ───┼─ 法治化原则
         │          │              └─ 国际化原则
─────────┤─ 知识要点 ┤              ┌─ 市场准入负面清单制度
         │          │              ├─ 商事登记制度
         │          └─ 重要制度 ───┼─ 知识产权保护制度
         │                         ├─ 反不正当竞争制度
         │                         └─ 信用监管制度
         │
         │              ┌─ 如何处理好"法治化"和"先行先试"的关系?
         └─ 常见法律问题 ┼─ B-READY项目对我国营商环境评价体系建设有何启示?
                        └─ 优化营商环境为什么要构建以"信用"为基础的新型监管机制?
```

一 立法概述

党的二十大报告指出,"高质量发展是全面建设社会主义现代化国家的首要任务"。优化营商环境是实现高质量发展的重要一环,良好的营商环境能够为企业赋能,促进企业生产和创新能力提升,繁荣社会主义市场经济,助推中国式现代化进程。党和国家把优化营商环境作为新时代深化改革的重大任务,立足中国国情,借鉴世界先进经验,从商事制度改革、放宽市场准入、完善监管体制等方面着手,推动市场化、法治化、国际化一流营商环境建设。2019年10月,《优化营商环境条例》(以下简称《条例》)正式发布,这是我国首次以专门法的形式为营商环境提供法治保障,标志着优化营商环境建设进入新阶段。

(一)立法背景

作为国家层面首部营商环境专门立法,《条例》的出台立足社会主义市场经济体制基础,借鉴国际先进经验做法,扎根中国法治实践,以试点方式逐步探索。

第一,市场经济的法治化为《条例》奠定了坚实基础。优化营商环境需要立法保障。党的十八大以来,我国加快制定和完善相关法律法规,宪法规定我国实行社会主义市场经济,个体经济、私营经济等非公有制经济是社会主义市场经济的重要组成部分,国家加强经济立法,完善宏观调控,肯定民营经济在我国经济体制中不可或缺的地位。民法典的制定，进一步完善了民事主体制度、物权制度、合同制度、侵权责任制度等，进一步强化对民营经济的保护，规范交易秩序。公司法是市场经济运行的重要法律保障，其中公司设立、公司注册资本、公司登记、公司治理结构、公司解散和退出等内容进一步减少行政力量对民营经济发展的干预，激发市场主体活力。优化营商环境需要推进市场公平竞争，反垄断法、反不正当竞争法中公平竞争审查机制、禁止行政机关排除限制竞争、反行政垄断相关制度等内容在进一步降低企业交易成本，推动市场开放，激发市场主体活力等方面意义显著。破产法中破产重整、清算、退出制度及相关程序性规定帮助企业或实现重生，或顺利退出市场，从而优化市场竞争格局和营商环境。此外，中小企业促进法、电子商务法、外商投资法、证券法、环境保护法等法律规范或修法完善提升治理效能，或新近出台填补法制空白，为《条例》的出台奠定了法治基础。

第二，政府积极推动《条例》出台。2013年11月，党的十八届三中全会通过《中共中央全面深化改革若干重大问题的决定》，这是国内首次提出"建设法治化营商环境"。2014年，国务院印发《注册资本登记制度改革方案》，以市场准入法治化、创新性改革推动营商环境优化，同年，营商环境首次被写入《政府工作报告》，2018年国务院成立的推进政府职能转变和"放管服"改革小组，下设优化营商环境专题组，国家发展改革委、商务部等部门全面实施市场准入负面清单制度，并根据市场情况变化及时修订。2019年8月，国务院办公厅印发《全国深化"放管服"改革优化营商环境电视电话会议重点任务分工方案》。在行政主导和政策推动下，行政许可事项管理清单、"证照分离"、审批服务等全面推广,"互联网+监管"、"双随机、一公开"、新型信用监管体系逐步完善。

第三,世界银行营商环境评估为《条例》出台提供国际经验。在全球经济一体化趋势下,营商环境建设关乎国家综合实力,借鉴先进经验,对标一流水平,打造与国际接轨的营商环境,是我国进一步融入世界经济体系,推动国内市场与国际市场互联互通高效合作,实现更高水平经济增长的重要基础。自2003年起,世界银行连续多年发布《营商环境报告》,对参评的主要经济体进行综合评价并公布排名,评估的指标体系涉及开办企业、办理建筑许可、登记财产、获得电力、获得信贷、跨境贸易、纳税、执行合同、办理破产、保护中小投资者等10项内容。该项评估工作在世界范围内具有较大影响力。我国在2004年被纳入评估之后,对标世界银行评估指标体系对国内营商环境进行优化改革,及至2020年排名跃升为第31名,上升了47位,成为全球营商环境改善幅度最大的经济体之一。在对标国际调整完善的过程中,我国优化营商环境的实践经验不断丰富。

第四,中国特色法治实践为《条例》提供本土经验。我国营商环境建设采取试点方式逐步推进。试点制是具有鲜明中国特色的治理机制,我国幅员辽阔,人口众多,不同地域的法治基础和法治需求不尽相同,难以同时进行统一改革,试点制具有局部试验、经验积累、适时调整、化解风险、控制成本等特征,是符合国情的中国特色改革方式。2018年,国家发展改革委按照党中央、国务院部署要求,牵头构建了中国特色营商环境指标体系,率先在东部、中部、西部和东北地区选取22个城市分两批次进行试点。指标体系以世界银行指标为参考,剔除其中不符合中国国情的内容，根据实际情况增加新的内容。从衡量企业全生命周期、反映城市投资吸引力、体现城市高质量发展水平三个维度出发，以评促优，以评促改，推动各地营商环境不断优化。国内优化营商环境以地方试点改革率先展开，为国家层面的法制形成提供本土经验。

（二）立法定位

《条例》是优化营商环境的基础性行政法规，重在确立营商环境基本的制度规范，对行之有效的政策进行法治化升级，明确优化营商环境的法治方向和要求。具体内容多为概括性、统领性规定，为各地方、各部门的法治化探索预留空间。

（三）立法意义

1. 贯彻落实习近平法治思想和习近平经济思想

习近平新时代中国特色社会主义思想是中国共产党的思想旗帜，是国家政治生活和社会生活的根本指针。优化营商环境，推动营商环境法治化建设是对习近平法治思想、习近平经济思想的贯彻落实。习近平法治思想在全面依法治国工作中具有指导地位，优化营商环境治理应坚持习近平法治思想；习近平经济思想突出了法治在市场经济和营商环境中的重要作用。党的二十大报告强调，要"完善产权保护、市场准入、公平竞争、社会信用等市场经济基础制度，优化营商环境"。优化营商环境是市场经济持续健康发展的基础，作为国家治理的重要方式，法治要服务于市场经济高质量发展的目标、任务和要求，这是实现市场经济法治化的总体法治要求，优化营商环境，推动营商环境法治化建设是重要内容。新时代以来，党中央、国务院立足我国经济社会发展现状，多次出台政策文件，不断完善制度法规，推进营商环境法治化进程，为市场主体活动提供公正、稳定、可预期的法治环境。《条例》吸收了习近平法治思想和习近平经济思想，首次以国家专门立法的形式为营商环境建设提供顶层法制建设，突出了法治在营商环境建设中的指导作用。

2. 促进有效市场和有为政府发挥作用

政府和市场的关系是优化营商环境的核心命题，正确处理政府和市场的关系，首先要明确政府的不同职能和身份。政府在经济社会中有三重身份和三种职能：一是作为社会整体利益代表者的政权职能，二是作为国有企业出资人代表或者国有自然资源资产产权代表的经济职能，三是作为民事主体参与经济社会活动等方面的民事职能。市场经济发展有其一般规律，社会主义市场经济发展应当最大限度减少政府对市场资源的直接配置和对微观经济活动的直接干预，市场才是资源配置的决定性力量。《条例》进一步廓清政府在市场经济活动中的身份和职责，把"放"和"管"统一起来，一方面持续深化简政放权，提升政府服务效能，①不断夯实监管责任，优化监管方式，提高政府公信力；另一方面市场是资源配置的决定性力量，《条例》专章规定市场主体保护、市场环境、政务服务等章节，通过提高政府服务效能更好地激发市场主体活力。《条例》持续促进有效市场和有为政府深度结合，推动市场在资源配置中发挥决定性

---

① 《优化营商环境条例》第一章第三条第一款规定："国家持续深化简政放权、放管结合、优化服务改革，最大限度减少政府对市场资源的直接配置，最大限度减少政府对市场活动的直接干预，加强和规范事中事后监管，着力提升政务服务能力和水平，切实降低制度性交易成本，更大激发市场活力和社会创造力，增强发展动力。"

作用，更好地发挥政府作用。

3. 降低市场主体制度性交易成本

优化营商环境的主线任务是降低体制机制性因素和条件的"软环境"，制度性交易成本是其中的重要内容。世界银行关于营商环境的评价，首先源于2003年至2019年的Doing Business项目。2023年5月，世界银行正式启动新的营商环境指标项目（Business-READY，即B-READY，有的翻译为营商成熟度、营商就绪）。对营商环境的评价内容包含企业从开办、经营到退出各个环节，指标指向制度性成本，例如市场准入、经营场所获取、公共设施接入、金融服务、纳税、争议解决等。企业主体是市场经济的细胞，促进企业活力迸发，需要打造高效便捷的营商环境。营商环境概念在引入我国后进行本土化改良，"十四五"规划提出，构建一流营商环境，全面实行政府权责清单制度，实施全国统一的市场准入负面清单制度，破除清单之外隐性准入壁垒，精简行政许可事项，取消不必要的备案登记和年检认定等，均是围绕进一步降低企业制度性交易成本而提出的。《条例》第二条指出："本条例所称营商环境，是指企业等市场主体在市场经济活动中所涉及的体制机制性因素和条件。"优化营商环境，核心就在于降低制度性交易成本，进一步激发市场活力。

4. 提升营商环境法治化水平

法治是优化营商环境的核心抓手。2019年2月，习近平总书记在中央全面依法治国委员会第二次会议上强调，法治是最好的营商环境。当前，优化营商环境已经成为新时代发展市场经济的重要任务，法治作为一种治理方式，在促进经济发展，优化营商环境方面的地位和作用越来越突出。同时，在中国的语境下，营商环境涵盖市场主体在经营过程中所处的立法、执法、司法环境，优化营商环境要形成系统完备、科学规范、运行有效的法制体系。《条例》的出台，一方面强化了法治的治理效能，另一方面作为国家顶层立法设计，为各部门、各地方在营商环境相关的立法、司法与执法活动中提供法律根据。概言之，《条例》本身作为法治化的表现形式，其对各部门、各地方提供的法制借鉴，都有利于打造法治化的营商环境。

5. 打造高水平对外开放格局

在经济全球化背景下，借助世界银行连续多年发布的《营商环境报告》的影响力，营商环境受到各国的广泛重视，已经成为国家竞争的新领域。我国《条例》的出台是和国际接轨，打造符合国际惯例和世贸规则的市场经济体制机制，有助于完善国内统一大市场，吸引外资。同时，《条例》进一步激发国内企业等市场主体的活力，提升创新能力，推动国内企业更好地融入国际竞争，构建国内国际双循环，打造高水平的对外开放格局。

（四）立法结构

《条例》总共分为7章，包括总则、市场主体保护、市场环境、政务服务、监管执法、法治保障、附则，各部分内容相互衔接、协同作用，合力打造市场化、法治化、国际化的营商环境。

第一章总则。本部分主要阐述了《条例》的制定目的、营商环境的定义、优化营商环境应当坚持的原则等。明确营商环境是指企业等市场主体在市场经济活动中所涉及的体制机制性因素和条件，优化营商环境应当坚持市场化、法治化、国际化原则，以市场主体需求为导向，以深刻转变政府职能为核心，创新体制机制、强化协同联动、完善法治保障。

第二章市场主体保护。主要规定国家平等保护各类市场主体，坚持权利平等、机会平等、规则平等，保障各类市场主体的合法权益，推动建立全国统一的市场主体维权服务平台等。

第三章市场环境。政府在营商环境建设中肩负具体实施者责任，良好的营商环境需要政府治理贯彻企业全生命周期，减少企业开办时间、保障平等市场准入、维护公平竞争市场秩序、落实减税降费政策、规范涉企收费、解决融资难融资贵、简化企业注销流程等，为企业提供便利、高效、透明的市场环境。

第四章政务服务。在营商环境建设中，政府应聚焦市场主体，推进全国一体化在线政务服务平台建设、精简行政许可和优化审批服务、促进跨境贸易便利化、建立政企沟通机制，优化审管全流程运行机制，进一步增强服务意识，提升政府治理能力现代化。

第五章监管执法。创新监管方式，构建以信用为基础的新型监管机制，深入推进"双随机、一公开"监管，提升监管效能，落实公平公正公开的监管职责，是有效降低制度性交易成本的有力支撑。

第六章法治保障。优化营商环境需要完善法制支撑，相关改革措施涉及调整实施现行法律法规的，经法定程序和授权依据后可以先行先试，应构建多元化纠纷解决方式，加强法制宣传教育，发挥政府、行业协会、中介机构等多主体的作用。

第七章附则。规定《条例》生效的时间。

二 知识要点

（一）主要原则

《条例》坚持市场化、法治化、国际化原则，以市场主体需求为导向，增强市场主体的预期稳定性，对标国际，打造具有国际竞争力的营商环境，推动我国市场经济的持续健康发展。

1. 市场化原则

市场化原则是指营商环境建设应以市场需求为导向，发挥市场在资源配置中的决定性作用，构建高水平的全国统一大市场和对外开放新格局。正确处理政府和市场的关系是推动营商环境市场化的核心命题。受计划经济体制和政府父爱主义治理路径影响，长期以来，我国市场经济发展和营商环境建设过度依赖政府，市场作用发挥受限。优化营商环境最基础的是推动市场化，一方面要让市场在资源配置中起决定性作用，激发市场主体活力，提高市场在资源配置和创新方面的效率；另一方面要更好发挥政府作用，破除政府对经济活动的过度干预，将市场的交还给市场，市场效能之外政府才能介入。

2. 法治化原则

法治化原则要求在法治轨道上持续优化营商环境，完善相关法律体系，严格公正执法，保障市场主体权利，打造公平公正、稳定高效的营商环境。我国营商环境建设具有鲜明的政策引领特征。党中央、国务院先后出台政策规范指引营商环境建设，政策先行为营商环境建设奠定坚实基础，但政策本身强灵活性和弱权威性的局限无法独自支撑营商环境建设，亟须法治化赋能。法治化原则要求对现行政策措施进行法治化提炼，让法治成为优化营商环境的根本遵循。公平、公正、秩序是法治永恒的价值追求，法治"固根本、稳预期、利长远"的基本功能和市场经济的价值追求相一致，能够为企业等市场主体提供稳定、公平、透明、可预期的营商环境。

3. 国际化原则

国际化原则要求优化营商环境对标高标准国际规则，借鉴先进经验，建设具有国际化水平的营商环境。当前，全球经济一体化程度逐渐加深，各国之间经济来往更加密切，竞争也更加激烈，营商环境作为决定生产要素和资源流动的重要因素，已经成为国际竞争新高地，推动营商环境国际化是提升全球竞争力的重要手段。国际化原则要求营商环境建设对标先进，打造具有国际水平的资源配置体系，通过降低制度性交易成本，实现生产要素的价值攀升，能够吸引高水平企业、人才、技术等高端生产要素。同时，改革开放的历史经验也表明，国际化建设有助于倒逼国内体制机制的改革升级，提升国内营商环境的市场化和法治化水平。

（二）重要制度

1. 市场准入负面清单制度

负面清单是我国市场准入制度改革的重要内容，指通过列举方式明示法律法规禁止的事项，对于其余事项市场主体可依法平等从事相关活动。《条例》第二十条规定，国家持续放宽市场准入，并实行全国统一的市场准入负面清单制度。各地区、各部门不得另行制定市场准入性质的负面清单。第六十四条规定，没有法律、法规或者国务院决定和命令依据的，行政规范性文件不得设置市场准入条件。负面清单制度体现"法无禁止即自由"的私法自治理念，政府划定不可为范围，其余由市场主体自由决定，同时由国家统一制定的清单出台之后对涉及市场准入法律法规的立、改、废、释也具有指导作用。《条例》作为我国营商环境建设第一部综合性法规，吸收负面清单制度，强化该制度的顶层法制属性，有利于进一步保障市场主体准入自由，减少政府管制性色彩，激发市场主体活力，打造统一开放、公平透明的市场准入制度。

2. 商事登记制度

商事登记制度是对投资者进出市场进行行政审批的规则设计，登记包括设立登记、变更登记和注销登记。登记区分不同经营项目，管制领域或管制类经营项目须获得行政许可，一般类经营项目依申请登记即可，此外还存在一些依据法律、行政法规不需要办理登记的项目，例如在指定场所销售农副产品。商事登记贯穿企业从开办经营到破产退出的全生命周期，设立、变更、注销登记的便利度、有效性是衡量经济体营商环境的重要因素。2014年我国全面推行商事制度改革后，商事登记制度作为其中的关键环节逐渐由零散走向规范，《条例》在此基础上通过法制化方式进一步理顺和确认。

《条例》第十九条规定，国家持续深化商事制度改革，统一企业登记业务规范，采用统一社会信用代码进行登记管理；推进"证照分离"改革，持续精简涉企经营许可事项，依法采取多种方式进行分类管理，为企业经营活动提供便利；政府有关部门应当按照国家有关规定，简化企业从申请到一般性经营的办理手续，各地区应在规定时限内公开具体办理时间；有关部门应当及时办理企业变更登记，除法律法规、规章另有规定外，企业迁移后有效证件不再重复办理。商事登记制度的初衷在于营造良好的营商环境，登记是市场主体开展经营活动的基础和依据，登记信息进行公示后具有资格确认的作用，为维护相对人交易安全和市场秩序，基于政府"营商环境培育者"的身份属性，法律赋予政府有关部门一定的管理权限。

随着市场经济发展壮大，截至2023年11月，我国登记在册的经营主体达1.81亿户，超大规模的市场主体和渐趋有序的市场格局需要政府转变治理模式，放松管制，培育和激发市场活力。《条例》以法制方式确认现代信息技术在商事登记中的作用，以告知承诺制、审批备案制、优化审批服务等方式，逐步减少政府对市场的干预，在保障交易安全的基础上，缩短交易周期，增加交易次数，降低交易成本，提高交易效率，营造良好的营商环境。

3. 知识产权保护制度

知识产权保护制度是在一定时期内国家通过法律对智力成果所有人就创造性智力成果独占权的保护制度。良好的营商环境需要完善充分的知识产权保护制度，保障权利人权益，激发科技文化创新，推动智力成果有序普及，推动市场经济有序发展。当前，我国已进入高质量发展阶段，技术越来越成为经济发展不可或缺的稀有要素，创新作为技术成果的起源，是现代市场竞争的核心，也是知识产权制度的保护核心。对创新成果的保护效能在很大程度上影响企业创新动力，不断完善对企业创新成果的保护措施，帮助企业实现创新效能最大化，创新成果有序流转，这是优化营商环境，激发企业创新活力，推动市场经济平稳向前的必然要求。

《条例》第十五条从加大知识产权保护力度和便利度两个方面提出要求：一是国家建立知识产权侵权惩罚性赔偿制度，推动建立知识产权快速协同保护机制，健全知识产权纠纷多元化解决机制和知识产权维权援助机制；二是持续深化商标注册、专利申请便利化改革，提高商标注册、专利申请审查效率。通过严厉的惩罚措施，多元高效的保护机制，便利的注册申请机制，引导企业积极创新，市场有序竞争，创新成果在社会范围内有序高效流动，实现知识产权经济效益最大化。

4. 反不正当竞争制度

反不正当竞争制度是对市场主体违反法律规定，扰乱市场竞争秩序，损害其他市场主体合法权益的行为进行规制的规则设计。不正当竞争行为包括混淆行为、商业贿赂行为、虚假宣传行为、侵犯商业秘密行为、诋毁商誉行为、不当奖售行为，以及互联网不正当竞争行为。不正当竞争行为损害市场秩序，阻碍经济发展，良好的营商环境需要规制不正当竞争行为。

《条例》第五条规定，国家加快建立统一开放、竞争有序的现代市场体系，依法促进各类生产要素自由流动，保障各类市场主体公平参与市场竞争。第九条规定市场主体应当遵守法律法规，恪守社会公德和商业道德，诚实守信、公平竞争。第二十一条从政府角度规定有关部门应当加大反不正当竞争执法力度，有效预防和制止市场经济活动中的垄断行为、不正当竞争行为以及滥用行政权力排除、限制竞争的行为，营造公平竞争的市场环境。第六十三条第一款规定，有关部门制定与市场主体生产经营活动密切相关的行政法规、规章、行政规范性文件，应当进行公平竞争审查。

在数字经济时代，不正当竞争行为相较于传统已发生颠覆性转变。传统不正当竞争行为嫁接互联网衍生出新的不正当竞争样态，例如由虚假宣传行为演变而来的刷单炒信、网络直播散布虚假信息等。此外，互联网企业利用网络技术进行动态竞争、通过网络平台实行跨界竞争等竞争新业态，都要求监管部门与时俱进，及时调整监管模式，加大监管力度，提升监管效能。

5. 信用监管制度

信用监管制度是中国社会信用体系建设过程中衍生出来的一种新型监管手段。不同于传统的经济信用模式，信用监管制度强调在社会治理领域发挥信用功能。

《条例》第三十条规定，国家加强社会信用体系建设，持续推进政务诚信、商务诚信、社会诚信和司法公信建设，提高全社会诚信意识和信用水平，维护信用信息安全，严格保护商业秘密和个人隐私。社会信用体系在优化营商环境过程中具有重要作用，市场主体通过信息公示制度，使交易相对人获悉自身履约守法状态，相对人据此对市场主体的信用状况作出判断并决定是否与其进行交易，同时，对于守信的市场主体和失信的市场主体，政府作为监管部门实施相应的守信激励和失信惩戒措施，交易相对人约束和政府的监管形成合力，推动市场主体诚信交易，维护市场秩序，促进经济发展。

《条例》第五十三条规定，政府及其有关部门应当按照国家关于加快构建以信用为基础的新型监管机制的要求，创新和完善信用监管，强化信用监管的支撑保障，加强信用监管的组织实施，不断提升信用监管效能。信用监管是新型监管机制的基础，市场经济有其信用秩序，但市场经济的内在缺陷也决定了完善的信用秩序完全不能依靠市场自发产生，需要政府有关部门根据法律规定对市场主体进行监管约束。优化营商环境进程中对企业进行信用监管的制度基础包括信息公开与共享机制、信用激励和惩戒机制、信用修复机制以及个人隐私和商业秘密的保护。

三 常见法律问题

（一）如何处理好"法治化"和"先行先试"的关系？

《条例》第四条规定优化营商环境应当坚持法治化原则，第六十一条第二款规定，优化营商环境的改革措施涉及调整实施现行法律、行政法规等有关规定的，依照法定程序经有权机关授权后，可以先行先试。如何处理好"法治化"和"先行先试"的关系？

"先行先试"是经法定程序获得授权后，在授权范围内以改革为导向调整法律法规适用，或进行新的立法尝试，以期为国家或其他地方改革提供实践经验的一种政策。营商环境建设要处理好"先行先试"和"法治化"的关系，就要处理好政策和法治的关系。政策引领、推动、补足法律，法律是政策定型化的表现，党的政策、中央的政策在法治建设的过程中发挥着重要的引领作用，但政策并非法律，实践中，"改革要上路，法律要让路"的错误认识一度侵蚀法律和法治建设。党的十八届四中全会是我国首次以全会形式研究部署全面依法治国，为正确处理改革和法治的关系奠定了总基调，即立法先行、重大改革于法有据、改革决策与立法相衔接、加快重点领域立法等。我国营商环境以政策先行的方式逐步发展，现阶段要对政策进行法治化赋能，提升法治化水平。一方面，要坚持法律保留原则。在营商环境建设中，法治是保护产权、鼓励交易、规制竞争的根本保障，"先行先试"必须以法治为正当性来源和执行依据，经法定程序或法定授权才可进行；在涉及市场主体切身权益时，非经法定依据和授权，不得减损市场主体合法权益或者增加其义务，不得设置市场准入和退出条件，不得干预市场主体正常生产经营活动。另一方面，要加快政策法治化转型。政策和法治并非泾渭分明，政策以鲜明的灵活性特征在营商环境建设中发挥先导作用，对于实践证明行之有效的政策措施，应对其进行法治化升级，纳入法律或行政法规。具有典型地域性、非全局性的政策可纳入地方性法规或规章。中国特色社会主义法治是立足实践的法治，优化营商环境要以法治为根本保障，法治不能也不应脱离实践经验，以"先行先试"为基础，由政策上升而来的法制是经过实践检验，符合中国国情的良法。

（二）B-READY项目对我国营商环境评价体系建设有何启示？

《条例》第八条第一款指出，国家建立和完善以市场主体和社会公众满意度为导向的营商环境评价体系。在2003年营商环境评价（DB）的基础上，2023年5月世界银行正式启动新的营商环境指标项目，即B-READY项目。B-READY项目对我国营商环境评价体系建设有什么启示？

B-READY项目包括十个方面的内容，如图14-1所示。

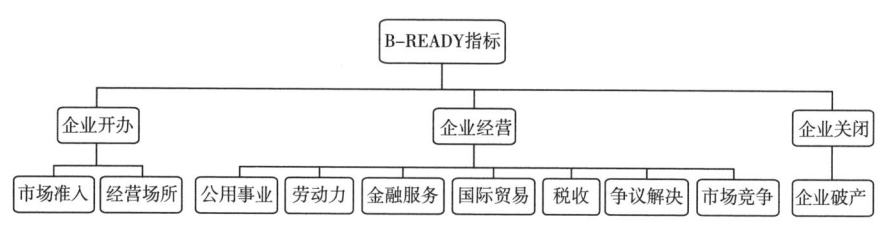

```
                    B-READY指标
        ┌──────────────┼──────────────┐
      企业开办         企业经营         企业关闭
      ┌─┴─┐    ┌───┬───┬───┬───┬───┬───┐   │
    市场 经营  公用 劳动 金融 国际 税收 争议 市场  企业破产
    准入 场所  事业 力   服务 贸易      解决 竞争
```

图 14-1　B-READY 项目内容

一方面，我国营商环境评价体系应进一步提升对法治重要性的认识。B-READY 项目是世界银行新一轮发布的营商环境评价指标项目，相比于 2019 年终止运行的营商环境评价（DB）项目，B-READY 在目标、方法和要求上进行了更新，但不变的是法治对营商环境建设的重要性的认识。世界银行认为，经济体的法律法规质量对于经济增长将起到决定性作用。B-READY 的评价营商环境的指标内容也具有鲜明的法治指向，其关注的是企业全生命周期中，政府所提供的有利于企业经营的法律法规框架、法治基础设计及营商配套制度供给情况。营商环境持续优化建设的核心在于法治保障，[①]法治具有的固根本、稳预期、利长远的基本功能，能够在瞬息万变的市场经济中为企业的持续稳定向好发展保驾护航。

另一方面，我国营商环境评价体系应该科学设置、及时调整指标体系。不论是世界银行此前的 Doing Business 还是当前的 B-READY，指标设置都覆盖了市场准入、经营到破产的全生命周期，从各个环节对经济体内的营商环境进行评价。同时，根据市场环境变化和公众满意程度，B-READY 在 Doing Business 的基础上进行调整优化，指标命名更通俗易懂，内涵也更加丰富，例如 B-READY 将 Doing Business 项目下

[①] 李曙光：《世界银行营商环境新指标的法治内涵及制度价值》，载《中国政法大学学报》2023 年第 6 期。

"获得电力"的指标重新命名为"公用事业接入",因为获得电力固然是企业经营不可或缺的条件,但与公共基础设施相比,不免显得单薄。我国的营商环境评价体系建设,应当坚持科学性、系统性导向,与时俱进,根据市场主体和公众满意度等实践反馈及时调整。如:当下数字技术浪潮席卷全球,对经济发展和营商环境建设产生重要影响,我国在构建营商环境评价体系的过程中应当将数字技术纳入考量。此外,营商环境指标体系也应立足本土特色。实践中,浙江省将营商环境指标体系作为一号改革工程,从政务环境、法治环境、市场环境、生态环境、人文环境等方面,打造本土化的营商环境指标体系。

(三)优化营商环境为什么要构建以"信用"为基础的新型监管机制?

信用监管是中国社会信用体系建设过程中衍生出来的一种新型监管手段和社会治理方式。一方面,信用本身是资本要素和交易方式,[①] 信用监管助力企业形成良好的信用资本,普及信用交易,提升企业竞争力和市场交易量;另一方面,信用监管以信息为基础,采用数字化监管手段,最大限度提升监管效能,降低制度性交易成本,这也是优化营商环境的核心要义。《条例》第五十三条指出,"政府及其有关部门应当按照国家关于加快构建以信用为基础的新型监管机制的要求,创新和完善信用监管,强化信用监管的支撑保障,加强信用监管的组织实施,不断提升信用监管效能"。2019年7月,国务院办公厅印发《关于加快推进社会信用体系建设构建以信用为基础的新型监管机制的指

---

① 董树功:《信用监管赋能全国统一大市场:学理契合、逻辑进路与实现策略》,载《天津师范大学学报(社会科学版)》2023年第6期。

导意见》，强调要以加强信用监管为着力点建立健全新型监管机制。现代市场经济是信用经济，陌生人社会中分工精细化引发高度社会化大生产，优化营商环境需要人与人之间的互相信任。不同于传统自然经济之下的熟人社会，现代商业社会被称为"匿名社会"，其鲜明特征就是流动、开放、低概率的相互接触，熟人之间的舆论约束机制效用降低。但是精细化的社会分工和社会化大生产使得人们相互依赖成为命运共同体，这在更大范围内，更深层次上呼唤信用的产生。在市场经济领域内，为企业松绑减负是激发市场活力，优化营商环境的关键一环，但市场经济有其内在缺陷，单纯依靠企业不足以构建适应经济发展的信用秩序，需要国家介入。信用监管是一种相对中性、温和、高效的监管机制。国家通过信息披露和信用约束，确保必要信息公开，公开信息真实完整。对企业来说，企业是对市场环境反应最为敏感的主体，根据公开的信息，企业能够迅速作出调整；对国家和政府来说，以信用为基础的新型监管机制是对市场干预最低、治理效能最高、监管成本最低的监管方式。

失信惩戒机制是信用监管过程中应当关注的重点问题，面对惩戒泛化的乱象，应从公权力规范和私权利保障两个角度出发，依法审慎适用失信惩戒机制。企业是信用监管和优化营商环境的主要作用主体，企业信用监管包括信息公开与共享、信用激励与惩戒机制、信用修复机制、商业秘密保护等内容。近年来，企业失信惩戒机制颇受争议，惩戒标准、措施不够公开透明，惩戒过度的问题较为突出。2020年12月，国务院办公厅印发《关于进一步完善失信约束制度构建诚信建设长效机制的指导意见》，指出国家发展改革委会同有关部门推动建立健全以信用为基础的新型监管机制，以信用风险为导向优化配置监管资源,健全守信联合激励和失信联合惩戒机制。《条例》指出,要"强化信用监管的支撑保障",基于失信惩戒的严厉性和当前联合惩戒的影响广泛性,应强化法治在失信惩戒机制中的支撑保障。一方面是规制公权力,失信惩戒和联合惩戒必须由具有法定职权的部门依法定程序实施,所指向的行为必须达到严重程度才可纳入联合惩戒的范围,且信用主体主观上必须存在故意,同时,惩戒措施和失信行为必须具有合理关联性,实施惩戒必须符合比例原则,避免小过重罚。另一方面是保障私权利,《条例》作为营商环境的法治表达,应将治理的制度逻辑立基于权利本位,[1]突出企业等主体在市场经济中的权利,失信惩戒实施必须注意保障企业等主体的合法权益,例如商业秘密、隐私权,信用保有权、信用维护权、知情权、异议权、救济权等信用权利。[2]

---

[1] 夏志强:《国家治理现代化的逻辑转换》,载《中国社会科学》2020年第5期。
[2] 王伟等:《企业信息公示与信用监管机制比较研究——域外经验与中国实践》,法律出版社2020年版,第351页。